아마존 사람들은
이렇게 일합니다

아마존 사람들은
이렇게 일합니다

상식을 뒤집는 아마존 절대사고

호시 겐이치 지음

박종성 옮김

유엑스리뷰

차례

제3장
아주 심플한 비즈니스 모델로 승부하다

제4장
아마존의 강점은 바로 이것이다

제5장
아마조니언이 일하는 기준

제6장
still Day One : '언제나 첫날' 정신

제7장
아마존에 주어진 과제

들어가며

아마존이라는 기업을
얼마나 알고 있나요?

2000년 11월 1일, 아마존이 일본에서 서비스를 시작했을 때 언론은 이를 '세계 최대의 온라인 서점'이라고 소개했다. 실제로 당시에는 오로지 도서만 판매했지만, 눈 깜짝할 사이에 편의성을 크게 향상시켜 무엇이든 판매하는 사이트로 변모했다.

오늘날에는 구글, 애플, 페이스북과 함께 GAFA(Google, Apple, Facebook, Amazon의 첫 글자를 따서 만든 단어로, '가파'라고 읽음), 즉 '세상을 움직이는' 4대 IT 기업으로 등극했다. 또한 2019년 7월 말, 주가에 발행 주식 수를 곱한 '시가 총액'으로 기업의 순위를 매긴 결과, 아마존은 마이크로소프트와 애플에 이어 전 세계 3위를 기록했다(9,230억 달러).

수많은 사람들이 아마존이 급성장하게 된 배경에 대해 논하며 창업자이자 경영자인 제프 베조스의 경영 전략과 사고방식에서 배워야 할 점들을 늘어놓고 있다. 하지만 그렇게 한다고 해서 누구나 제프 베조스가 될 수 있는 것은 아니다.

단지 위인전을 읽듯이 그의 성공 스토리를 감상하려는 것이라면 몰라도, 제프 베조스의 삶의 궤적을 살피고 일하는 방식을 자세히 살펴본들 이를 그대로 실천하는 것은 지극히 어렵다.

나는 제프 베조스를 존경하지만, 아마존에 몸담았을 때 이미 신화적인 존재였던 까닭에 '제프 베조스에게 무언가를 배운다'는 것은 언감생심이었다. 아마존에서 10년간 일하면서 제프 베조스를 회의 석상이나 식사 자리에서 본 것은 10번이 채 될까 말까 했다. 특히 신입 사원들은 그를 거의 우상으로 떠받들고 있다.

우리는 제프 베조스의 경영 이념과 함께 아마조니언[Amazonian]이라 불리는 직원들이 이 이념을 구체적으로 실현해 나가는 과정에서 하나의 '상식'으로 자리 잡은 아마존의 '기준'을 배워야 한다. 여기서 '기준'이란 혁신적인 비즈니스를 창출하기 위한 사고방식이자 새로운 비즈니스를 구축하고 확대하는 메커니즘 구성 방안이다. 또한 이 두 가지를 가능케 하는 조직 문화의 육성과 관련이 있다.

나는 2008년 아마존 재팬에 입사했다. 당시 일본 내 사원수는 수백 명, 연간 매출액은 2,000억 엔[1] 정도였지만 퇴직한 해인 2018년에는 사원수 7천 명[2], 매출액 1조 5천억 엔[3]이라는 거대한 조직으로 성장했다. 불과 10년 사이에 일어난 일이다.

아마존 재팬에 합류하기 전인 1989년에는 의류 관련 기계와 산업용 장비를 생산하는 주키[JUKI]에 입사하여 근무했다. 이후 1990년부터 2005년까지 15년간 5개국(구소련, 인도, 싱가포르, 프랑스, 루마니아)을 차례차례 돌며 주재원 생활을 이어 나갔다. 프랑스와 루마니아에서는 법인 대표로서 회사를 경영하면서도 의류, 가죽 제품, 차량 시트 공장 등과 관련된 고객을 유치하기 위해 경영진들을 대상으로 영업 활동을 벌였다.

다행히도 브랜드가 공업용 의류 기계 분야에서 전 세계 1위를 달성하며 상당히 잘 알려져 있는 상태였다. 따라서 고객이 제품에 관심을 보이면 유리한 위치에서 상황에 따라 이익률을 조정해 매출을 늘려 나갈 수 있었다. 이제 와 생각해 보면 당시에는 인간관계에 대한 의존도가 높았고, 전략을 상세하게 수립하고 이를 바탕으로 조직을 구축한다든지 효율적인 판매 방안을 세우는 등의 노력은 거의 하지 않았던 것 같다. 하지만, 새로운 시장을 개척하고 회사를 운영해 나가는 과정에서 다양한 분야의 지식과 경험을 쌓을 수 있었다.

2005년부터 2008년까지는 금형 표준 부품과 FA(Factory Automation, 공장 자동화) 관련 부품 등을 취급하는 종합 상사 '미스미'(공장 자동화 부품을 주로 취급하는 일본의 종합 부품 유통 회사)에서 태국 법인장을 역임했다. 그곳에서는 현상 분석부터 세부 전략 수립, 단계별 액션 플랜Action plan 도출, 실행, 검증에 이르기까지 일련의 절차를 반복적으로 해 나갔고, 매주 KPIKey Performance Indicator라고 하는 핵심 성과 지표를 트래킹(tracking, 계속 추적하고 분석하는 것)하는 과정에서 데이터의 중요성을 실감할 수 있었다.

3년간 미스미에서 쌓은 경험 덕분에 나의 모든 범주를 B2B(Business to Business, 기업 간 거래)에서 시장이 빠르게 변화하는 B2C(Business to Customer, 일반 소비자를 대상으로 한 판매)로 넓힐 수 있었다. 다시 말해, 아마존에서 높은 성과를 거둘 수 있는 기초 체력을 쌓은 것이다.

아마존에는 2008년 6월, 홈&키친Home&Kitchen 사업부의 시니어 매니저이자 사업부장으로 입사했고, 이후 스포츠와 DIY 공구, 이륜과 사륜을 모두 포함한 오토모티브 사업을 추가적으로 담당하게 되면서 입사 1년 6개월 만에 디렉터director로 승진했다.

또한, 일반 기업의 임원이나 경영진 구성원에 준하는 리더십 팀의 멤버로서 가전 등 14개 사업부로 구성된 하드라인Hardline 사업본부, 마켓플레이스 사업을 견인하는 셀러 서비스Seller service 사업본부, B2B 사업을 담당하는 아마존 비즈니스Amazon Business 사업본부 등 급격히 성장하는 여러 조직의 총책임자를 맡아 직원들을 진두지휘했다.

계속해서 여러 문제가 끊임없이 발생했지만 어떻게든 극복해 냈고, 결과적으로 엄청난 성장을 구가하는 모습을 경영진의 입장에서 처음부터 끝까지 지켜볼 수 있었다.

아마존 재팬의 성장 과정은 크게 세 단계로 구성된다. 제1기는 일본에서 서비스를 시작한 2000년부터 2005년까지다. 여러모로 혼란스러운 시기였고 기업 문화도 벤처 기업처럼 충분히 영글지 않은 모습이었다. 조직 체계를 잡아나가고는 있었지만, 원칙보다는 인간관계를 통해 그때그때 적당히 문제를 풀어나가는 분위기였다.

제2기는 2005년부터 2015년까지로, 여러 업무가 자동화되기 시작했으며 상품 카테고리도 점차 확대되어 갔다. 사내에서는 기존 사업에서 경쟁력 있는 사업을 따로 떼어 내는 것을

'스플릿split한다'고 표현했다. 매년 사업 계획을 수립할 때마다 전년 대비 몇 배 이상의 성과를 거두겠다는 도전적인 목표를 세웠고, 실제로 달성했다. 사원수는 수백 명에서 수천 명 수준으로 급격히 불어났다. 대기업병(기업의 규모가 비대해지면서 나타나는 구성원의 무사안일주의, 관료화, 관행, 인사 적체, 의사 결정 지연 따위를 통틀어 이르는 말)에 걸리지 않도록 각별히 주의를 기울여 조직을 운영했고, 동시에 아마존 고유의 조직 문화를 구축해 나갔다.

2015년부터 시작된 제3기에는 신규 사업이 대거 추가되면서 조직의 규모도 다시금 크게 늘어났다. 이런 까닭에 각 조직 리더에게 본격적으로 권한을 위임하기 시작했다. 조직 문화의 경우, 예전보다 아마존 고유의 색채가 더 뚜렷하고 단단해졌다. 부족한 부분이 있으면 세밀하게 보완해 나갔고, 그 결과 조직 문화는 시간이 갈수록 아마존의 강력한 무기가 되어 사업의 견인차 역할을 했다.

기존에 출간된 아마존 관련 서적을 살펴보면, 아마존에 몸담은 적 없는 저자가 시중에 공개된 수치와 정보를 바탕으로 회사의 강점을 객관적으로 설명한 경우가 대부분이다.

하지만 이 책은 다르다. 나는 제2기부터 제3기에 이르는 10여 년간 주요 사업본부의 수장을 역임했다. 이 기간 동안 아마존이 요구하는 리더십 스타일과 업무 방식을 익히고 실천했으며, 사업을 빠르게 확장해 나가면서도 고객의 만족도를 높은 수준으로 유지하는 데 필요한 것들을 수시로 접했다.

이 책을 통해서 아마존에서 내가 직접 경험하고 느낀 바를 다양한 사례와 함께 소개해 보려고 한다.

아마존 재팬에 입사한 이후, 기존에 내가 가지고 있었던 사고의 틀을 완전히 바꿔야만 했다. 아마존에서 통용되는 '상식의 기준'이 그때까지 내가 일본 기업과 해외 기업에서 경험한 '기준'과 무척 달랐기 때문이다.

이러한 '상식의 기준'을 이 책에서는 아마존의 '절대사고'라고 부른다.

엘리트가 아닌 내가 그토록 짧은 기간 안에 경영진의 멤버로 승진하고 담당했던 여러 사업을 성공적으로 이끌 수 있었던 까닭은, 입사하자마자 '절대사고'를 온몸으로 익히고 이를 바탕으로 원래 가지고 있던 리더십 스타일과 사고방식을 변화시켰기 때문이다.

솔직히 당시에는 내가 오랜 기간 익혀 온 방식을 모두 무시해야 한다는 생각에 종종 화가 나기도 했다. 하지만 결과적으로 예전보다 더욱 건설적이고 폭넓게 사고하는 힘을 기를 수 있었고, 아마존 측에 감사를 전하고 싶다.

이 책을 읽다 보면 '당연한 이야기만 잔뜩 늘어놓았다'는 생각이 들 수도 있다. 하지만, 그렇게 당연한 것이야말로 아마존이 오랜 기간 꾸준히 실천해 오고 있는 일들이다. 오늘날 당연한 것을 말뿐이 아닌 실제 행동으로 옮기고 있는 기업이 과연 몇 군데나 될까.

아마존은 당연한 일, 즉 '상식'에 해당하는 일을 어떻게 실천하고 있을까? 지난날을 되새기며 내 나름대로 분석해 보았다. 물론 아마존이 추진 중인 모든 것이 항상 옳다는 뜻은 아니다. 책을 읽어 나가면서 '이 부분은 참고할 만하네. 내일부터 조금씩 실천해 봐야겠다'라든지, 아니면 '이 내용은 우리와는 조금 맞지 않는 내용이네'라는 식으로 독자 여러분이 스스로 판단하여 필요한 내용을 골라 익혔으면 한다.

제1장부터 제4장까지는 아마존의 주요 사업과 비즈니스 모델에 대해 소개하며 '절대사고'가 실제로 어떠한 형태로 사업 전반에 영향을 미치고 있는지에 대해서 설명할 것이다. 제5장부터 제7장까지는 비즈니스를 흔들림 없이 전개해 나가기 위해 아마존이 그동안 어떠한 조직 구조와 제도, 기업 문화를 일궈 왔는지를 실질적인 방법론 관점에서 소개할 것이다. 부디 이러한 집필 의도를 충분히 이해한 뒤 읽어 나가기 바란다.

오늘날에는 GAFA를 비롯한 세계 거대 기업이 자체 플랫폼을 앞세워 시장을 온통 뒤흔들고 있다. 이러한 변화의 물결에 이리저리 휩쓸리고 싶지 않은 중소기업 경영자, 향후 20~30년에 걸쳐 거대 기업과 싸워 이기거나 파트너십을 통해 협력하고 싶은 30~40대의 중간 관리자, 그리고 경제를 다시 일으켜야 할 책임을 짊어진 젊은 비즈니스맨들에게 부디 이 책이 도움이 되었으면 한다.

호시 겐이치(星 健一)

제1장

숫자로 보는 아마존

'지구상에서 가장 많은 상품을
판매하는 곳'을 지향하다

아마존으로부터 배워야 할 점이 무엇인지에 대해 구체적으로 논하기에 앞서, 회사의 규모와 지금까지의 성장 경로부터 한번 살펴보자.

아마존은 1995년 미국 워싱턴주 시애틀에서 탄생했다. 1994년 7월 5일, 제프 베조스는 워싱턴주에서 '카다브라Cadabra, Inc.'라는 이름으로 법인을 등록했다. 그리고 몇 달 뒤 '아마존닷컴Amazon.com. Inc.'으로 이름을 변경했다. '아마존'이란 단어를 선택한 이유는 알파벳 'A'로 시작하는 이름이라야 검색 시 가장 먼저 노출될 거라고 생각했기 때문이다. 그리고 전 세계에서 규모가 가장 큰 강인 아마존은 '지구상에서 가장 많은 상품을 판매하는 곳'을 만들고 싶은 베조스의 이상을 가장 잘 대변하기도 했다.

아마존은 현재 총 16개국(미국, 아랍 에미리트, 이탈리아, 인도, 호주, 네덜란드, 캐나다, 스페인, 독일, 터키, 브라질, 프랑스, 멕시코, 영국, 중국, 일본[4])에서 사업을 전개하고 있다. 유효 고객(자주 방문하고 서비스를 빈번히 이용하는 고객)은 3억 명 이상[5], 직원 수는 2018년 12월 기준[6] 64만 7,500명에 달한다.

매출과 영업 이익 규모는 여전히 빠르게 늘고 있다. 여기서는 내가 아마존에 입사한 이듬해인 2009년부터 퇴직한 2018년까지 약 10년간의 매출액 증가 추이를 살펴볼 것이다. 매년 아마존닷컴이 공시하는 재무제표에서 중요한 수치만 뽑아서 그래프로 만들어 보았다. 참고로 공개되지 않은 수치는 공란으로 남겨 두었다.

2009년도 매출액은 245억 달러로, 이해하기 쉽게 달러당 100엔으로 환산하면 대략 2조 4,500억 엔(약 25조 6,000억 원) 규모다. 이미 상당한 규모로 성장한 상황이었지만, 2018년 매출액은 2009년에 비해 무려 10배 넘게 증가한 약 23조 2,900억 엔(약 243조 3,000억 원)에 달했다.

입사 후 얼마 지나지 않아 매출액 1,000억 달러 회사로 성장시키자는 이야기가 사내 곳곳에서 들려오곤 했는데, 당시에는 꿈만 같은 이야기였다. 하지만 그로부터 불과 몇 년 후인 2015년에는 실제로 1,000억 달러 매출을 돌파하는 데 성공했다. 그리고 3년 후인 2018년에는 다시 그 두 배인 매출 2,000억 달러 규모의 기업으로 성장했다. 정말이지 무시무시한 성장세다.

보통은 매출액 규모가 커질수록 성장세는 둔화하기 마련이다. 똑같은 두 배라 하더라도 1,000만 엔에서 2,000만 엔으로 성장하는 것보다 10억 엔에서 20억 엔으로 성장하는 것이 당연히 더 어렵다.

전자상거래 시장이 그만큼 성장 잠재력을 가지고 있는 것이라 해석할 수도 있다. 그러나 여러 기업이 치열하게 경쟁하는 가운데, 오직 아마존만 이토록 두드러지게 성장해 온 이유는 분명 따로 있을 것이다.

총매출액에는 아마존의 직접 판매를 통한 매출액뿐만 아니라 아마존 마켓플레이스(Marketplace, 아마존이 아닌 제3자가 자신의 제품을 등록하여 아마존 고객과 직접 거래할 수 있는 플랫폼으로, 수수료는 판매 대금의 8~15퍼센트 수준임[7])를 통한 판매수수료, '아마존 프라임' 회비 등의 구독 서비스(이용료를 월이나 연 단위로 정기적으로 납부하며 이용하는 서비스) 이용 수익, 광고 수익 등이 포함돼 있다.

이뿐만 아니라 서버, 소프트웨어 등의 IT 자원을 원격으로 제공하는 AWS(Amazon Web Services, 전 세계 190개 이상의 국가에서 운영되고 있는 클라우드 컴퓨팅 서비스)가 별도의 항목으로 표기돼 있다.

전 세계 분야별 매출액, 성장률, 경비율 및 이익률

	2009	2010	2011	2012	2013	2014	2015	2016	2017	2018
매출액 (백만 달러)										
합계	24,509	34,204	48,077	61,093	74,452	88,988	107,006	135,987	177,866	232,887
북미	12,828	18,707	26,705	34,813	41,410	50,834	63,708	79,785	106,110	141,366
해외	11,681	15,497	21,372	26,280	29,934	33,510	35,418	43,983	54,297	65,866
AWS					3,108	4,644	7,880	12,129	17,459	25,655
전년 대비 성장률										
합계		39.6%	40.6%	27.1%	21.9%	19.5%	20.2%	27.1%	30.8%	30.9%
북미		45.8%	42.8%	30.4%	18.9%	22.8%	25.3%	25.2%	33.0%	33.2%
해외		32.7%	37.9%	23.0%	13.9%	11.9%	5.7%	24.2%	23.4%	21.3%
AWS						49.4%	69.7%	53.9%	43.9%	46.9%
마켓플레이스를 통한 제3자 유통 총액 비중	31.0%	34.0%	38.0%	42.0%	46.0%	49.0%	51.0%	54.0%	56.0%	58.0%
제경 비율										
매입 원가	77.4%	77.7%	77.6%	75.2%	72.8%	70.5%	72.6%	64.9%	62.9%	59.8%
물류비	8.1%	8.2%	9.2%	10.2%	11.1%	12.1%	12.5%	13.0%	14.2%	14.6%
마케팅	2.7%	2.9%	3.3%	3.8%	4.1%	4.9%	4.9%	5.3%	5.7%	5.9%
기술 및 콘텐츠	4.3%	4.4%	5.4%	6.8%	8.0%	10.4%	11.7%	11.8%	12.7%	12.9%
총무비	1.1%	1.1%	1.2%	1.3%	1.3%	1.7%	1.6%	1.8%	2.1%	1.9%
기타	0.4%	0.3%	0.3%	0.3%	0.2%	0.1%	0.2%	0.1%	0.1%	0.1%
영업이익률										
합계	4.6%	4.1%	1.8%	1.1%	1.0%	0.2%	2.1%	3.1%	2.3%	5.3%
북미	5.5%	5.1%	3.5%	4.6%	2.8%	0.7%	2.2%	3.0%	2.7%	5.1%
해외	7.4%	6.3%	3.0%	0.3%	0.5%	-1.9%	-2.0%	-2.9%	-5.6%	-3.3%
AWS					21.7%	9.9%	19.1%	25.6%	24.8%	28.4%

지역별, 분야별 매출액 비중

	2009	2010	2011	2012	2013	2014	2015	2016	2017	2018
지역별 매출액 비중										
미국					59.0%	61.5%	65.9%	66.4%	67.7%	68.8%
독일					14.2%	13.4%	11.0%	10.4%	9.5%	8.5%
영국					9.8%	9.4%	8.4%	7.0%	6.4%	6.2%
일본					10.3%	8.9%	7.7%	7.9%	6.7%	5.9%
기타					6.8%	6.9%	6.9%	8.2%	9.6%	10.5%
분야별 매출액 비중										
온라인 매장						77.0%	71.8%	67.2%	60.9%	52.8%
오프라인 매장						0.0%	0.0%	0.0%	3.3%	7.4%
마켓플레이스						13.2%	15.0%	16.9%	17.9%	18.4%
구독 서비스						3.1%	4.2%	4.7%	5.5%	6.1%
ASW						5.2%	7.4%	9.0%	9.8%	11.0%
기타						1.5%	1.6%	2.2%	2.6%	4.3%

미국에서만 전년 대비 33퍼센트 증가한
약 14조 엔 기록

　우선 주목해야 할 점은 AWS를 제외한 글로벌 총 매출 중에서 북미 지역의 비중이 아직도 69퍼센트에 달한다는 사실이다. 그리고 해당 시장의 매출액은 이미 약 14조 엔이라는 거대한 규모를 자랑하지만, 이는 놀랍게도 전년 대비 33퍼센트나 성장한 결과다.

　이처럼 괄목할 만한 성장세를 보이는 이유는 새로운 서비스를 본사가 위치한 미국에서 우선 출시하여 고객의 사용 편의성을 꾸준히 높였기 때문이다. 덕분에 전자상거래 시장은 지금까지도 진화를 거듭하고 있다.

　아마존은 계속해서 새로운 서비스를 내놓고 완성도를 높임으로써 고객 경험을 꾸준히 끌어올리고 있다. 예컨대, 과거 미국에서 물품 배송에 걸리는 시간은 예전에는 평균 3~4일 정도였다. 그러나 풀필먼트 센터(Fulfillment center, 전자상거래에 필요한 재고 관리, 포장, 발송 등의 제반 업무를 처리하는 물리적 거점)를 증설하고 물류 네트워크를 정비하여 이제는 당일 배송, 늦어도 익일 배송을 할 수 있게 됐다.

　또한, 예전에는 아마존에서 신선식품을 구입할 수 없었으나 이제는 가능하다. 2017년 4월 서비스를 시작한 '아마존 프레시Amazon Fresh'를 통해 단 한 봉지의 채소 주문도 빠르면 4시간 안에 받아볼 수 있게 된 것이다(단, 배송이 불가한 지역도 있다). 이 서비스는 일본에서도 이용이 가능하다.

미국 현지에 가보면 아마존이 우리가 생각했던 것 이상으로 일상생활 속에 깊숙이 자리하고 있음을 실감할 수 있다. 아마존에서는 무엇이든 살 수 있을 뿐만 아니라 스마트폰으로 손쉽게 주문해 저렴한 가격으로 바로 받아볼 수 있는 편리함이 있다. 이러한 강점들을 가지고 있으면서도 그 수준을 끊임없이 향상시키고 있기에 사업의 본거지인 미국에서 그토록 놀라운 속도로 계속 성장해 나가고 있는 것이다.

본사가 위치한 시애틀은 새로운 서비스를 준비하기 위한 거대한 실험실로 활용되고 있다. 이제는 전 세계 곳곳에서 서비스되고 있는 '아마존 프레시' 또한 시애틀에서 처음 시작됐다. 무인 매장인 '아마존 고Amazon Go'는 2016년 12월 아마존 본사 건물 1층 한쪽에 직원 전용으로 오픈했었다.

지역별 매출액 및 북미 시장의 성장률

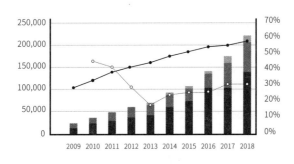

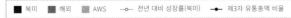

아마존 고에서는 매장 내에 설치된 여러 대의 카메라를 통해 고객의 동선을 파악한다. 다시 말해 고객이 진열대에서 어떤 상품 몇 개를 집었으며 그중에서 다시 올려놓은 것은 무엇인지 등을 파악하고, 계산대 앞에 줄 설 필요 없이 물건을 들고 가게를 나서면 회원가입 시 등록해 놓은 신용카드로 자동 과금하는 서비스다. 따라서 누군가가 온종일 계산대 앞에 서 있을 필요가 없다.

나도 미국에 출장 갔을 때 이용해 본 적 있다. 물건을 골라서 가방에 집어넣은 뒤 별도의 계산 과정 없이 매장을 빠져나왔는데, 스마트폰 애플리케이션에 뜬 계산서에는 내가 고른 상품과 개수가 정확히 표기돼 있어서 깜짝 놀랐다.

아마존은 '지구상에서 가장 많은 상품을 판매하는 곳'을 지향한다. 무엇이든 손쉽게 구입할 수 있는 곳을 지향하는 이상, 아마존의 성장 가능성은 여전히 무궁무진하다. 머지않아 부동산은 물론 보험이나 여행 상품과 같은 무형의 서비스까지도 아마존을 통해 구입하는 시대가 도래할 것이다.

소매업계의 전체 크기를 놓고 보면 아마존이 차지하는 비중은 아직 그리 크지 않다. 미국 소매업계 시장의 규모는 약 5조 5,000억 달러(약 6200조 원)이다. 미국에 본사를 둔 세계 최대 슈퍼마켓 체인 월마트^{Walmart}의 2018년 매출액은 5,003억 4,000만 달러로, 아마존의 두 배가 넘는다. 미국 시장만 하더라도 이러한데, 전 세계 시장을 놓고 보면 아마존이 성장할 수 있는 여지는 아직도 많이 남아있음을 알 수 있다.

매출이 늘어도 이익률은 낮은 근본적인 이유

아마존의 2018년 소매 부분 영업 이익률은 북미 시장에서 조차 5.1퍼센트에 불과하고, 해외 시장의 경우 인도 등 신흥 국가에서의 계속되는 투자로 3.3퍼센트 적자를 기록했다. 다음에 나오는 그래프를 보면, 매출액이 증가해도 영업 이익률은 계속 제자리걸음을 하고 있음을 알 수 있다.

이렇게 이익률이 낮은 이유는 아마존이 손익계산서(재무제표 중 하나로, 일정한 기간 내에 발생한 수익과 비용의 발생 현황을 나타냄)보다는 현금흐름표(현금이 실제로 수중에 들어오고 나간 것을 기록한 재무제표)를 중요하게 여기고, 필요한 곳에 투자를 아끼지 않기 때문이다.

2018년도 재무제표를 보면 투자를 포함한 물류비는 매출액 대비 14.6퍼센트 수준으로, 2008년 대비 무려 6.5퍼센트 포인트나 증가했다. 온라인 쇼핑몰과 오프라인 매장이 직접 경쟁하는 것은 애당초 공정하지 못한 게임이라는 주장은 오래전부터 있었다. 온라인 쇼핑몰은 물리적인 공간이 불필요하여 고정비 지출이 적고, 그만큼 고객에게 낮은 가격에 상품을 제공할 수 있다는 것이다. 그러나 실제로는 전혀 그렇지 않다. 오프라인 매장에서는 고객이 필요로 하는 상품을 즉시 건넬 수 있다. 온라인 쇼핑몰은 이들과 경쟁하려면 당일 혹은 늦어도 다음날까지는 배송할 수 있는 거대한 물류 시스템을 갖춰야 한다. 당연히 투자와 비용 지출이 수반된다.

단, 이익률이 낮은 근본적인 원인은 아마존의 가격 정책에 있다. <지역별 매출액 및 북미 시장의 성장률> 표를 통해 알 수 있듯이 가격협상력이 강화되면서 매입 원가율(매출액 대비 상품 매입 시점의 원가 비중)도 점차 개선되어가고 있지만, 아직 갈 길이 멀다.

전 세계 매출액 및 영업 이익

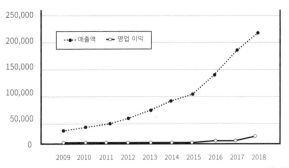

단위: 백만 달러

오프라인 소매점은 늘 '이윤이 거의 남지 않는' 상품으로 손님을 끌어들여 '이윤이 많이 남는' 상품도 함께 파는 전략을 구사하지만, 아마존은 이와 노선을 달리한다. 모든 상품을 최저가로 제시하는 것을 목표로 한다. 이로 인해 소매 부분의 매출총이익(매출액에서 매입 원가를 뺀 금액)은 매우 낮을 수밖에 없고, 여기에서 판매관리비까지 제하고 나면 남는 게 별로 없다.

현재 판매수수료 수입이 꾸준히 발생하는 마켓플레이스와 영업 이익률이 28퍼센트에 달하는 AWS의 매출 비중이 빠른 속도로 증가하고 있어, 그룹 전체의 손익은 점차 개선돼 가고 있다.

여담이지만, 기타 경비 중에는 제프 베조스의 경호원 월급을 포함한 보안 관련 비용 180만 달러(약 20억 원)가 포함되어 있다[8]. 이는 미국에서 1위에 해당한다. 애플의 CEO인 팀 쿡 Tim Cook이 31만 달러(약 3억 원) 정도를 지출한다고 하니, 얼마나 큰 규모인지 알 수 있다.

제프 베조스가 몇 년 전 일본을 방문했을 때 일본 주재 임원들과 아카사카의 고급 음식점에서 모임을 가졌다. 그때도 검은색 정장을 입은 경호원 몇 명을 대동했다. 차량도 동일한 차종 세 대를 준비해서 본인이 어디에 탑승했는지 알 수 없도록 하는 등 보안에 만전을 기했다.

매년 전 세계적으로 증가하는
마켓플레이스의 거래 금액

다음으로 주목해야 할 것은 바로 마켓플레이스가 보여주고 있는 성장세다.

마켓플레이스는 아마존이 아닌 제3의 판매업자가 아마존의 온라인 매장을 통해 물건을 판매할 수 있는 플랫폼으로, 개인부터 기업까지 누구나 입점할 수 있다. 판매자가 매월 지불하는 고정비(거래 금액이 큰 경우에 한함), 판매수수료(계약 성사 시), 배송 업무 대행에 따른 수수료 등이 아마존의 매출로 잡힌다.

미국을 포함한 전 세계 각국에 진출한 마켓플레이스에서 제3자 유통총액의 비중이 매년 증가하고 있으며, 2018년에는 아마존이 직접 판매한 금액을 포함한 전체 유통총액 중 58퍼센트[9]를 차지했다.

본래 아마존은 상품 구비, 재고 관리, 가격 책정, 판매 등 일련의 업무를 자체적으로 수행하는 직접 판매 모델을 채택했었다. 때로는 손해를 봐가면서까지 경쟁업체와 가격 수준을 고집스럽게 맞췄고, 그 과정에서 고객의 신뢰를 얻기 시작했다. 이뿐만 아니라 구입 가능한 상품의 수를 꾸준히 늘리고 사용 편의성을 지속적으로 개선하여 더 많은 고객의 호응을 얻는 데 성공했다. 고객수가 빠른 속도로 증가했고, 자연히 마켓플레이스를 통해 상품을 판매하고자 하는 판매자 또한 급격히 증가했다. 그 결과 아마존은 오늘날 우리가 알고 있는 것처럼 거대한 전자상거래 플랫폼으로 자리매김했다.

2017년도 결산보고서에 따르면, 마켓플레이스에서 활동하는 판매사업자는 전 세계적으로 200만 명이 넘는다. 그중 대다수는 중소기업으로, 이들은 아마존 플랫폼을 이용하면 본인들이 위치한 지역뿐만 아니라 전국 각지로 활동 반경을 빠르게 넓힐 수 있다. 또한, 아마존의 해외 온라인 매장에도 손쉽게 상품을 등록할 수 있기 때문에 비즈니스 무대를 순식간에 전 세계로 확대할 수도 있다.

'사용자 경험'의 질과 사용 편의성 향상

마켓플레이스는 아마존이 취급하는 상품의 수를 더욱 빠르고 효율적인 방식으로 늘리기 위해 구축해 둔 전자상거래 플랫폼을 판매사업자들에게 개방한 것이다. 사용자 경험의 질과 사용 편의성을 극대화할 수 있는 서비스를 구축한 뒤, 이를 토대로 다른 사업으로 확대하는 것. 이는 마켓플레이스뿐만 아니라 아마존의 다른 사업에서도 발견할 수 있는 패턴이다.

AWS 역시 그러했다. 아마존은 추수 감사절이나 크리스마스처럼 1년에 몇 번 되지 않으나 접속자 수가 일시적으로 폭증하는 날에 대비하기 위해 서버를 평소에 필요한 양보다 넉넉히 갖춰 놓아야 했다. AWS는 이를 평소에 다른 용도로 활용할 수는 없을까 하는 고민에서 시작됐다.

또한, '아마존 페이Amazon Pay'는 사용자가 회원가입 시 등록한 이름, 주소, 배송지 리스트, 신용카드 정보 등을 활용한 서비스다. 다른 사이트에서 물건을 구입할 때 구매자 정보를 별도로 기입할 필요 없이 아마존 접속 아이디와 비밀번호만 입력하면 즉시 결제를 진행할 수 있도록 했다.

전자책 플랫폼인 '킨들Kindle'이나 음악, 영화 등의 디지털 콘텐츠 스트리밍 서비스인 아마존 프라임처럼 오늘날 사실상의 업계 표준으로 자리매김한 이 서비스들은 모두 기존에 잘 닦아 놓은 반석 위에 새로운 서비스를 올려놓는 방식으로 발전시킨 것들이다. 그리고 앞으로도 이런 방식으로 새로운 서비스가 계속해서 탄생할 것이다.

'플랫폼'이라는 단어를 사용하지 않는 이유는 무엇일까

아마존을 포함한 GAFA는 거대한 플랫폼을 구축하여 문자 그대로 각 분야의 토대이자 기준으로서 자리매김했고, 이를 통해 고객과 협력 업체에 편리한 환경을 제공하고 있다. 또한, 이를 토대로 시장 내에 실질적인 산업 표준으로서 막강한 지위를 확립하는 데 성공했다.

그 결과, 이들 기업은 시장 내 독점을 금하려는 미국(반독점법)과 일본(독점 금지법) 등 각국 행정부로부터 늘 감시당하는 신세가 됐다.

아마존 내부에서는 '플랫폼'이라는 단어를 사용하지 않는다. 플랫폼이라는 단어는 시장을 독점하고 좌지우지하는 듯한 뉘앙스를 풍긴다. 아마존은 그럴 의도가 전혀 없으므로 단어 선택에 신중한 태도를 취하는 것이다.

마찬가지로 '시장market'이라든지 '시장점유율market share'과 같은 표현도 사용하지 않는다. 아마존은 소매 시장에 뛰어든 것이 아니라 어디까지나 전자상거래 시장이라는 한정된 '세그먼트(segment, 고객층 또는 특정 기준에 따라 세분화된 시장을 의미함)'에서 사업을 전개하고 있음을 회사 밖 이해관계자들에게 전달하려는 의도 때문이다.

따라서 사업계획서와 같은 사내 문서를 작성할 때에는 '세그먼트'나 '세그먼트 점유율' 등의 용어를 사용하도록 권장하고 있다.

미국 전자상거래 시장에서 아마존이 차지하는 세그먼트 점유율은 49.1퍼센트로, 2위인 이베이e-bay의 점유율 6.6퍼센트와 큰 차이를 벌리고 있다. 그러나 소매 시장 전체로 보면 아마존은 불과 5퍼센트 정도를 차지하고 있을 뿐이다.

이러한 수치를 통해 미국 소매 시장이 얼마나 큰지 충분히 가늠해 볼 수 있다. 아마존이 전자상거래에 한해서는 세그먼트 1위를 달리고 있지만, 앞으로 더 많은 오프라인 거래가 온라인으로 옮겨올 거라는 점을 감안했을 때 성장할 가능성은 여전히 크다.

물류비는 '비용'이 아니라
고객 만족도를 높이는 데 필요한 '투자'다

앞에서 설명한 것처럼 아마존은 매출 규모가 증가할수록 물류비 비중도 점점 커지는 양상을 보여왔다. 2018년에는 매출액 대비 물류비 비중이 무려 14.6퍼센트에 달했다. 아마존은 막대한 양의 상품을 광범위한 지역으로 빠르게 배송하기 위해 '풀필먼트 센터'라는 배송 거점을 전 세계 각국에 계속 늘려왔다.

이들은 현재 전 세계에서 175개의 센터를 운영하고 있다(미국 110개, 유럽 40개, 일본 15개, 기타 지역 10개)[10]. 물류비 증가의 주된 요인으로는 계속되는 풀필먼트 센터 증설, 신기술 도입, 유럽 물류 창고 직원들의 파업에 대한 대처, 인력 확보를 위한 최저 임금 인상, '3PL('Third-Party Logistics'의 약자로, 물류 관련 업무를 제3자에게 위탁하는 것 또는 위탁받아 처리하는 물류 전문 업체를 의미함)'라고 하는 외부 물류 업체에 대한 위탁 비용 증가 등을 들 수 있다.

일본에서는 최대 택배업체인 야마토 운수가 근로 환경을 개선하기 위해 배송료를 인상하고 일별 처리 건수를 줄이기로 결정했다[11]. 아마존은 이를 계기로 일본 내에도 자체 물류 네트워크를 구축하기 위해 더욱 박차를 가했다. 이것이 어떤 결과를 초래할지는 당시 어느 누구도 쉽게 예상하지 못했다.

아마존이 위에서 언급한 몇 가지 이유로 물류비를 불가피하게 발생하는 필요악이라 여기는 것은 아니다. 고객의 만족도를 극대화하려고 노력한 끝에 발생하는 부산물로 간주한다.

신속하고 안전한 배송, 그리고 롱테일(Long-tail, 평소에 눈에 잘 띄지 않았던 상품까지도 광범위하게 제시함으로써 고객의 다양한 요구를 충족하고 이용 고객층을 확대해 나가는 판매 전략. 더욱 상세한 내용은 제2장에서 다룰 예정이다)을 구현한 아마존의 압도적인 상품 구성을 떠받치는 근간이 바로 로지스틱스(Logistics, 상품을 주문받고 배송하기까지의 물류 프로세스 전반을 최적화하기 위해 계획을 수립하고 실행, 관리하는 것)와 물류 네트워크이기 때문이다.

아마존은 창사 이래 계속해서 풀필먼트 센터를 증설해 왔을 뿐 아니라, 창고 선반의 충진율(充塡率, 일정한 공간 내에 물건이 채워져 있는 정도)을 높이고 주문 접수부터 배송까지 걸리는 시간을 단축하기 위해 첨단 기술이 접목된 하드웨어와 소프트웨어를 끊임없이 도입했다.

계속된 투자로 인해 적자가 발생해도 전혀 아랑곳하지 않고 서비스 품질 향상을 우선시했던 것. 아마존은 이러한 노력을 통해 고객의 신뢰를 얻고 타의 추종을 불허하는 위치에 올라설 수 있었으며, 계속해서 성장할 수 있었다. 그리고 끊임없이 성장 가도를 달렸기에 투자자들의 관심을 한 몸에 받아 자금을 끌어올 수 있었다.

아마존을 대표하는 '3대 전략'

아마존의 진면목을 이해하려면 반드시 짚고 넘어가야 할 것이 있다. 아마존의 중심축을 이루는 것은 당연히 전자상거래이지만, 전략적 측면에서 중요한 요소[12]는 아래에 열거한 11가지다.

1. 프라임 회원 서비스
2. AWS
3. 마켓플레이스
4. 알렉사[Alexa](음성 인식 기반의 AI 어시스턴트)
5. 아마존 디바이스(에코[Echo], 파이어 TV[Fire TV])
6. 프라임 비디오[Primevideo]
7. 프라임 뮤직[Primemusic]
8. 패션
9. 홀푸드마켓[Whole Foods Market](아마존이 인수한 미국의 슈퍼마켓 체인)
10. 아마존 고
11. 인도 시장

아마존이 직접 물건을 판매하는 기존의 소매 사업은 주요 전략[13]에 포함돼 있지 않다.

이 중에서도 가장 강력한 힘으로 비즈니스를 견인하는 요소는 '프라임', 'AWS', '마켓플레이스', 이 세 가지다. 하나하나 자세히 살펴보자.

주요 전략 ① 프라임

흔히 아마존 프라임이라고 불리는 회원제 서비스다. 일본에서는 매월 500엔 또는 매년 4,900엔의 회비를 내면 회원으로 활동할 수 있다. 프라임 회원이 되면 원래는 유료인 당일 배송 서비스를 횟수 제한 없이 무료로 이용할 수 있는 '배송 특전', 영화를 무료로 시청할 수 있는 '프라임 비디오', 100만 개 이상의 음악을 마음껏 들을 수 있는 '프라임 뮤직' 등 여러 가지 혜택을 누릴 수 있다.

미국 내 프라임 서비스 이용자 수는 2018년 10월~12월 기준 1억 100만 명에 달하는데, 이는 2017년 대비 10퍼센트 증가한 수치다. 과거 3년간 두 배로 늘었다. 2013년 10월~12월 시점에는 2,600만여 명이었으니 5년 새 거의 4배가 된 셈이다[14]. 한편, 1억 100만 명은 미국 회원의 62퍼센트에 해당한다.

그리고 프라임 회원은 1년간 아마존에서 평균 1,400달러(약 155만 원)를 지출하는데, 이는 비회원이 지출하는 600달러의 2.3배다[15]. 일본 내 프라임 가입자 수는 공개되지 않았다. 다만, 2019년 4월 시점에 'Amazon.co.jp'에 접속한 월간 방문자 수 약 5,400만 명[16] 중 프라임 회원의 방문 횟수를 바탕으로 추정해 보면, 프라임 회원의 비중은 미국보다 적은 것으로 보인다.

프라임을 통해 거둬들이는 월회비와 연회비는 이른바 구독 서비스에 대한 이용료로, 아마존은 이를 통해 안정된 수익 기반을 마련힐 수 있다. 이처럼 안정적인 현금 흐름을 바탕으로 재정 건전성을 높이고 고객에게 새로운 서비스를 제공하며, 지속적인 투자로 기존 서비스의 품질을 높이는 것이 바로 아마존의 선택한 주요 전략 중 하나다.

프라임 회원은 비회원보다 아마존을 이용하는 빈도가 높고 한 번 쇼핑할 때마다 구입하는 상품 수가 많으며, 평균 구매 금액이 큰 충성도 높은 고객이다. 이는 데이터를 통해 확인된 사실이다[17]. 때문에 프라임 회원 수를 늘리는 데 초점을 맞추는 것이 우선시 되어야 한다.

다만 오랜 기간 프라임 회원으로 활동한 고객들은 '프라임 비디오', '프라임 뮤직', '프라임 포토Primephoto' 등의 디지털 특전을 그리 자주 이용하지 않는다. 따라서 그들이 프라임 서비스를 계속 이용할 이유를 찾을 수 있도록 해당 디지털 콘텐츠 서비스의 품질을 계속해서 높여 나가고 있다. 그리고 디지털 특전으로 고객을 유인한 뒤 무료 배송 서비스도 체험해 볼 수 있게 하는 등 신규 가입자를 확보하기 위한 작전을 양방향으로 펼친다.

TV 광고 제작 시에는 넷플릭스Netflix, 훌루Hulu 등 영화 스트리밍 서비스 기업처럼 영상 콘텐츠 자체를 홍보하는 데 초점을 맞추고 프라임 배송 특전에 대해서는 전혀 언급하지 않는다. 아마존 입장에서 무료 배송보다는 디지털 콘텐츠로 신규 고객을 확대하는 것이 더 중요함을 시사한다.

일본에서 제공되고 있는 프라임 비디오에서는 TV 방송과 영화뿐만 아니라 아마존이 자체 제작한 방송도 시청할 수 있다. 아마존은 요시모토흥업(일본 최대 연예 기획사)과 덴쓰(일본 광고 회사)가 공동 설립한 YD 크리에이션^{YD Creation}과 제휴하여 드라마와 버라이어티 쇼, 애니메이션 등을 제작하고 있다.

최근에는 광고주가 내용을 좌우하는 지상파 방송과 다른 오리지널 콘텐츠를 요구하는 목소리가 점점 높아지고 있다. 이에 따라 단순히 프라임 회원 수를 늘리려는 차원이 아닌, 아예 독립적인 콘텐츠 사업자로 나아가려는 움직임도 관측된다.

주요 전략 ② AWS

AWS는 2006년 아마존의 IT 인프라를 클라우드 방식으로 활용할 수 있도록 외부에 공개한 서비스다. 아마존이 재고 관리와 물품 배송 업무를 처리하고 데이터를 분석하기 위해 구축한 첨단 IT 인프라와 시스템을 회사 밖에 있는 누구나 손쉽게 이용할 수 있도록 웹 기반으로 구현한 것이다. 클라우드 컴퓨팅의 장점 중 하나는 필요할 때 필요한 만큼만 저렴한 가격으로 서버 등의 IT 자원을 이용할 수 있다는 것이다. 조금 더 구체적으로 설명하면, 웹 사이트를 운영하는 개인이나 기업은 클라우드 서비스를 이용하면 서버를 별도로 확충할 필요 없이 시스템의 처리 속도를 손쉽게 높일 수 있고 접속자 수가 급격히 늘더라도 유연하게 대처할 수 있다.

기존에는 하드웨어나 소프트웨어 등의 IT 자원을 확충하기 위해 짧게는 몇 주 전, 길게는 몇 달 전부터 계획을 짜고 조달해야 했지만, 클라우드 서비스를 이용하면 그럴 필요가 전혀 없다. 뿐만 아니라 데이터 스토리지(Data storage, 응용 소프트웨어나 멀티미디어 파일, 문서 등을 저장하고 공유하기 위한 장치)는 물론, 데이터 분석용 솔루션이나 네트워크 및 모바일 개발자용 도구, 관리자용 도구, IoT 솔루션, 보안 솔루션, 기업용 소프트웨어도 얼마든지 이용할 수도 있다.

마이크로소프트, 구글, IBM 등 다른 거대 기업도 이와 유사한 서비스를 제공하고 있지만, 아마존의 시장점유율은 압도적이다. 경쟁사보다 먼저 시장에 진입한 데다 사용자들이 요구하는 바를 세세히 파악하여 다채로운 서비스를 제공했기 때문이다. 또한, 타사보다 한발 앞서 종량 요금제를 도입했고 매년 규모의 경제(생산 규모 확대에 따른 생산비 절약 또는 수익 향상 이익으로, 확장성이 있으면서 규모를 키우더라도 부대 비용이 그에 비례해 늘어나지는 않는 상태)를 확보하는 만큼 요금을 낮추는 등, 가성비와 사용 편의성을 지속적으로 높여온 것이 주효하게 작용했다.

소매업과는 달리, AWS는 일단 계약을 체결하고 나면 수익이 꾸준히 발생한다. 다시 말해 안정된 수익 기반을 확보할 수 있는 비즈니스인 것이다. 클라우드 서비스 이용자가 증가함에 따라 AWS 매출도 계속해서 늘어나고 있다.

주요 전략 ③ 마켓플레이스

앞에 언급한 것처럼 마켓플레이스에서 발생하는 유통총액[18]
은 아마존의 전체 유통총액 중 58퍼센트를 차지한다. 제프 베
조스는 마켓플레이스가 전략적으로 중요한 사업이라고 단언
한다. 가장 큰 이유는 아마존의 방대한 상품 라인업$^{line-up}$을 지
탱하는 존재가 바로 마켓플레이스이기 때문이다.

아마존이 직접 상품을 구비하고 판매하려면 복잡한 절차를
거쳐야 한다. 우선 '바이어^{Buyer}'라고 하는 상품별 담당자가 제
조사나 도매업체를 만나 거래 조건을 협상해야 하고, 가격을
결정해 상품을 등록해야 하며, 수요가 증가하면 발주를 넣을
때 납기도 적절히 조정해야 한다.

아마존 재팬에도 각 사업부와 상품 카테고리별로 수많은
바이어가 활약하고 있는데, 아무리 많은 사람을 채용하더라
도 직접 판매할 제품의 수를 늘리는 데는 한계가 있다.

물론 아마존은 복잡한 업무를 구조화하는 데 일가견이 있
는 기업이기 때문에, 제조사와 도매업체가 제품의 사양과 가
격을 직접 입력할 수 있는 시스템을 가지고 있기는 하다. 그
렇긴 해도 판매사업자 수 자체를 늘리는 것만큼 상품군을 빠
르고 효율적으로 확대할 방법은 없다. 아마존이 자랑하는 광
범위한 제품 카테고리 하나하나에 수많은 사업자가 참여하여
각자 다양한 제품을 등록한다면, 바이어 없이도 압도적인 규
모로 상품 라인업을 확대해나갈 수 있다.

다만, 여기서 한 가지 놓치지 말아야 할 것이 있다. 아마존

도 직접 상품을 판매하기 때문에 고객의 관심과 신뢰를 얻을 수 있고, 이렇게 얻은 신뢰가 경쟁력의 근원으로 작용한다는 사실이다.

직접 판매 부문에서는 잘 팔리는 상품이 필요할 때 동나지 않도록 일정한 로직에 따라 자동으로 수요를 예측하고 납기를 고려하여 꼭 필요한 만큼만 발주를 넣는 등, 기회 손실(어떤 일을 했으면 얻을 수 있었던 이익을 그 일을 하지 않았기 때문에 얻지 못한 것)이 발생하지 않도록 재고를 관리한다. 물론 이 업무도 자동화되어 있다. 또한, 같은 제품에 대해 경쟁사와 동일한 수준의 가격을 자동으로 맞춤으로써 고객이 안심하고 물건을 구입할 수 있게끔 하고 있다.

그런데 만약 아마존이 이와 같은 직접 판매 활동을 하지 않고 재고 관리 및 가격 책정 업무를 판매사업자에게 전적으로 맡기는 구조였다면 고객들은 그만큼 충분한 혜택을 누리지 못했을 것이고, 결과적으로 전자상거래 사업이 오늘날처럼 성장하지 못했을 것이다.

다수의 사업자가 참여하다 보면 동일한 상품이 복수로 등록될 가능성이 있지만, 아마존에서는 아마존이든 판매사업자든 '1상품 1카탈로그' 원칙(이에 대한 상세한 내용은 제2장에서 다룰 예정이다)을 반드시 따라야 한다. 이는 고객의 혼란을 최소화하기 위한 정책이다.

이같이 모든 서비스를 관통하는 고객 중심주의적 사고야말로 타사에서는 쉽게 찾아볼 수 없는 아마존 특유의 강점이다.

지금까지 알아본 3대 전략을 포함한 11개 전략 외에도 아마존 애드버타이즈먼트(Amazon Advertisement, 광고 사업)나 아마존 비스니스(기업 대상의 판매 사업) 등 다양한 서비스를 운영하고 있다.

아마존이 오직 16개국에서만 사업을 하는 이유

　위에서 언급한 11개 전략 중에서 유일하게 국가로서 포함된 곳은 '인도'다.

　2019년 4월 아마존은 중국 시장에서 공식적으로 철수했다[19]. 시장 진입 초기에 과감하게 투자하지 않은 탓에 알리바바Alibaba 같은 경쟁사에 선두 자리를 빼앗기고 말았다. 인도 시장에서는 이러한 전철을 다시 밟지 않기 위해 막대한 자금을 쏟아붓고 있다. 그리고 스케일 메리트(Scale merit, 기업의 규모가 커짐에 따라 얻게 되는 여러 가지 이점)를 확보할 목적으로, 대규모 적자가 발생하는 상황에서도 흔들리지 않고 매출을 확대하는 데 주력하고 있다.

　지금까지 꾸준하게 새로운 서비스를 선보이고 여러 기업을 인수 합병하면서 성장을 거듭해 온 아마존이지만, 그렇다고 실패 경험이 전혀 없는 것은 아니었다.

　2014년 '파이어폰Fire Phone'을 앞장세워 진입한 스마트폰 시장에서는 그야말로 참패를 당했다. 그해 3분기 1억 7,000만 달러라는 막대한 손실을 기록한 뒤[20], 이듬해에 완전히 철수했다.

경매 사이트 '아마존 옥션[Amazon Auction]', 모바일 결제 서비스 '로컬 레지스터[Local Register]', 패션 상품 전문 판매 사이트 '엔들리스 닷컴(Endless.com, 일본에서는 'Javari.jp'라는 이름으로 서비스되었음)', 온라인 쇼핑몰 개설 및 관리 서비스 '웹 스토어[Web Store]', 회원제를 기반으로 할인 상품을 판매하는 '아마존 해빗[Amazon Habit]', 레스토랑 예약 및 배달 주문을 위한 서비스 '아마존 로컬[Amazon Local]' 등은 결국 실패로 끝난 수많은 사업 중 극히 일부분에 불과하다.

아마존에서는 실패를 아무렇지 않게 받아들인다. 실패 경험으로부터 배울 수 있는 게 많다고 여기기 때문이다. 성과를 기대하기 어려운 사업은 언제든 중단할 수 있다. 아마존의 특징 중 하나다. 비싼 수업료를 지불해야 하지만, 실패 경험에서 건져 올릴 수 있는 노하우는 향후 신규 사업의 성공을 담보하는 값진 자산이 된다.

아마존이 오직 16개국에서만 온라인 스토어를 운영하고 있다고 이야기하면 대부분은 의외로 적은 숫자에 놀라곤 한다.

대상 국가를 한정 지은 이유는 분명하다. 아마존은 자신들의 비즈니스 모델이 먹힐 수 있는 곳에서만 사업을 전개하기 때문이다. 이때 가장 우선적으로 고려하는 것은 물류다.

아마존은 주문을 접수할 때마다 고객과 배송 날짜를 약속한다. 물류 시스템의 문제로 인해 고객의 신뢰가 깨지기 쉬운 지역에서는 아마존다운 서비스를 제공할 수 없다고 판단해 아예 진출하지 않는 것이다.

예상치 못했던 아마존 재팬의 저조한 실적

아마존 재팬이 지금까지 어떤 길을 걸어왔는지 한번 살펴보자.

오늘날의 '아마존 재팬 합동회사'는 일본 내에서 상품 조달, 판매사이트 구축, 판매, 배송, 과금, 상품 회수 등의 제반 업무를 통합 관리할 목적으로 2016년 5월, 아마존 재팬 주식회사와 아마존 재팬 로지스틱스 주식회사를 합병하여 만든 회사다(합동회사란 2006년 일본의 회사법 개정 이후 새롭게 등장한 법인 형태로, 설립이 쉽고 주식회사보다 이해관계자의 간섭이 적기 때문에 최근 이 방식을 선호하는 기업이 늘고 있음)[21]. 물론, 일본에 등록된 회사로서 다른 기업들처럼 납세의 의무를 지고 있다.

아마존 재팬은 원래 일본 시장을 대상으로 사업을 전개하고 있던 아마존 인터내셔널 세일즈Amazon International Sales, Inc.를 지원하기 위해 설립된 회사였다. 예나 지금이나 일본에서 단독으로 서비스나 시스템을 개발하는 일은 거의 없고, 대부분 미국 본사와 긴밀히 협의하며 일을 진행하고 있다.

아마존은 기본적으로 모든 국가에서 '동일한 서비스를 동일한 품질로' 제공하는 것을 목표로 하고 있으며, 이를 위해 필요한 시스템 개발 등의 업무는 기본적으로 미국 본사가 총괄한다. 이 밖에 최종 의사 결정, 예산 배분, 기업 문화 관리, 인사 제도 관리, 재무, 법무 등의 업무도 미국 본사를 중심으로 한 '거버넌스(Governance, 지배 구조)' 하에 놓인다(상세한 내용은 제6장에서 다룬다). 이 또한 전 세계적으로 비즈니스를 전개하는 아마존의 두드러진 특징이자 강점 중 하나다.

일본 기업이 해외에서 사업을 전개하는 방식과 한번 비교해 보자. 나는 예전 직장에서 프랑스, 루마니아, 태국의 법인장(사장)으로서 현지 법인을 이끈 바 있다. 제조업체든 상사 회사든 현지에서 제품을 판매하려면 당연히 일본 본사의 담당 사업부와 함께 제품 원가와 납기를 조율하고 판매 전략에 대해서도 사전에 충분히 논의한다.

그러나 그 외의 업무, 즉 판매 업무를 지원하는 판매망 구축이나 조직 정비, 사내 시스템 구축, 기업 문화 관리 등에 대해서는 본사가 거의 신경 쓰지 않고 현지 법인에 맡기는 경우가 많았다. 더욱이 인수한 기업에 대해서조차 무슨 이유 때문인지 통제력을 행사하지 않고 거의 내버려 두다시피 하는 경우도 있었다. 그 회사가 가진 장점을 제대로 활용할 수 없는 것은 어찌 보면 당연했다.

내가 프랑스 법인의 관리자로 파견된 이유는 인수한 회사가 막대한 적자를 기록하고 있어 이대로 두면 안 되겠다는 본사의 판단 때문이었다. 인수한 지 10년도 넘은 상황이었지만 본사는 어느 것 하나 제대로 컨트롤하지 못하고 있었다. 상황을 호전시키기에는 이미 너무 늦은 상황이었고, 결국 청산 절차를 밟고 말았다.

이와 달리 아마존이 상징하는 미국 기업의 거버넌스는 거침이 없다. 각국 현지 법인의 아주 세부적인 부분까지 통제하여 권한을 본사에 집중시키며, 정보를 한데 모아서 글로벌 차원의 전략적 우선순위를 매기고 자금을 배분한다.

이런 방식은 해외 법인이 갈라파고스화(기술이나 서비스가 독자적인 형태로 발전하여 다른 곳과 통용되지 못하고 점차 고립되는 현상)되는 것을 방지하고 중복된 조직을 덜어낼 수 있으며, 운영의 효율성을 극대화하는 데에 확실히 도움이 된다. 다만, 각국에 주어진 권한이 매우 적기 때문에 외국계 기업에서 일하는 경영진은 그만큼 재미와 보람을 느끼지 못할 거라 생각하는 사람도 있을 것이다.

여담이지만, 내가 전 직장인 미스미 그룹을 그만둔 것도 바로 이런 이유에서다. 당시 나는 태국 법인장으로서 4개의 사업을 총괄하고 있었다. 그런 와중에 본사는 각 사업에 대한 해외 비즈니스를 강화하기 시작했고, 법인에 속해 있던 각 사업담당자의 보고라인도 내가 아닌 본사의 해당 사업부로 변경됐다. 법인장으로서 할 수 있는 일이 줄어드니 의욕도 자연히 사그라졌다.

본사의 그런 결정은 이치에는 맞았지만 해외 법인을 이끄는 사람이 고작 인사, 재무, 법무, 콜센터, 물류 센터 같은 후

방 업무만을 책임진다는 사실이 마음에 들지 않았다. 외국계 기업에서든 일본 기업에서든 조직 운영을 효율화하는 일과 직원의 시기를 관리히는 일은 어쩌면 동전의 양면 같은 것일지도 모른다.

그럼, 이제 다시 본론으로 돌아와서 2009년부터 2018년까지 10년간 아마존 재팬의 매출액 변화 추이를 한번 살펴보자.

아마존 재팬의 매출액 추이

	2009	2010	2011	2012	2013	2014	2015	2016	2017	2018
일본 매출 (백만 달러)	3,186	3,929	5,348	6,478	7,636	7,912	8,264	10,797	11,907	13,829
연평균 환율 (엔화 기준)	92.57	86.81	78.84	78.82	96.65	104.85	120.05	109.84	111.19	109.43
일본 매출 (백만 엔)	294,944	341,076	421,636	510,596	738,019	829,573	992,093	1,185,942	1,323,939	1,513,307
전년 대비 증가율(%)	0.0%	15.6%	23.6%	21.1%	44.5%	12.4%	19.6%	19.5%	11.6%	14.3%
일본 매출 비중(%)	13.0%	11.5%	11.1%	10.6%	10.3%	8.9%	7.7%	7.9%	6.7%	5.9%

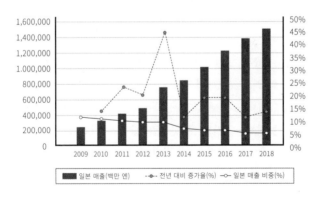

내가 입사한 직후인 2009년, 약 3,000억 엔(약 3조 1,350억 원) 남짓했던 매출액은 2018년 약 1.5조 엔(약 15조 6,000억 원)으로 확대됐고 2018년도 마켓플레이스 유통총액은 9,000억 엔(약 9조 4,000억 원)을 돌파했다[22]. 그리고 각 언론 매체의 추정치에 따르면, 직접 판매와 마켓플레이스를 통해 발생한 유통총액은 무려 2.4~2.7조 엔(약 24조~28조 원)에 이른다[23].

그 규모를 조금 더 쉽게 가늠해보기 위해 라쿠텐(일본의 종합 인터넷 기업)과 비교해보자. 라쿠텐은 몇 년 전부터 라쿠텐 이치바(한때 일본에서 가장 큰 인터넷 쇼핑몰이었으나, 2016년 아마존 재팬에 1위 자리를 내어주었음)의 유통총액만 따로 떼어 공개하진 않고 있다. 라쿠텐 트래블(호텔 예약 전문 사이트)까지 포함하여 집계한 유통총액은 3조 4,000억 엔 정도이며, 이 중에서 라쿠텐 이치바의 유통총액은 데이터를 비공개하기 전의 수치에 평균 성장률을 곱하여 추정했을 때 대략 아마존 재팬과 비슷한 수준일 것으로 보인다. 아마존 재팬의 눈부신 성장세로 인해 일본 전자상거래 시장에서 부동의 1위였던 라쿠텐 이치바와 어깨를 견줄 수 있게 된 것이다.

다만, 아마존 재팬의 일본 전자상거래 시장 점유율이 아마존 본사의 북미 시장 점유율에 비해 낮아 성장할 여지가 더 많이 남았음에도 전년 대비 성장률은 그 어떤 지역의 아마존보다도 못하다. 2018년 일본 전자상거래 시장 규모는 17조 9,845억 엔으로, 전체 소매 시장의 약 6.22퍼센트를 차지한다[24]. 또한, 아마존 재팬의 세그먼트 점유율은 겨우 8퍼센트 수준으로, 북미 지역의 점유율 49퍼센트와는 큰 차이가 있다.

아마존 재팬이 전 세계 매출액에서 차지하는 비중은 2014 년 이후 10퍼센트 아래로 떨어졌고, 그 이후로도 매년 낮아져 2018년에는 6퍼센트까지 곤두박질쳤다. 아마존 전체를 놓고 봤을 때 일본 비즈니스의 존재감이 점점 희미해지고 있음을 부정할 수 없다.

아마존 재팬의 세그먼트 점유율이 좀처럼 개선되지 않는 이유로는 크게 두 가지가 거론된다. 첫째, 일본의 물류 네트 워크가 상당히 잘 정비돼 있다는 점이다. 야마토 운수, 사가 와 택배, 일본 우편 등은 이미 오래전에 전국망을 구축했다. 둘째, 라쿠텐 이치바 등과의 경쟁이 첨예하다는 점이다. 이 두 가지를 종합해 보면, 결국 아마존이 내세우는 빠른 배송 서비스는 경쟁사도 얼마든지 제공할 수 있다는 것이다.

물론, 아마존처럼 거대한 규모로 성장한 회사가 작은 회사 와 동일한 수준으로 서비스를 제공하기란 말처럼 쉽지는 않 다. 하지만 어쨌든 이렇게 수준 높은 물류 네트워크 때문에 아마존이 프라임 서비스로써 타사와 차별화하는 데 어려움을 겪고 있는 건 사실이다. 프라임 회원에게 빠른 배송으로 보내 든 일반 배송으로 보내든 물건을 받아보기까지 몇 시간에서 하루 정도밖에 차이가 나지 않으니, 오롯이 배송 특전만으로 유료 회원을 늘리기에는 분명히 한계가 있다.

그리고 일본 인구 대부분이 도쿄, 나고야, 오사카, 삿포로, 후쿠오카처럼 산이 많지 않은 대도시에 집중되어 있고 슈퍼

마켓이나 편의점, 드러그스토어(Drugstore, 의사의 처방이 필요 없는 의약품을 중심으로 건강·미용 관련 상품과 간편식품 등을 판매하는 잡화점) 등의 대형 소매점이 가는 곳마다 눈에 띄기 때문에 필요한 물건을 바로 구할 수 있다. 땅이 넓어 매장에 직접 방문하기 어려운 사람이 많은 미국과 달리, 대도시에 모여 사는 일본 고객들은 아마존의 배송 스피드가 빠르다는 것을 좀처럼 체감하기 어렵다.

이처럼 특수한 환경을 고려했을 때 주문 후 1~2시간 내로 배송해 주는 '프라임 나우Prime Now'라든지 신선식품을 취급하는 '아마존 프레시'를 일본 시장에서 성공시키기란 절대 녹록지 않은 일일 것이다. 이런 까닭에 2019년 11월, 아마존 재팬은 '프라임 나우' 서비스 대상 지역을 축소하기로 결정했다[25].

아마존 재팬의 성장 가능성

본사의 글로벌 전략에 따라 아마존 재팬에서도 마켓플레이스 부문을 확대하는 데 주력했다. 나는 2015년부터 2018년까지 해당 사업의 책임자 자리에 있었다.

전략은 단순했다. 가능한 많은 판매사업자를 유치하고, 판매사업자와 고객이 손쉽게 거래할 수 있도록 편의성을 높이는 것이 목표였다. 취급하는 상품군을 확대하기 위해서 일본 국내뿐만 아니라 중국에 있는 사업자까지 유치하려고 다방면으로 애를 썼다. 그 결과, 일본의 소비자들이 지금까지 접해보지 못했던 가성비 좋은 상품을 제안할 수 있었고 일본 내에 마련된 풀필먼트 센터를 통해 빠르게 물건을 받아볼 수 있게 되었다. 사업자가 제품을 손쉽게 등록할 수 있게 해놓으니 그에 따른 부작용도 발생했다. 짝퉁 제품을 취급하는 불량 사업자들까지 유입되어 물을 흐린 것이다. 한편, 사업자들이 조금 더 쉽게 물건을 판매할 수 있도록 지원하는 다양한 서비스도 함께 확대했다. 사업자가 물건을 아마존으로 보내기만 하면 주문이 들어왔을 때 아마존이 포장과 배송 업무를 대행해 주는 서비스인 'FBA^Fulfillment by Amazon'나 사업자가 직접 배송하는 '마켓플레이스 빠른 배송', 사업의 운전 자금(기업의 생산 활동에 필요한 재료비나 인건비 따위의 지급에 쓰이는 돈을 말함)을 빌려주는 '아마존 렌딩^Amazon Lending', 스타트업을 지원하는 '런치패드^Launch Pad', 일본에서 활동하는 판매사업자의 해외 아마존 사이트 진출을 돕는 '글로벌 셀링^Global Selling' 등이 그것이다.

아마존 재팬은 상품군을 확대하고 배송 품질을 개선하기 위해 지속적으로 노력할 뿐만 아니라, 이익률 개선에 핵심인 마켓플레이스 사업을 확대하기 위해 조직적으로 보강해 나가고 있다.

어찌 됐든 일본의 전체 소매 시장 중에서 전자상거래 시장의 비중은 아직 작다. 전자상거래 시장이 점차 몸집을 불려가고 있음을 감안할 때, 아마존 재팬이 성장할 여지는 아직 충분히 남아있다.

제2장

제프 베조스가 말하는
'상식의 기준'

내가 아마존에서 배운 '상식의 기준'이란 도대체 무엇인가?
구체적인 사례를 통해 자세히 살펴보자.

우선 아래의 내용을 통해 아마존의 다양한 서비스를 관통
하는 기본 이념부터 알아보고자 한다.

〔아마존의 DNA〕
· 지구상에서 고객을 가장 소중하게 여기는 기업
· 온라인에서 필요한 물건을 손쉽게 탐색하고 구입할 수 있
는 환경을 마련하고, 가능한 한 저렴한 가격으로 제공하기 위
해 노력하는 기업

〔고객의 입장에서 출발하기〕 Working backwards from customers
· 고객의 생각과 니즈를 출발점 삼아 항상 그들의 입장에
서서 일을 추진해 나갈 것

뒤에서 구체적으로 설명하겠지만, 아마존은 '리더십 원칙
Our Leadership Principles, OLP'이라 하는 직원 행동 규범을 정립했다.
위에서 소개한 두 가지 기본 이념은 리더십 원칙은 물론, '아

마존은 반드시 이런 기업이라야 한다'라는 그들이 가진 사고 방식의 '기준점'이다.

그중에서 가장 중요하면서도 아마존의 본질에 가까운 것은 '지구상에서 고객을 가장 소중히 여기는 기업'이라는 선언이다. 이는 아마존이 달성하고자 하는 가장 거대한 미션으로, '고객을 소중히 여기기' 위한 행동 지침은 '온라인에서 필요한 물건을 손쉽게 탐색하고 구입할 수 있는 환경을 마련하고, 가능한 한 저렴한 가격으로 제공하기 위해 노력하는 기업'이라는 선언을 통해 구체화했다.

고객을 소중히 여긴다는 말을 듣고 일본의 고도 성장기에 유행했던 '고객은 왕이다'라는 다소 과장된 구호를 떠올리는 이가 있을 것이다. 자신이 다니는 회사도 '고객 중심주의'라는 말을 벽에 써 붙여 놓은 지 오래라고 이야기하는 이도 있다.

그러나 아마존에서는 행동이 수반되지 않는 단순한 구호는 결코 용납되지 않는다. 고객 한 사람 한 사람을 소중히 여긴다는 의미에서 언제나 그들의 이익과 편의를 최우선으로 생각하며, 이를 위한 실질적인 서비스와 시스템을 구현하는 데 총력을 기울인다. 그리고 이를 직원들이 제대로 활용하여 기대한 성과를 얻을 수 있도록 철저히 교육하고 조직 문화를 관리하며, 필요시 말단 사원까지도 의사 결정 과정에 참여하도록 독려한다.

한 예로 '온라인에서 필요한 물건을 손쉽게 탐색하고 구입할 수 있는 환경을 마련하고, 가능한 한 저렴한 가격으로 제공하기 위해 노력하는 기업'이라는 이념을 아마존이 어떻게 실천하고 있는지 살펴보자.

다양한 상품을 구비하여 고객의 선택폭을 넓히는 것은, 소매업자라면 당연히 해야 할 일이라고 생각하는 것이 이른바 '상식'이다. 그러나 실제로는 판매할 상품을 선택할 때 고객이 아닌 자신들의 입장에서만 생각하는 경우가 훨씬 많다는 사실을 알아야 한다.

대개는 제조업체가 재고를 처리하려고 싸게 내놓은 물건을 파는 데 주력한다. 소매업자 입장에서 그런 상품의 마진이 많기 때문이다. 이렇게 제조사와 판매자가 팔고 싶은 물건만 취급하는 것을 마케팅 용어로 '푸시Push 전략'이라고 한다. 고객 입장에서 생각하는 것과는 거리가 멀다.

아마존 온라인 스토어에는 그야말로 없는 게 없다. 필요한 물건을 금방 찾을 수 있고 비슷한 물건끼리 손쉽게 비교해 볼 수 있다. 그리고 되도록 저렴한 가격을 제안하여 고객에게 실질적인 도움을 제공하려고 노력한다. 여기서 '고객에게 실질적인 도움을 제공한다'는 것이 특히 중요한 대목이다. 기능 추가와 확장을 통해 사용 편의성을 계속해서 높여가는 까닭은 바로 이 때문이다. 고객의 성향에 맞게 검색 결과를 보여주는 것처럼 필요로 할 만한 상품을 추천하여 선택을 돕는 것이다. 철저히 고객의 입장에서 서비스의 품질을 높이는 것이 아마존의 추구하는 사업 방식이다.

그렇다면 서비스의 품질은 구체적으로 어떤 방식을 통해

높여 나갈 것인가. 이에 대한 답이 바로 '고객의 생각과 니즈를 출발점 삼아 항상 그들의 입장에 서서 일을 추진해 나갈 것'이라는 이념이다.

내부 회의 시, 팀 구성원이 가령 새로운 지불 방식을 도입할 필요가 있다고 제안하면 나는 늘 이런 질문을 던졌다. "대상 고객은 누구인가?", "새로운 지불 방식이 필요하다고 생각한 이유는 무엇인가? 구체적으로 우리가 풀어야 할 과제는 무엇인가?", "고객에게 어떤 도움을 주는가?", "수요가 있다는 것을 어떻게 알게 되었나? 실제로 조사한 결과인가?", "고객의 경험이 어떻게 달라질지 명확히 설명할 수 있는가?" 그러면 해당 팀원은 이를 당연하게 생각해 봐야 할 것으로 여기고 차근차근 답을 해나갔다.

새로운 방식을 도입해야 할 이유로 '아마존이 지불해야 할 수수료가 절감된다'는 등의 판매자 입장에서만 좋은 것을 제시한다면 일단 판단을 보류하고, 고객 입장에서 분명한 이점이 존재한다면 되도록 서둘러 도입하려고 한다. 이것이 바로 아마존이 말하는 '상식'을 판단하는 기준이다.

'고객 중심주의'는 아마존의
기본 이념 그 자체다

아마존의 기본 이념을 한마디로 표현하면 '고객 중심주의'
다. 마케팅 용어로 표현하면 판매자 입장에서 생각하는 '푸
시 전략'과 상반되는, 고객이 원하는 것을 충분히 끌어당기
고 수용하는 '풀Pull 전략'인 것이다. 아마존에서는 'Working
backwards from customers', 즉 고객의 입장에서 출발하
는 것을 모든 행동의 '기준'으로 삼는다.

그렇다면 구체적으로 어떤 상황에서 고객 중심주의를 관철
하고 있을까?

가장 이해하기 쉬운 예가 아마존의 가격 설정 정책이다. 보
통은 매입 원가에 이익을 얹어서 판매가를 책정한다. 그러나
아마존이 가격을 결정하는 방식은 조금 다르다. 경쟁사가 동
일한 제품을 얼마에 판매하고 있는지를 확인한 뒤, 그중에서
가장 저렴한 가격을 사이트에 게시한다. 매입 원가가 얼마인
지와 관계없이 판매가를 책정하기 때문에 상품에 따라 팔수
록 적자가 나는 경우도 있다.

시장 최저가로 가격을 정하는 이유는 명확하다. 예를 들어,
아마존에서 구입한 가전제품이 다른 매장에서 10퍼센트나 더
저렴하게 팔리는 것을 나중에 알게 된다면 여러분은 어떤 기
분일 것 같은가? 다른 곳보다 비싸게 판다며 아마존에서 구
매한 것을 후회할 게 뻔하다.

고객의 이익을 최우선으로 생각하는 것이 모든 행동의 '기준'이다. 따라서 그들이 부정적인 경험을 하지 않도록 철저히 고객의 입장에서 가격을 책정하는 것이다. 물론 계속해서 손해를 보면 안 되기 때문에 매입 원가를 경쟁업체 수준으로 낮추려고 제조사와 협상을 벌이기는 한다. 그러나 어쨌든 가장 중요한 것은 '고객이 손해 보지 않게 하는 것'이다. 아마존은 이러한 노력을 통해 고객의 신뢰를 한 몸에 받고 있다.

상품의 라인업을 풍부하게 갖출 수 있게 된 것도 고객 중심주의를 꾸준히 실천한 결과다. 아마 '롱테일Long tail'이라는 용어를 자주 들어봤을 것이다. 전자상거래 시장에도 20 대 80 법칙이 작용한다. 상위 20퍼센트의 인기 상품을 통한 매출이 전체 매출의 80퍼센트 이상을 차지하는 것이다. 상품별 매출액을 그래프로 표현해 보면, 판매량 순으로 하위 80퍼센트인 상품들은 마치 공룡의 꼬리처럼 길고 얇게 늘어진 모습으로 그려진다. 이것이 바로 롱테일, 즉 긴 꼬리이다.

머리(인기 상품)와 긴 꼬리(롱테일)

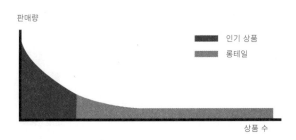

롱테일 전략은 1년 동안 단 한 개 밖에 안 팔리는, 혹은 한 달에 몇 개 팔릴까 말까 한 상품까지도 재고를 보유해 고객에게 제공하는 판매 전략을 말한다.

다만, 이러한 전략을 유지하려다 보면 판매자 입장에서는 상당한 비용 부담이 따를 수밖에 없다. 잘 팔리지 않는 상품까지 취급하다 보면 결국 상당히 많은 양을 관리해야 하기 때문이다.

그럼에도 불구하고 상품 라인업을 압도적인 규모로 갖춰 놓으면 고객들은 "아마존에는 내가 필요한 제품이 다 있더라", "동네 상점에서는 구할 수 없는 물건을 주문한 다음 날이면 받아볼 수 있더라"라고 하면서 흡족해할 것이다. 이런 고객 중심주의에 기초한 판매 정책은 저렴한 가격을 제시하는 것 이상으로 아마존의 강점으로써 작용한다.

매장 면적과 진열 가능한 선반의 개수에 제한이 있는 오프라인 매장이 아마존처럼 수억 개(마켓플레이스에서 구입 가능한 상품을 포함하여)의 상품을 취급하는 것은 불가능하다.

모든 상품의 재고를 확보하려다 보면 아무래도 비용 부담이 따르기 때문에, 아마존에서조차도 롱테일의 끄트머리에 있는 상품은 종종 품절되는 경우가 있다. 그러나 재고 비용이 올라갈까 봐 구비할 수 있는 상품조차도 입고를 차일피일 미룬다는 것은 아마존에서는 도저히 있을 수 없는 일이다.

우선은 고객의 입장에 서서 상품 라인업을 최대한 갖춘 뒤, 그에 따른 비용을 최소화하기 위해 물류 시스템을 고도화하고 그 밖의 비용 절감 방안을 끊임없이 모색하는 것. 이것이 바로 아마존의 직원들이 매일 머리를 맞대고 하는 일이다.

제프 베조스가 모두에게 공개한 이메일 주소, 'jeff@amazon.com'

아마존이 서비스 품질을 높이려고 최선을 다하고 있는 것은 사실이지만, 이 세상에 100퍼센트 완벽한 서비스란 있을 수 없다. 약간의 오류나 실수가 발생해서 고객으로부터 전화를 받는 일도 종종 있다.

고객 서비스 부문에서는 24시간 365일 고객의 요구 사항에 응대한다. 또한, 고객이 겪고 있는 문제점을 정확히 확인한 뒤 반품과 교환을 해 주고 사과의 뜻으로 상품권을 선물하기도 하는데, 각 담당자가 알아서 처리할 수 있게끔 권한을 위임했기 때문에 그만큼 신속히 대응할 수 있다. 문제가 발생하더라도 신속하고 기분 좋게 처리해 주니, 쓴소리를 한마디 할까 했던 고객이 오히려 아마존의 팬이 되었다고 말하는 경우도 적지 않다.

이뿐만 아니라 고객이 무엇인가를 요구하면 기능을 개선할 때 이를 정확하게 반영한다. 내가 아마존을 떠나기 전에 총괄했던 기업 대상 판매 서비스 아마존 비즈니스를 예로 들어보자. 이 서비스를 준비할 때, 기업 대상의 전문 상담 인력이 필요할 것으로 보여 별도의 전담 고객 서비스 부문도 함께 설립했다. 이곳에서는 기업 고객의 의견과 니즈를 종합적으로 분석한 뒤, 중요도 순서에 따라 서비스 품질을 개선하고 기능을 확충해 나갔다. 고객 한 사람 한 사람의 목소리, 즉 VOC(Voice of the Customer, 고객 요구 사항)를 중요하게 여겼다. 나 또한 정기적으로 진행되는 회의에서 접수된 VOC 내용을 들어보고, 필요하다고 생각되는 것은 즉시 반영하게끔 했다.

제프 베조스도 자신의 이메일 주소인 'jeff@amazon. com'을 공개하고, 고객이 보낸 메일을 직접 읽어보고 있다. 즉시 대책 마련이 필요한 내용인 경우에는 문장 맨 앞에 물음표를 달아서 담당자에게 전달한다. 베조스의 메일을 받은 담당자는 문제의 내용과 원인을 파악한 뒤, 긴급히 취해야 할 대책과 재발 방지 대책을 세워서 베조스에게 보고해야 한다. 나는 아마존에서 근무했던 10년 동안 이런 일을 몇 차례 경험한 바 있다.

이처럼 경영자와 사업 책임자가 경영지표 전반을 신경 쓸 뿐만 아니라 현장 상황, 다시 말해 고객의 목소리에도 민감하게 반응하는 것이 바로 아마존이 말하는 '상식의 기준'이다. 이러한 기준이 확립되어 있기에 문제를 빠르게 해결하면서도 현장감 있는 기업 운영을 할 수 있는 것이다.

고객들이 항상 문제점만 지적하는 건 아니다. 칭찬과 감사의 이야기를 전하는 경우도 적지 않다. 직원들의 회사에 대한 애착과 자신감을 키우기 위해 대표적인 사례 몇 가지를 추려서 공유하기도 한다.

제프 베조스가 말하는 '이것이 바로 아마존이다'

아마존이 이토록 강조하는 고객 중심주의는 창업할 때부터 장기적인 전략으로 철저히 지켜져 오고 있다.

일본 시장에 진출하기 3년 전인 1997, 제프 베조스는 주주에게 보내는 서한을 통해 아마존이 어떤 기업인지를 명확히 설명했는데, 그때 강조했던 것이 '고객 중심주의'였다.

그는 이후 20여 년이 흐른 오늘날까지도 매년 주주 서한을 직접 작성하고 있다. 이 책에는 1997년 주주 서한 전문을 수록했다. 내용이 꽤 길지만 아마존의 전략을 이해하기에 중요한 글이니 꼭 한번 읽어보기 바란다. 여기서는 내용의 요점만 간략히 살펴보자.

〔 제프 베조스가 말하는 장기 전략의 요점 〕

· 고객에게 초점을 맞춘다.
· 월스트리트^{Wall Street}를 의식하여 단기적 이익만을 바라보고 투자하지는 않을 것이다. 오직 장기적인 관점에서 투자 여부를 판단한다.
· 투자 효과를 분석하여 성공과 실패를 분명히 구분하고, 이를

통해 학습해 나간다.
- 현금 흐름을 극대화하기 위해 노력한다.
- 아껴 쓸 줄 아는 문화를 조성한다.
- 장기적 이익, 재무적 건전성, 외형적 성장 사이에서 균형을 중요하게 생각하되, 당분간은 규모의 경제를 달성하기 위해 성장에 초점을 맞춘다.
- 우수한 직원을 채용하기 위해 계속 노력하고, 그들에게는 스톡옵션stock option을 아낌없이 제공한다. 의욕 넘치는 직원을 얼마나 오래 붙잡아둘 수 있는지가 기업의 성공 여부를 결정한다.

제프 베조스는 이러한 내용을 먼저 나열한 다음, '이것이 투자자분들의 기대에 부합하는지는 잘 모르겠지만 이것이 바로 아마존입니다'라면서 본인의 소신을 분명히 밝혔다.

이익을 중시하는 월스트리트 투자자들을 상대로 보내는 내용임에도 '월스트리트를 의식하여 투자하지 않겠다'라든지, 주주가 아닌 '고객에게 초점을 맞추겠다'라든지, '성공과 실패로부터 배워나가겠다'라고 하면서 실패를 당연시하는 이러한 단호한 문장에서 제프 베조스의 기개를 확인할 수 있다.

그는 창업 당시부터 주주 서한을 통해 고객 중심주의가 아마존이 가장 중요하게 생각하는 '기준'이라는 점을 강조해 왔으며, 오늘날까지도 모든 서비스를 통해 일관성 있게 실천하고 있다.

매년 주주들에게 보내는 서한 이외에도 직원들이 고객 중심주의 이념을 늘 머릿속에 떠올릴 수 있도록 메일 등의 메시지를 수시로 전달하고 있다.

내가 근무하던 당시에도 나를 포함한 사업부 리더도 회의를 진행할 때는 물론, 직원들의 사기 진작을 목적으로 개최한 사내 행사에서 고객 중심주의를 여러 차례 강조한 바 있다.

현금 흐름 극대화의 노력을 통해 확보한 자금을 풀필먼트 센터를 확충하고 고객 편의성을 높이기 위한 시스템을 개발하는 데 아낌없이 투자하는 일, 모든 직원이 검약 정신을 실천하게끔 하는 일 또한 여전히 관철되고 있다. 베조스는 외형을 키우고 품질을 높여 나가는 과정에서 적자가 나더라도 각 서비스 영역에서 세그먼트 점유율을 높이는 데 주력하겠다는 점도 분명히 강조한다. 즉 매출 규모를 키우면 스케일 메리트(Scale merit, 규모의 확장으로 얻게 되는 이익)가 생겨 원가를 절감할 수 있으니, 도중에 어떠한 난관이 있더라도 망설이지 말고 성장을 추구해야 한다는 것이다.

스톡옵션(정확히는 Restricted Stock Units, 즉 '양도제한조건부주식'을 말함. 기업이 일정한 수의 주식을 직원들에게 정기적으로 증여하는 것을 의미한다)을 적극적으로 활용하여 성과를 내기까지 시간이 오래 걸리더라도 성장에 따른 주식 가치 상승으로 직원들이 실질적인 혜택을 볼 수 있게 하는 정책은, 우수한 직원들을 오래 붙잡아두기 위해 제프 베조스가 오래전부터 강조해 온 전략이다.

참고로 베조스가 말하는 우수한 직원이란, 고객 중심주의 이념을 정확히 이해하며 리더십 원칙(제5장에서 자세히 알아볼 것이다)에서 강조하는 리더십을 훌륭하게 실천하는 직원을 의미한다. 이 책의 뒷부분에서도 우수 직원이라는 표현이 여러 번 등장할 텐데, 이는 어디까지나 아마존이 내린 조건에 부합하는 사람들을 의미한다고 생각하면 된다.

제프 베조스가 주주 서한을 작성하기 시작한 지도 어느덧 20년 이상이 흘렀다. 한순간도 흔들림 없이 고객 중심주의를 핵심으로 한 전략을 실천해 오고 있는 것이야말로 아마존이 오늘날처럼 엄청난 성공을 이루게 된 근본 원인이라고 해도 무방하다.

〔 **제프 베조스의 주주 서한** 〕 : 1997

아마존 주주 여러분께:

1997년, 아마존닷컴은 많은 이정표를 세웠습니다. 연말을 기준으로 150만 명 이상의 고객들에게 서비스를 제공했고, 수익은 838퍼센트 증가해 1억 4,780만 달러에 이르렀습니다. 경쟁업체들이 공격적으로 시장에 진입했음에도 아마존은 온라인 시장에서 주도권을 더욱 확대했습니다.

하지만 이는 아마존닷컴에 있어서 아직 시작일 뿐입니다. 오늘날 전자상거래는 고객들의 소중한 돈과 시간을 절약해

줍니다. 앞으로 전자상거래는 개인 맞춤형 서비스를 통해 이러한 발견의 과정을 가속화할 것입니다. 아마존닷컴은 고객들에게 유익한 가치를 제공하기 위해 인터넷을 활용하고 있으며, 이를 통해 기존의 거대한 시장에서도 지속 가능한 사업 영역을 구축해 나갈 수 있기를 희망합니다.

규모가 큰 기업들은 온라인 시장에서의 사업 기회를 극대화하기 위해 자원을 집중적으로 배치해 나가고 있으며, 고객들은 온라인에서 새로운 거래를 트는 것에 대해 아무런 거리낌이 없습니다. 이는 저희에게 기회의 문이 활짝 열려 있음을 의미합니다. 온라인 시장에서의 경쟁 지형은 빠른 속도로 꾸준히 진화해 왔습니다. 대기업들 다수가 훌륭한 서비스를 바탕으로 온라인 시장에 진입하고 있습니다. 고객 인지도, 사이트 접속량, 그리고 매출액을 늘리기 위해 엄청난 에너지와 자원을 쏟아붓고 있는 것입니다.

저희의 목표는 현재의 입지를 더욱 공고히 하고 이를 확장하기 위해 빠르게 움직이며, 다른 분야에서도 전자상거래 기회를 포착해 나가는 것입니다. 저희가 목표로 삼은 거대한 시장에는 엄청난 기회가 기다리고 있습니다. 다만, 이러한 전략에 위험이 없는 것은 아닙니다. 이미 주도권을 쥐고 있는 기업들에 맞서려면 상당한 규모의 투자와 과감한 실행이 필요합니다.

장기적 관점에서 접근하는 것이 핵심

아마존은 성공의 근본적인 척도가 장기간에 걸쳐 창출하게 될 주주 가치에 있다고 생각합니다. 이는 현재 저희가 가지고 있는 시장 내에서의 입지를 더욱 굳히고 넓히는 역량과 직결된 결과일 것입니다. 아마존의 시장 주도권이 확고해질수록 저희가 가지고 있는 경제 모델 또한 강화될 것입니다. 그리고 시장 주도권은 매출 증대, 수익성 향상, 자본 회전율 개선, 그리고 그에 따른 투자 수익률 증가로 직결됩니다.

아마존의 의사 결정은 이러한 관점을 전략적으로 꾸준히 반영해 왔습니다. 저희는 시장 주도권을 가장 잘 보여주는 지표, 즉 고객 및 매출 증가율, 고객이 반복적으로 구매하는 정도, 그리고 브랜드 가치를 기준으로 스스로를 평가합니다. 지속 가능한 시장 영역을 구축하면서 고객 기반과 브랜드 가치 및 인프라를 확장하고 활용하기 위해 공격적으로 투자해 왔고 앞으로도 그럴 것입니다.

아마존은 장기적인 관점을 중시하기 때문에, 기존 회사들과는 다른 의사 결정을 내리고 사뭇 다른 방향으로 나아갈 가능성도 있습니다. 따라서 주주 여러분들의 투자 철학이 저희의 생각과 일치하는지 확인할 수 있도록 아마존의 기본 경영 방침과 의사 결정 방식을 공유하고자 합니다.

우리는 앞으로도 변함없이 고객에게 집중하겠습니다.

· 월스트리트의 단기적 반응이나 잠깐의 수익보다는 장기적

으로 시장 주도권을 확보해 나갈 수 있도록 투자 결정을 내리겠습니다.

· 우리가 추진하는 프로젝트의 성과와 투자의 효과성을 철저히 분석하여, 합당한 수준의 이익을 내지 못한 것은 폐기하고 뛰어난 성과를 낸 것에 대해서는 투자를 강화하겠습니다. 성공뿐만 아니라 실패를 통해서도 계속 배워나가겠습니다.

· 시장 주도적 지위를 확보할 가능성이 큰 분야에는 조금의 망설임도 없이 과감히 투자하겠습니다. 그렇게 투자한 분야 중 일부는 그에 응당한 성과를 내겠지만, 성과를 내지 못하는 분야도 있을 것입니다. 어느 쪽이 되었든 그 과정에서 소중한 교훈을 얻게 될 것입니다.

· 만약 흠결 없는 재무제표를 완성하는 일과 미래 현금 흐름의 가치를 극대화하는 일 중에서 반드시 어느 하나만을 선택해야 한다면, 저는 주저하지 않고 현금 흐름을 선택할 것입니다.

· 과감한 선택을 해야 할 때는 전략적 사고 과정을 주주 여러분과(경쟁 압력이 허용하는 범위 내에서) 공유하겠습니다. 주주 여러분은 이를 바탕으로 아마존의 투자가 장기적으로 시장 주도권을 유지하고 강화하는 데 적합한지 직접 평가해보실 수 있을 것입니다.

· 아마존은 재정을 현명하게 운영하며 근검절약 문화를 이어나가기 위해 최선을 다할 것입니다. 특히 순손실이 발생하

는 사업 분야에서는 비용 씀씀이에 대해 각별하게 신경 쓰는 문화를 의식적으로 강화해 나갈 것입니다.

· 장기적 이익, 재무적 건전성, 외형적 성상 사이에서 적절한 균형을 유지해 나갈 것입니다. 아마존 비즈니스 모델의 잠재력을 실현하려면 규모를 확대하는 것이 매우 중요하다고 생각합니다. 따라서 현 단계에서는 성장을 가장 우선시할 것입니다.

· 재능과 역량을 갖춘 직원들을 채용하고 이들이 근속할 수 있는 환경을 만들기 위해 계속 노력할 것입니다. 지금까지 그러했던 것처럼 앞으로도 성과를 보상하는 방법으로써 현금보다는 스톡옵션 지급을 우선시하겠습니다. 아마존의 성공은 주인 의식을 가지고 높은 의욕을 보이는 직원들을 채용하고 유지할 수 있는 역량에 달려 있다고 생각합니다.

이것이 절대적으로 '옳은' 투자 철학이라고 주장할 생각은 없습니다. 다만 이것이 우리의 경영 철학이며, 지금까지 지켜왔고 앞으로도 지켜가야 할 원칙인 것은 분명합니다. 그래야 도중에 방향을 잃거나 나태해지지 않을 수 있습니다.

위에서 설명한 내용을 바탕으로 이제부터는 아마존의 중점 사업과 1997년의 성과, 그리고 미래에 대한 전망을 하나씩 살펴보겠습니다.

고객에 대한 집착

우리는 회사 설립 당시부터 고객에게 압도적으로 훌륭한 가치를 제공하는 데 초점을 맞춰 왔습니다. 하지만 인터넷은 과거에도 그랬고 지금도 여전히 느려터진 월드 와이드 웨이트(World Wide Wait, 페이지가 화면에 다 뜰 때까지 기다려야 한다는 의미로 'World Wide Web'의 마지막 단어만 'Wait'로 바꾼 것)입니다. 아마존은 이렇게 열악한 환경에서도 고객이 지금까지 경험해 보지 못한 서비스를 제공하기 위해 온라인 서점을 열었습니다. 오프라인 서점보다 훨씬 다양한 책을 보유하고 있으며, 365일 24시간 열려있기 때문에 읽고 싶은 책을 언제든 쉽고 빠르게 검색할 수 있습니다. 이뿐만 아니라 더욱 쾌적한 쇼핑 경험을 제공하기 위해 끊임없이 노력했고, 그 결과 1997년에는 상당한 발전을 이뤘습니다. 이제는 상품권과 원클릭 쇼핑, 방대한 제품 리뷰, 콘텐츠, 검색 옵션, 추천 기능 등 많은 것을 제공하고 있습니다. 한편으로는 가격을 대폭 낮춤으로써 고객 만족도를 한층 더 끌어올리고 있습니다. 입소문은 여전히 우리가 보유한 가장 강력한 고객 확보 수단입니다. 아마존닷컴이 온라인 서점의 선두 주자로서 우뚝 설 수 있었던 것은 고객 여러분이 보내 주신 신뢰와 꾸준한 재구매, 입소문이 복합적으로 작용한 덕분입니다.

많은 면에서, 아마존은 1997년 한 해 동안 엄청난 발전을 구가했음을 알 수 있습니다.

· 1996년 1,570만 달러였던 매출액은 무려 1억 4,780만 달러로 껑충 뛰었습니다. 이는 약 838퍼센트 성장한 것입니다.

· 누적된 고객 계정이 18만 개에서 151만 개로 738퍼센트 증가했습니다.

· 1996년 4분기, 약 46퍼센트였던 재방문 고객의 주문 비율이 1997년 4분기에는 58퍼센트를 돌파했습니다.

· 아마존 웹 사이트는 미디어 매트릭스[Media Metrix]가 집계 한고객 도달률[audience reach] 순위상 90위에서 20위권 내로 뛰어올랐습니다.

· 아메리카 온라인[America Online], 야후[Yahoo], 익사이트[Excite], 넷스케이프[Netscape], 지오시티즈[Geocities], 알타비스타[AltaVista], 앳홈[@Home], 프로디지[Prodigy] 등 전략적으로 중요한 기업 다수와 장기 파트너십을 체결했습니다.

인프라

1997년 한 해 동안 아마존의 트래픽과 매출액, 서비스 수준이 크게 증가함에 따라 이를 지원할 수 있는 비즈니스 인프라를 확충하기 위해 최선을 다했습니다.

· 아마존닷컴의 직원 수가 159명에서 614명으로 늘어났고, 경영관리팀을 중점 보강했습니다.

· 시애틀 물류 센터를 70퍼센트 정도 확장하고 11월 델라웨어에 두 번째 물류 센터를 오픈하면서, 전체 물류 센터의

규모가 1,400여 평에서 8,000여 평으로 늘어났습니다.
· 연말을 기점으로 보유 도서가 20만 종 이상으로 증가하는
  등 고객 주문에 대한 대응 능력이 향상됐습니다.
· 1997년, 기업 공개와 7,500달러의 자금 대출로 현금 및 현
  금성 자산이 연말 기준 1억 2,500만 달러까지 증가했고, 이
  를 통해 전략적 유연성을 크게 높일 수 있게 됐습니다.

인적 자원

작년 한 해 동안 아마존이 거둔 성과는 재능 있고 현명한 직
원들이 성실하게 노력했기 때문에 가능한 것이었습니다. 저
는 이들과 함께 일할 수 있다는 사실이 너무나도 자랑스럽습
니다. 저희는 까다로운 절차를 통해 직원을 채용해 왔고, 앞으
로도 그럴 것입니다. 경쟁력 있는 직원이야말로 아마존닷컴의
가장 중요한 성공 요소이기 때문입니다.

아마존에서 일하기는 쉽지 않습니다(저는 면접에서 지원자들
에게 이렇게 말합니다. "아마존닷컴에서는 오랫동안, 열심히, 스마트
하게 일해야 합니다. 이 세 가지 모두 매우 중요합니다"). 저희는 고
객에게 중요하고 의미 있는 무언가를 제공하기 위해 일하며,
미래 세대에게 자신 있게 선보일 수 있는 것을 만들기 위해 노
력합니다. 이는 결코 쉬운 일이 아닙니다. 아마존닷컴의 발전
을 위해 자신을 헌신하고 열정적으로 일할 줄 아는 직원들이
있다는 것은 우리에게 너무나도 놀랍고 감사한 일입니다.

1998년의 목표

우리는 아직 전자상거래와 상품 개발을 통하여 고객에게 새로운 가치를 제공할 방법을 모색하는 초기 단계에 있습니다. 우리의 목표는 아마존이라는 브랜드와 고객 기반을 지속적으로 강화하고 확장하는 것입니다. 이를 위해서는 고객의 사용 편의성을 높이고 다양한 선택권을 제공하며, 탁월한 서비스를 제공하기 위한 시스템과 인프라를 구축하는 일에 꾸준히 투자해야 합니다. 조만간 상품 목록에 음반을 추가할 예정이며, 앞으로도 신중한 투자를 통해 상품의 범위를 더욱 확대해 나갈 수 있으리라고 생각합니다. 또한, 배송 기간을 단축하고 고객 경험의 질을 향상하는 등 해외 고객에게도 더 나은 서비스를 제공할 수 있는 기회가 있을 거라고 믿습니다. 저희에게 주어진 과제 대부분은 사업을 확장할 새로운 방법을 찾는 것보다는 투자의 우선순위를 결정하는 데 있습니다.

저희는 아마존닷컴을 설립했을 때보다 전자상거래에 대해 훨씬 더 많은 것을 알게 됐지만, 아직도 배워야 할 것이 너무나도 많습니다. 밝은 미래가 기다릴 거라 믿지만, 늘 시장 동향을 예의주시하고 긴장감을 유지해야 할 것입니다. 아마존의 장기적 목표를 실현하는 일에 있어서 저희가 반드시 넘어서야 할 도전과 장애물이 적지 않습니다. 탁월한 역량과 막강한 자금력을 갖춘 경쟁업체들의 공격, 성장 과정에서 겪게 될 다양한 형태의 도전과 실행 위험, 상품의 종류와 서비스 대상

지역을 확장하는 데 따르는 위험, 점차 확대되어 가는 기회에
발맞춰 대응하는 일에 따르는 투자 위험 등이 바로 그것입니
다. 하지만 지금까지 온라인 서점, 더 나아가 전자상거래 시장
의 규모가 매우 거대하다는 것이 확인됐으며, 이곳에 뛰어든
많은 기업들이 향후에도 어마어마한 성과를 거둘 것으로 보
입니다. 우리가 지금까지 이뤄낸 성과도 기쁘지만, 앞으로 하
려는 일에 대한 기대감이 훨씬 더 큽니다. 1997년은 우리에게
참으로 놀라운 한 해였습니다. 아마존닷컴을 믿고 거래해 주
신 고객 여러분, 열심히 일한 아마존의 직원들, 열렬한 지지와
성원을 보내 주신 주주 여러분들 모두에게 감사의 마음을 전
합니다.

제프 베조스

아마존닷컴의 설립자이자 CEO

제3장

아주 심플한
비즈니스 모델로 승부하다

베조스의 냅킨에 그려져 있는 '플라이휠'

'베조스의 냅킨'을 둘러싼 에피소드는 IT 업계에서 마치 전설처럼 회자되고 있다.

제프 베조스는 1964년 뉴멕시코주에서 태어났다. 프린스턴대학교를 졸업하고 뉴욕에 있는 금융 기업에서 펀드 매니저로 근무했다. 퇴직 후에는 온라인 서점을 시작하기 위해 본격적으로 고민하기 시작했고, 친구와 함께 레스토랑에서 사업을 어떤 방식으로 이끌어 나가면 좋을지 논의했다. 이때 구상한 사업 모델은 마침 테이블 위에 놓여 있던 냅킨에 그림을 그려 표현했는데, 그것이 바로 다음에 보이는 플라이휠^{Flywheel}이다. 아마존 직원들 사이에서는 '바로 그 냅킨^{Napkin Thingy}' 또는 '뱅글뱅글'이라고 불리기도 한다.

제프 베조스가 그린 플라이휠. 일명 '뱅글뱅글'이라고도 불린다.

아주 심플한 그림과 단어로 아마존의 비즈니스 모델을 표현했다. 군이 따로 설명할 필요가 없을 정도다. 사업의 '성장Growth'을 정중앙에 놓고 그 주위를 두 개의 고리가 순환하는 모습을 그렸다.

첫 번째 고리는 온라인으로 구입할 수 있는 상품 종류Selection의 증가 → 고객의 서비스 만족도Customer Experience의 증가 → 방문 고객수Traffic의 증가 → 입점 판매자 수Sellers의 증가 → 상품 종류의 증가 순으로 흐르는 선순환이다. 그리고 이를 통해 사업이 '성장'하게 된다.

두 번째 고리는 규모의 경제를 확보하여 비용을 절감Lower Cost Structure한 뒤, 이렇게 얻은 결실을 '가격 할인Lower Prices'이라는 형태로 고객에게 환원하면 결국 '고객의 서비스 만족도'라는 측면의 고객 경험을 끌어올릴 수 있는 또 다른 선순환이다.

이 두 고리는 끊임없이 '뱅글뱅글' 돈다. 이를 통해 지금까지 설명한 고객 중심주의와 저가격 전략이 제프 베조스가 창업 단계에서부터 고려했던 비즈니스 모델임을 알 수 있다.

놀라운 것은 창업 후 20년도 더 된 오늘날까지도 플라이휠이 아마존의 사업을 떠받치는 보편적 '기준'으로 받아들여지고 있다는 사실이다. 성장 과정에서 얻은 이익을 고객의 만족도를 높이는 일에 재투자하는 것도 바로 이러한 비즈니스 모델에 근거한 행위다.

내가 예전에 몸담았던 미스미 그룹도 마찬가지였다. 회사가 세계적인 기업으로 도약할 수 있도록 진두지휘했던 사에

구사 다다시는 '창조하고, 만들고, 판매한다'는 단순명료한
표현으로 미스미 그룹의 비즈니스 모델을 표현했다. 이처럼
리더가 자신이 생각하는 바를 명확히 드러내고 널리 공유한
덕분에 직원들은 상품을 개발하고, 제조하고, 판매하는 일련
의 업무를 흔들림 없이 완수해 나갈 수 있었다. 비즈니스 모
델이 누구든 쉽게 이해할 수 있는 형태여야 결과적으로 오랜
기간 지속될 수 있는 것이다.

국경을 초월하는 '심플함'

고객 만족도 향상의 사이클은 심플하다. 아마존 직원들은
이를 정확히 이해하고 각자 맡은 영역에서 서비스 품질을 향
상시키기 위해 노력한다. 비즈니스 모델이 너무 복잡하면 직
원들에게 설명하기 쉽지 않을뿐더러 고객을 설득하기도 어려
울 것이다.

아마존은 국가별 고객의 니즈와 라이프스타일이 큰 차이가
없다고 보고, 전 지역에서 동일한 비즈니스 모델 기반의 플랫
폼 서비스를 제공하고 있다. 단순명료한 비즈니스 모델이야
말로 아마존이 전 세계로 빠르게 사업을 확대해 나갈 수 있었
던 비결이라고 할 수 있다.

참고로 냅킨에 그려진 플라이휠은 아마존 웹 사이트에도
공개돼 있기는 하지만, 정말로 베조스가 20여 년 전에 직접

그린 그림인지에 대해서는 아직 공식적으로 확인된 바가 없다. IT 산업의 역사가 아직은 깊지 않아서인지 몰라도, 아마존에서는 회사 설립 과정에 얽힌 여러 에피소드와 전설적인 이야기들을 매우 소중히 여기는 경향이 있다.

예컨대, 아마존 재팬 본사 건물에는 외부 방문자를 위한 접견실이 있는데 그곳으로 통하는 복도 벽면에는 영수증 한 장이 전시돼 있다. 창립 직후 회사 내에는 10명 정도가 모일 수 있는 큰 회의실이 없어 근처 노래방을 이용하기도 했는데, 바로 그때 발급받은 영수증이다.

시애틀 본사 풍경도 재밌다. 제프 베조스는 창업 초기에 주차장을 빌려 사무실로 사용했고, 이때 한쪽에 있던 문짝을 눕혀서 책상으로 썼다는 에피소드가 있다. 그래서인지 최근에도 시애틀 본사에 가보면 문짝을 눕혀 놓은 것처럼 생긴 책상을 어렵지 않게 찾아볼 수 있다.

아마존 재팬 본사 건물의 회의실 천장에도 이를 모티브로 한 장식물들이 주렁주렁 매달려 있다. 문짝으로 책상을 만들면 일반적인 사무용 책상을 구입하는 것보다 돈이 더 들 수는 있지만, 창업 과정에 얽힌 에피소드를 사내외에 널리 확산할수록 아마존 고유의 문화를 잘 유지하고 키워나갈 수 있으니 굳이 마다할 이유가 없다.

고객 만족도를 높이는 3개의 기둥

  양질의 고객 경험을 제공하려면, 다시 말해 고객의 만족도를 높이려면 어떻게 해야 하는가. 이에 대해서도 아마존의 입장은 매우 명확하다.

고객 만족도를 높이는 3개의 기둥

1) 상품 라인업(Selection)
2) 가격(Price)
3) 편의성(Convenience)

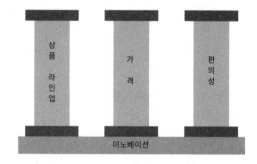

  이것이 고객 만족도를 높이는 3개의 기둥이다. 이 모두는 플라이휠로 표현된 아마존 비즈니스 모델 그 자체다. 그리고 이 기둥들을 아래에서 떠받치는 것은 바로 이노베이션(innovation, 혁신)이다. 여기서는 내가 아마존에서 직접 경험했던 것들을 곁들여 각 기둥에 관해 설명해 보고자 한다.

1) 상품 라인업

아마존은 회사의 목표가 '지구상에서 가장 많은 상품을 판매하는 곳'이 되는 데 있음을 명확히 이야기하고 있다.

우선, 고객에게 직접 물건을 판매하는 소매 부문은 아마존 재팬의 경우 하드라인(가전, 컴퓨터, 악기, 문구 등), 라이프&레저(스포츠, 장난감 등), 컨슈머블consumable(식료품, 드러그스토어 관련 품목), 패션(의류, 신발, 장신구 등), 미디어(도서, DVD 등) 등 총 5개 본부로 구분돼 있다. 나는 2011년부터 2014년까지 하드라인 본부의 사업총괄본부장을 역임했다.

사업본부는 다시 여러 개의 사업부로 나뉘며, 직원들은 각자 맡은 역할을 수행한다.

그중에서 상품 라인업을 갖추는 일에 가장 깊이 관여하는 직원은 바이어다. 이들은 판매할 상품을 결정하고 이를 취급하는 제조사, 도매업자의 영업 담당자와 납품가 등 여러 조건에 대해 협상한다. 아마존에서는 이들을 '벤더 매니저Vendor manager'라고 부른다. 오프라인 점포의 한정된 공간에 어떤 상품을 어떻게 진열할 것인지를 전략적으로 고민하기도 한다. 소매 분야에서 매우 중요한 역할을 담당하는 사람들이다.

한편, 상품별 가격이나 주요 특징 등 판매에 도움이 될 만한 정보를 눈에 띄게끔 만드는 것도 매우 중요하다. 오프라인 상점은 보통 가게 입구에 드러내 놓곤 하지만, 아마존과 같은 온라인 상점에서는 웹 사이트와 스마트폰 애플리케이션의 각 페이지를 세심하게 구성해야 한다. 아마존에서 '사이트 머천

다이저^{Site merchandiser}'라 불리는 편집자들은 판매를 극대화하기 위해 웹 사이트 구축 방향성부터 화면 구성까지 모든 것을 고민한다.

'어카운트 매니저^{Account manager}'는 어떤 상품군을 중심으로 마켓플레이스의 상품 라인업을 늘려 나갈 것인지, 어떤 판매 전략을 구사할 것인지 등을 고민한다.

'인스톡 매니저^{In-stock manager}'는 제조사와 도매업자에게 발주를 넣고 재고를 관리하는 직원이다. 이는 오늘날 자동화가 가장 활발히 진행되고 있는 영역이다. 매출 규모가 큰 아마존이 고객 만족도를 계속해서 높은 수준으로 유지하기 위해 재고를 효율적으로 관리하는 것은 절대로 가벼이 여길 수 없는 일이기 때문이다.

고객의 요구 사항을 반영하고 아마존 특유의 편의성을 향상시키기 위해 다양한 프로그램과 기능을 개발하는 사람들을 '프로덕트 매니저^{Product manager}'라고 부른다. 프로덕트 매니저는 예컨대 에어컨처럼 부피가 큰 가전제품을 고객들에게 어떻게 배송하고 설치해 주는 것이 가장 바람직하고 높은 만족도를 보일지 고민하고 설계하는 매우 중요한 역할을 담당한다.

판매 부문에 근무하는 직원 중에 '상품 라인업'을 늘리는 데 가장 깊게 관여하는 사람은 '바이어(벤더 매니저)'다. 취급 상품군을 확충하는 것은 원래 바이어의 중요한 미션이다. 아마존이 일본에 갓 진출했을 때만 해도, 대다수의 제조사가 처음 보는 낯선 서구 기업에 납품할 수 없다는 입장을 취했다.

이런 까닭에 바이어들은 공급망을 확대하는 데 무척 어려움을 겪었다.

나 또한 가전제품을 취급하는 대형 소매점보다 높게 책정된 공급가를 낮추고 상품 입고 수량을 늘리기 위해 가전제품 기업의 경영진과 끈질긴 협상을 벌인 적이 있다. 당시에는 전자상거래 시장과 아마존에 대한 거래처의 이해도가 상당히 부족했던 터라 경영진과 약속을 잡는 것조차 너무나도 어려웠다.

그랬던 내가 반전의 기회를 마련할 수 있었던 것은 하드라인 사업본부(당시 가전, 컴퓨터 등 14개의 사업부를 아우르고 있었다)가 2013년에 가전제품 회사 등의 공급업체 임원을 대상으로 한 '이그제큐티브 서밋Executive summit'을 열면서부터다. 이는 사업 설명회와 네트워킹을 목적으로 한 행사였다. 당시 팀 구성원들이 끈질기게 설득한 덕분에 다수의 업체가 참석하기로 했고, 참석 예정 기업이 늘어나기 시작하자 그때까지 시큰둥했던 업체들 사이에서도 '다들 참석한다는데 우리라고 빠질 수 있겠냐'는 긍정적인 분위기가 형성됐다.

아마존이 사람들을 끌어모으는 압도적인 영향력과 판매력을 갖게 된 오늘날에는 상황이 완전히 역전됐다. 이제는 제조사가 아마존의 문을 두드리게 된 것이다. 아마존을 통해 판매하고 싶은 상품을 공급자가 직접 등록할 수 있는 시스템을 도입했기 때문에, 바이어가 예전처럼 분주히 뛰어다니지 않아도 상품 라인업을 빠르게 늘려 나갈 수 있게 됐다.

이는 사업 확대와 이노베이션을 통해 업무 효율화와 원가 절감을 실현하는 아마존의 전형적인 사업 방식을 보여주는 좋은 예다.

사업이 성장하는 시기에는 손익 문제는 일단 제쳐두고 상품 라인업을 확충하는 데 집중하는 것도 아마존식 경영 전략의 특징이다.

예컨대, 2000년대 초반 일본의 가전제품 판매 시장은 '야마다 전기', '요도바시 카메라', '빅 카메라' 등 몇몇 선두 업체를 비롯한 다수의 대형 판매점이 장악하고 있었다. 선두 업체의 매출은 이미 1조 엔을 훌쩍 넘긴 상황이었다. 당시 이름을 겨우 알렸을 뿐인 아마존이 이 업체들과 같은 가격으로 납품받는 것이 가능할 리 없었다.

그러나 아마존은 이처럼 어려운 상황 속에서도 철저히 자신의 비즈니스 모델에 따랐다. 상품 라인업 측면에서 기존의 모든 대형 판매점을 뛰어넘는 것을 목표로 움직인 것이다. 규모의 경제를 달성하기 위해 적자가 발생하더라도 경쟁사와 동일한 가격에 판매하는 것을 고집했고, 이를 통해 아마존이 집객력과 판매력을 충분히 보유하고 있음을 제조사와 도매업체에 증명해 보였다.

이러한 아마존의 전략이 먹혀들어 점차 일본 시장에서 두각을 나타내기 시작했을 무렵, 소매업계에는 '쇼루밍showrooming'이라는 단어가 주목받기 시작했다. 제품의 실물은 대형 판매점에서 확인하고, 구입은 아마존에서 하는 고객이 늘고 있는 것을 의미했다. 쇼루밍 현상이 점차 뚜렷해지자 판매점의 눈치를 살핀 일부 제조사들은 판매 채널 전략을 수정하여 아마존에는 납품하지 않겠다고 선언하기도 했다. 그러나 아마존을 방문한 고객의 수, 즉 트래픽이 점차 늘어나고 이로 인해 판매 채널로의 가치가 증가하자, 제조사들은 다시 아마존을 향해 발길을 돌리기 시작했다.

아마존이 압도적인 상품 라인업을 갖추기까지 마켓플레이스 또한 무시할 수 없을 만큼 크나큰 기여를 했다.

마켓플레이스 전체를 관리하고 운영하는 조직은 '셀러 서비스 사업본부'로, 나는 2014년부터 2017년까지 이곳의 사업본부장을 역임했다. 현재 아마존 마켓플레이스에서 활동하는 판매사업자 수는 수십만(15만여 개의 중소기업 포함)에 달하고 [26], 이들이 등록한 상품은 수억 가지나 된다. 내가 사업본부장으로 있었던 3년 동안에도 마켓플레이스의 범위는 크게 확대됐다. 일본 내에서 활동하는 사업자뿐만 아니라 유럽, 아시아, 중국에서 활동하는 사업자까지 참여하게 하여 고객의 선택지를 크게 늘렸다.

그리고 중고 자동차 판매나 웨딩 서비스, 청소 서비스, 상조 서비스 등 다양한 상품과 서비스를 아마존을 통해 손쉽게 고르고 이용할 수 있게 했다.

〔중요 상품〕

상품군을 폭넓게 구비하는 것을 목표로 삼고 있지만, 각 상품은 특성에 따라 몇 가지 카테고리로 분류할 수 있다. 그중 고객이 특히 자주 찾는 상품은 '중요 상품'으로 간주된다. 또한, 아마존은 여러 중요 상품을 준비해 두고 있다가 주문을 받으면 그 즉시 출하할 수 있는 '패스트 트랙$^{fast\ track}$' 체제를 구축했다.

소내 점포의 재고량은 대개 바이어의 교섭 능력이나 경험, 과거 데이터 등에 기초한 매출 예상치에 의해 결정된다. 그러나 아마존은 철저히 실제 데이터를 기반으로 재고량을 조절한다.

고객이 상품 정보를 조회한 횟수를 보통 '페이지 뷰$^{page\ view}$'라고 하지만, 아마존에서는 이를 '글랜스 뷰$^{glance\ view}$'라고 부른다. 상품 조회 수가 늘어나면 자동으로 제조사에 발주를 넣어 재고량을 늘리게끔 시스템이 설계돼 있다.

예전에는 수요가 많은 중요 상품을 '이미지 셀렉션$^{image\ selection}$'이라고 불렀는데, 이러한 상품은 재고가 바닥나지 않도록 관리하며 창고에 보관할 때는 선반 맨 아래 칸에 배치해 주문이 들어왔을 때 쉽고 빠르게 배송할 수 있게 했다. 아마존은 다른 곳보다 가격이 저렴할 뿐만 아니라 언제나 재고가 준비돼 있어 주문하면 곧바로 받아볼 수 있다는 긍정적인 인상을 남기기 위함이다.

〔롱테일 상품〕

앞에서 설명한 것처럼, 자주 팔리지 않는 상품조차도 가급적 재고를 보유하는 롱테일 전략은 상품을 진열할 수 있는 면적에 제약이 있는 오프라인 상점에서는 흉내조차 낼 수 없다.

이에 반해, 온라인 매장인 아마존은 이러한 제약이 없다. 절판된 상품, 부피가 큰 상품, 마니아층만 찾는 상품, 국내에 들어온 지 얼마 되지 않은 브랜드의 제품, 공방에서 직접 손으로 만든 제품, 해외에서 한정판으로 제작된 상품 등 아마존이 판매하고 있는 롱테일 상품은 헤아릴 수 없을 만큼 다양하다.

각 상품의 재고를 보유할지 말지를 결정하는 로직 또한 매우 다양하지만 여기서 다루기에는 내용이 방대하고 주제와도 맞지 않으므로 생략하겠다. 다만 한 가지 분명히 이야기할 수 있는 것은 재고가 1개만 남아있거나 심지어 하나도 없는 상품도 상당수이며, 앞에서 설명한 글랜스 뷰가 늘어나면 재고 보유량도 자동으로 늘어난다는 사실이다. 이와 반대로 일정 기간 이상 판매되지 않으면 자동으로 가격을 인하해서 팔아버린다.

취급하는 상품의 종류를 늘리고 재고를 아주 조금씩이라도 가지고 있으면 다양한 고객 요구를 채워줄 수 있고, '아마존에 가면 무엇이든 살 수 있고 곧바로 받아볼 수 있다'는 긍정적인 인상을 남길 수 있다. 더 나아가서 고객 만족도가 향상되면 전체 고객수와 유효 고객수(정기적으로 물건을 구입하는 회원의 수), 구매 빈도, 구매 품목 수도 늘어날 테고, 전체 판매 수량과 매출액이 증가하여 결국 비즈니스의 성장을 견인하게 될 것이다. 아마존은 이러한 믿음 때문에 창립 초기부터 롱테일 전략을 우직하게 실천해 왔다.

[가격 전략 상품]

가격 전략은 단순한 저가 전략만을 의미하는 것이 아니다. 아마존이 인정한 품질 좋은 상품을 저렴한 가격에 제공하는 프라이빗 브랜드(private brand, 자체 기획 상품) 확충 전략을 의미한다.

프라이빗 브랜드로는 케이블류, 배터리, 휴대용 가방, 사무용품 등 다양한 제품을 합리적인 가격에 제공하는 '아마존 베이직Amazon Basic', 마시는 물과 쌀 등의 식료품을 판매하는 '해피벨리Happy Belly', 종이 기저귀 등의 육아용품을 한데 모은 '마마베어Mama Bear', 제조사와 공동 개발한 배변 시트와 고양이 모래(실내에서 키우는 고양이의 배설물을 처리하기 위한 모래) 등을 판매하는 '웨그Wag', 매일 접하는 기본적인 식품과 일용품을 엄선한 '솔리모Solimo'가 있다. 이처럼 아마존은 프라이빗 브랜드를 개발하고 상품군을 확충하는 데 주력하고 있다. 아마존이 기획한 상품은 제조사가 제작하여 직접 납품하기 때문에 그만큼 유통 비용을 덜어낼 수 있다.

2) 가격

같은 상품을 경쟁업체보다 저렴한 가격에 제공한다는 것은 창업 당시부터 줄곧 강조되어 온 아마존의 '이념'이다.

내가 갓 입사했을 때만 하더라도 담당 바이어가 상품 판매 가격을 수동으로 설정하곤 했지만, 이제는 모든 상품의 가격이 100퍼센트 자동으로 설정된다. 매우 중요하면서도 손이 많이 가는 가격 설정 기능이 자동화된 덕분에, 상품군이 폭발적으로 늘어나더라도 한정된 인력으로 충분히 관리할 수 있게 됐다. 인건비가 절감될수록 그만큼 상품을 저렴한 가격에 제공할 수 있는 여력이 생겼다.

인터넷의 이곳저곳을 돌아다니는 로봇을 통해 경쟁업체가 제시한 가격을 샅샅이 조사한 뒤, 그 수준에 맞춰 아마존에 게시된 가격을 자동으로 재설정한다. 요즘에는 시중에 이와 유사한 소프트웨어가 여럿 출시되어 보편적으로 쓰이고 있지만, 아마존은 꽤 오래전부터 자체 개발한 시스템을 활용해 왔다.

'가격 매치' 시스템의 작동 원리를 세세히 설명하는 것은 도의에 어긋나는 일이므로 여기서는 큰 틀만 소개하고자 한다. 로봇이 각 상품 카테고리별 경쟁업체의 쇼핑몰 사이트를 정기적으로 조사한 뒤, 아마존보다 저렴한 가격에 내놓은 곳이 확인되면 아마존에 게시한 가격도 이와 같은 수준으로 조정하는 것이다.

물론 배송료를 포함한 가격인지, 재고가 있고 바로 배송 가능한 상황인지 등 여러 조건까지도 세세히 확인한다. 요즘에는 수준 차이는 조금 날지언정 아마존과 유사한 시스템을 도입한 전자상거래 업체가 꽤 많다. 그래서 각 회사의 로봇이 수시로 경쟁사 가격을 확인해 불필요한 출혈이 발생한다든지, 자사가 제시한 가격을 경쟁사가 모니터링하지 못하도록 특정 IP 주소로부터의 접근을 차단한다든지 다양한 사례가 발생하고 있다.

소매점은 일반적으로 도산한 기업에서 쏟아져 나온 제품이나 단종된 상품을 거둬들여 저렴한 가격에 판매하며, 전단지를 만들어 손님을 가게로 유인한다. 그리고 매장에는 이익 폭이 큰 제품도 진열하여 저렴한 제품과 함께 구입하도록 유도하는, 이른바 '제품 믹스Product mix' 전략을 구사한다.

그러나 아마존의 가격 설정 기능은 직접 판매하는 모든 상품을 언제나 가장 저렴한 가격에 제시하도록 세팅돼 있다. 그러다 보니 기본적으로 이익을 남기기 어렵다.

하지만 경쟁사보다 언제나 낮은 가격을 제시한다는 강렬한 인상을 남기면 '아마존 외에 다른 곳은 굳이 가볼 필요가 없다'는 고객의 신뢰를 얻을 수 있고, 이는 결국 트래픽 증가로 이어진다. 트래픽 증가로 거래량이 늘면 규모의 경제가 달성되기 때문에 그만큼 제품 원가와 물류비 등을 낮출 수 있다. 이는 플라이휠로 표현되는 선순환을 통해 아마존의 저가격 전략을 강하게 뒷받침하는 과정이 된다.

다만, 최근에는 아마존이 직접 판매하는 방식으로는 더 이상 가격을 낮추기 어려운 상품군이 존재하는 까닭에 어쩔 수 없이 마켓플레이스에서 활동하고 있는 판매사업자들에게 의존하는 경우도 있다. 낮은 가격에 의존해 고객 중심주의를 추구하는 데 어느 정도 한계에 직면한 것이다.

3) 편의성

상품 라인업, 저렴한 가격, 편의성의 삼위일체가 아마존의 강점으로 작용하고 있는 건 분명하다. 이제부터는 아마존이 추구하는 '편의성'이 구체적으로 무엇인지를 몇 가지 사례로써 설명해 보고자 한다.

가장 먼저 배송 속도와 품질에 관해 이야기하려 한다. 아마존은 배송 속도를 매우 중요한 요소로 여기고 '당일 배송', '빠른 배송'과 같은 몇 가지 옵션을 제공한다. 그리고 아직은 대상 지역과 대상 상품이 많지 않지만, 주문 후 2시간 이내에 물건을 받아볼 수 있는 '프라임 나우'를 전용 애플리케이션을 통해 프라임 회원에게만 제공하고 있다(1시간 이내에 받아보려면 별도의 요금을 지불해야 한다).

마켓플레이스를 포함해 아마존 재팬이 취급하는 상품만 수억 가지가 넘는데, 이를 모두 창고에 넣어뒀다가 주문이 들어오는 즉시 찾아서 배송하기란 사실상 불가능하다. 하지만 수천만 가지의 상품을 당일 또는 익일까지 고객에게 전달하는 체계는 이미 확립돼 있다.

아마존의 자체 물류 센터인 풀필먼트 센터는 일본 내에 16곳이나 된다. 고객이 주는 신뢰에 부응하기 위해 배송 시간을 단축하는 데 필요한 인프라를 꾸준히 보강해 나가고 있다.

다만 안타깝게도 배송 물량이 급격히 늘어남에 따라 외부 배송업체가 처리할 수 있는 용량을 초과해 버렸고, 이로 인해 예전보다는 배송 속도가 조금 늦어진 것(당일 배송을 위한 주문 접수 마감 시간이 점차 단축되고 있다)이 사실이다. 하지만 그렇게나 많은 종류의 상품을 빠른 배송을 선택한 고객에게 당일 혹은 다음 날까지 배송할 수 있는 것은 아마존이 끊임없이 고객 편의성을 추구한 결과다.

아마존의 상품 선택 화면을 보면 '카트에 담기', '바로 구입하기' 버튼 주변에 '8월 25일 일요일(내일) 받아보시려면 지금부터 15시간 11분 내에 빠른 배송을 선택해 주세요.'라는 문구가 표시돼 있음을 확인할 수 있다.

아마존 내부에서는 이를 '카운트다운 타이머countdown timer'라고 부른다. 엄청난 양의 물류를 취급하면서도 발주 시간에 따른 당일 또는 익일 배송 여부를 실시간으로 안내한다는 것은 결코 간단한 일이 아니다. 그리고 이는 경쟁사를 압도하는 아마존의 강점 중 하나다.

2013년, 사가와 택배는 아마존으로부터 위탁받는 물량을 줄이기로 결정했다[27]. 아직까지는 야마토 운수와 일본 우편이 높은 수준의 배송 품질을 유지하고 있지만, 아마존의 유통량이 꾸준히 증가하고 있어 대기업 몇 곳에만 의존하기에는 부담이 따를 수밖에 없다.

상황이 이러하기에 아마존은 '딜리버리 프로바이더Delivery

^{Provider}'(상세한 내용은 제4장에서 다룬다)라고 통칭하는 각 지역별 운송업자와 제휴를 맺거나 개인 운송업자를 통해 배송하는 '아마존 플렉스^{Amazon Flex}'를 론칭하는 등, 새로운 형태의 물류 네트워크를 구축해 나가고 있다.

이 밖에도 각 지역의 배송 센터에서 고객의 현관문 앞까지의 배송을 책임지는 '라스트 원 마일^{Last One Mile}'(이 역시 제4장에서 상세히 다룬다) 시스템을 강화하고 있는데, 이 또한 배송 속도를 유지하고 개선하여 고객에게 편의를 제공하기 위함이다.

고객에게 편의를 제공하기 위한 두 번째 중심축은 '검색 용이성'이다. 아마존에서 상품을 검색해 보면 한 가지 상품은 오직 한 개의 카탈로그 페이지에만 표시되고, 같은 상품을 판매하는 판매사업자가 여럿 존재할 경우 '새 제품 등록 건수 83건: 936엔부터'라는 식으로 판매업자의 수와 최저 가격이 별도로 표시된다. 이를 클릭하면 각 판매업자가 제시한 가격이 나열된 별도의 페이지가 열린다.

이는 '싱글 디테일 페이지(Single detail page, 동일 상품을 자동으로 묶은 뒤 가격과 품질, 배송 등을 비교해 가장 좋은 하나의 상품을 단일 페이지에 보여주는 것)'라고 하는 아마존이 세운 표준이다. 아무리 다수의 사업자가 취급하는 상품이라 하더라도 한 가지 상품에는 오직 한 개의 카탈로그만 존재해야 한다는 것이다.

상품 상세 페이지는 아마존이 엄격히 규정한 공통된 템플릿 형식에 따라 제작된다. 지금은 많이 개선됐겠지만, 예전에는 라쿠텐 이치바에서 상품을 검색하면 동일한 상품을 취급하는 사업자의 페이지로 안내하는 무수히 많은 링크가 동시에 뜨곤 했다.

그리고 같은 상품인데도 막상 들어가 보면 사업자마다 보여주는 방식과 내용이 제각각이었다. 이런 식이면 고객 입장에서는 그중에서 가장 나은 선택지를 골라내기가 매우 어렵다. 싱글 디테일 페이지가 제공하는 정보 검색의 용이성 또한 수많은 고객이 아마존을 선호하는 이유 중 하나다.

고객들은 보통 아마존이 추천한 것을 구입하지만, 싱글 디테일 페이지에서 제공하는 사업자 목록 페이지에 들어가 보면 사업자별 순위를 확인할 수도 있다. 고객의 가장 중요한 선택 기준은 가격이기 때문에 매력적인 가격을 제시한 사업자 순으로 표시되는데, 배송료까지 포함된 총액 기준으로 나열돼 있다.

아마존이 직접 판매하는 경우에는 기본적으로 배송료가 포함된 가격으로 표시되나, 마켓플레이스에 등록한 사업자 중에는 배송료를 별도로 표기하는 경우도 있다. 사업자 목록 페이지에는 배송료까지 포함된 총액 기준으로 제일 저렴한 가격을 제시하는 곳이 어디인지를 한눈에 알아볼 수 있다. 사업자가 매력적인 가격을 제시하고 재고가 있어 빠르게 배송해 줄 수 있으며, 고객의 평가가 좋은 경우에는 동일한 상품을 아마존이 직접 취급하고 있다고 해도 해당 사업자를 아마존보다 상위에 표시한다. 이 또한 고객 중심주의에 파고든 결과다.

예전에는 대부분의 고객이 물건을 구입할 때 가격 비교 사이트부터 들어가 보곤 했지만, 이제는 이런 절차를 생략하고 바로 아마존에서 구입한다. 이는 싱글 디테일 페이지를 통해 가격과 배송 가능 일정 등 몇 가지 중요한 기준에 따라 손쉽게 비교하고 가장 좋은 안을 선택할 수 있다고 믿게 되면서부터다. 앞에서 설명한 저가 전략, 배송 속도와 품질에 대한 신뢰, 그리고 상품 정보를 알기 쉽게 나타낸 싱글 디테일 페이지가 고객의 구매 행동 패턴마저 변화시키고 있는 것이다.

가독성이 뛰어난 카탈로그 또한 고객의 편의성을 향상하는 데 기여하고 있다.

상품 상세 페이지의 포맷과 상품 이미지의 배경을 흰색으로 통일하고, 주의를 분산시킬 만한 그 외의 배경 이미지는 덜어냈다. 덕분에 고객은 어떤 종류의 상품을 검색하든 상품 자체의 특징을 쉽게 확인할 수 있다. 브랜드명, 가격, 배송 가능 날짜, 상품 상세 설명 등 중요한 정보는 일정한 위치에 표시되기 때문에 못 보고 지나칠 위험이 그만큼 적다. 이렇게 하지 않고 예컨대 색상, 크기 등의 선택지가 다양한 제품을 사업자마다 다른 방식으로 보여준다면, 그만큼 고객이 잘못된 선택을 할 확률이 높아질 수밖에 없다. 고객 중심주의와는 거리가 먼 것이다.

고객이 상품평을 남길 수 있게 한 것도 전자상거래 분야에서는 아마존이 처음이다. 부정적인 평가도 여과 없이 보여주는 아마존의 방식을 두고 처음에는 찬반양론이 뜨거웠다. 제조사들은 상품 소개 페이지에 부정적인 의견이 남겨져 있으면 아무래도 매출에 악영향을 끼칠 수밖에 없다고 걱정했다.

그러나 아마존은 고객 경험의 질을 높이는 것이 우선이기 때문에 이러한 시스템을 흔들림 없이 유지했고, 결국 전자상거래 사이트의 상식으로 정착됐다. 긍정적이든 부정적이든 참고할 수 있는 고객 평가가 풍성할수록 그만큼 합리적인 선택을 할 수 있고, 결과적으로 아마존을 더욱 신뢰할 수 있는 곳으로 여기게 된다.

그 밖에도 고객의 편의성을 높이려는 아마존의 노력은 모두 다 일일이 언급하기 어려울 정도로 다양한 방면에서 진행됐다. 다양한 결제 방식을 제공하는 것도 하나의 예다. 신용카드 결제는 물론 편의점 ATM을 통한 납부, 온라인 결제, 전자 화폐 결제, 후불제(물품을 수령할 때 대금을 결제하는 방식), 휴대폰 결제 등 다양한 방식을 지원한다. 그리고 고객이 남긴 검색 기록과 구매 이력을 바탕으로 고객이 관심 가질 만한 상품을 보여주거나 추천해 주는 기능 또한 고객 편의성을 추구한 결과다.

이러한 노력은 비단 온라인상에서만 진행되고 있는 것은 아니다. 2015년 출시된 '아마존 대시^{Amazon Dash}'는 워낙 획기적이어서 금세 세간에 화제가 됐다. 이 중에서 특히 주목할 만한 것은 '아마존 대시 버튼^{Amazon Dash Button}'이라고 하는 전용 기기다.

이는 종이 행주나 세제와 같은 일용품을 주문할 때 사용하는 전용 기기로, 버튼을 누르기만 하면 그 즉시 아마존에 주문이 접수되고 물품이 배송된다. 상품이 도착할 때까지는 버튼을 몇 번 누르던 주문이 들어가지 않기 때문에 중복 주문을 방지할 수 있다. 기기 가격은 500엔(약 5천 원) 정도이지만 첫 주문 시 그만큼 할인해 주기 때문에 사실상 무료로 제공되는 서비스나 마찬가지다.

이 서비스는 '늘 사용하는 물건을 아마존을 통해 간단히 구입할 수 있다'는 좋은 인상을 남기는 데 성공하면서 시장에 안착했다. 이렇듯 대시 버튼 자체는 성공 가도를 달렸지만, 인공 지능 스피커인 '에코^{Echo}'를 통해 음성으로 물건을 주문하는 '알렉사 쇼핑$^{Alexa\ Shopping}$'이 등장한 이후, '모든 임무를 완수했다'며 2019년 3월 대시 버튼의 판매를 종료했다. 이로써 서비스의 형태가 한 단계 진일보한 것이다.

2015년에 시작된 서비스 '아마존 페이$^{Amazon\ Pay}$'도 매우 독창적이다. 아마존이 아닌 다른 전자상거래 사이트에서 물건을 구매하더라도 아마존에 등록된 계정이 있으면 별도로 회원 가입할 필요 없이 단 두 번의 클릭만으로 결제할 수 있는 서비스다. 이뿐만 아니라, 아마존 페이로 결제했다면 구매 사이트와 상관없이 아마존 포인트를 쌓을 수 있다.

이듬해에는 라쿠텐도 자체 결제 서비스를 시작했고, 이후에도 유사한 서비스들이 속속 모습을 드러냈다. 결제 서비스는 신용카드 결제 기능처럼 전자상거래 업체가 반드시 갖춰야 할 기본 서비스로 자리 잡았다.

경쟁업체가 아마존의 결제 서비스를 이용할 수 있게 하는 것은 결국 남 좋은 일을 하는 것처럼 보일 수도 있다. 예컨대,

아디다스^{Adidas}나 오토박스(Autobacs, 일본의 자동차 용품 전문 업체) 같은 업체는 자체 온라인 매장을 운영하면서도 동시에 아마존 마켓플레이스에서 활동한다. 아마존 입장에서는 당연히 이들이 마켓플레이스에서 물건을 파는 것이 좋다.

하지만 모든 고객이 오로지 아마존에서만 쇼핑을 하는 것은 아니다. 고객 편의성 측면에서 보면, 처음 접속한 사이트에서도 기존 아마존 계정을 이용해서 결제할 수 있게 해 주는 것이 바람직한 일이다. 아마존 페이는 결국 고객 중심주의적 사고의 결과물이다.

참고로, '포인트 제도'는 오직 아마존 재팬에만 도입된 시스템이다.

아마존은 언제나 '타사와의 경쟁은 별로 신경 쓰지 않는다'고 공언하지만, 실제로는 경쟁사의 동향을 철저히 분석하며 그 결과 미흡한 점이 발견되면 적극적으로 개선해 나간다. 사내에는 '벤치마킹'을 전문적으로 수행하는 부서가 있다. 이들은 경쟁사의 온라인 매장에 들어가 직접 물건을 구매한 뒤 배송 소요 시간 등의 여러 서비스 요소에 대해 심층적으로 분석하고, 더 들여다봐야 할 요소가 있으면 조사를 이어간다.

포인트 제도를 도입한 것도 라쿠텐을 벤치마킹하면서부터다. 라쿠텐에서 쌓은 포인트는 라쿠텐 외 다양한 곳에서도 사용할 수 있기 때문에(라쿠텐 포인트를 사용할 수 있는 곳들을 묶어 '라쿠텐 경제권'이라 부른다) 그만큼 고객 충성도가 높다.

다만, 아마존이 직접 판매하는 상품이라 해도 제조사에 따라 포인트를 제공하지 않는 경우도 있고, 마켓플레이스에 참여하는 사업자들에게 물품 판매 시 포인트를 지급하라고 강요하는 것도 아니기 때문에 라쿠텐만큼 포인트 제도가 활성화되지는 않았다. 라쿠텐은 어떠한 경우든 상관없이 반드시 포인트를 지급하고 있다.

한편, 라쿠텐에서는 회원 가입 시 '메일을 받지 않음' 박스에 체크하지 않으면 여러 판매자들의 광고 메일을 받게 된다. 설령 단 한 번 거래한 판매자일지라도 말이다. 이와 달리 아마존은 마켓플레이스에 참여하는 사업자가 고객에게 직접 메일을 보낼 수 없게 했다. 아마존은 광고의 효과성, 고객 편의성 등 몇 가지 측면에서 메일 내용을 상세히 분석한 후, 그중 가장 적합한 것만 추려서 고객에게 발송한다. 한 주에 몇 통에 불과하다. 고객의 입장에 서서 판매자들이 제멋대로 불필요한 정보를 쏟아내지 못하게 한 것이다.

이 밖에 편의점 ATM을 통해 결제할 수 있게 한 것도 아마존 재팬이 유일하다. 신용카드 사용이 보편화돼 있는 서양과 달리, 일본은 아직까지 현금 거래가 주를 이룬다. 신용카드 사용 시 개인 정보가 유출되지는 않을까 걱정을 하는 사람이 많고, 학생을 포함해서 아직 신용카드를 가지고 있지 않은 고객이 많기 때문이다. ATM 결제 기능은 고객 편의성을 고려한 결과다.

아마존의 '펀더멘털'을 떠받치는 '이노베이션'

아마존에서는 '펀더멘털Fundamental'이라는 단어가 자주 사용된다. 이는 기본 또는 근본의 의미를 포함하고 있다. 나 또한 자주 사용하던 단어다. 예컨대, 팀 구성원이 나에게 새로운 프로젝트를 제안할 때 내용이 너무 복잡하거나 아마존의 비즈니스 모델과 다소 거리가 있는 경우, 나는 "우리 회사의 펀더멘털과는 어떤 관계가 있는 거지요?"라며 반문하고는 했나.

소위 펀더멘털이라 함은 상품 라인업, 가격, 편의성 등 세 개의 전략 기둥을 가리킨다. 이러한 기둥을 떠받치는 건 '이노베이션'이다. 이노베이션은 원래 기술 혁신을 의미하는 단어이지만, 새로운 관점과 개념을 발견하는 것도 이노베이션의 일종이다.

세 개의 기둥을 각각 설명할 때도 다룬 바 있지만, 재고를 관리하고 제조사에 발주를 넣는 업무도 현재는 대부분 IT를 이용하여 자동화한 상태다. 물론 팔려나간 양만큼 다시 채우는 정도의 단순한 시스템은 아니다. 과거의 판매량 데이터와 계절 요인 등을 고려하여 수요를 예측하고, 이를 통해 가장 바람직한 재고량을 산출하여 자동으로 발주를 넣는다.

상품 가격도 자동으로 설정한다. 예를 들어, 이상 기후 때문에 판매량이 기존 예측치를 밑돌아 재고가 쌓이기 시작하면 빨리 덜어낼 수 있도록 가격을 자동으로 할인한다.

제조사 등 공급자 관리 영역에서도 자동화가 진행되고 있다. 아마존은 '벤더 센트럴Vendor central'[28]이라는 관리 도구를 개발했다.

아마존으로부터 수주한 물량을 관리하고 재고를 배분하는 등의 업무를 벤더(공급자)가 직접 처리할 수 있는 환경을 제공한 것이다.

벤더에게 IT 시스템을 제공함으로써 벤더의 영업 담당자와 아마존의 바이어가 직접 만나 협의할 필요가 없게 됐고, 벤더는 인건비와 판촉비를 큰 폭으로 줄일 수 있게 됐다.

전국 각지에서 매장을 운영하고 있는 대형 소매점과 마트는 보통 수백 명에 달하는 영업 담당자를 고용하지만, 아마존에 대해서는 한두 명의 담당자만 배치해도 전국을 커버할 수 있기 때문에 매우 효과적이다.

벤더 센트럴 시스템은 공급자에게 매우 가치 있는 정보를 제공한다[29]. 예를 들어, 각 상품 카테고리 및 상품별 판매량 추이, 재고량 증감, 기회 손실(상품 정보를 조회했지만 구입하지는 않는 고객의 비율 등) 증감 등의 정보를 주 단위로 확인할 수 있다.

아마존은 상품 매입, 재고 관리, 상품 배송 등 전자상거래 사이트 운영을 위한 각 단계를 압도적인 기술력을 바탕으로 자동화해 나가고 있으며, 부정적인 평가도 여과 없이 공개한다. 이러한 모습을 통해 전자상거래 업계의 기존 상식을 뒤집는 서비스도 적극적으로 도입하고 있다는 것을 알 수 있다.

즉, 아마존은 이처럼 부단히 이노베이션을 추구하고 실천해 왔기에 오늘날처럼 압도적인 경쟁 우위를 점할 수 있었던 것이다.

제4장

아마존의 강점은 바로 이것이다

아마존의 강점은 무엇인가

지금까지는 아마존의 기본 이념과 중장기 전략, 그리고 주요 서비스의 개념에 대해서 알아봤다. 이제부터는 아마존이 고객의 생활 속에 반드시 필요한 존재로 자리매김할 수 있었던 이유, 즉 '강점'은 무엇인지에 대해서 몇 가지 측면에 초점을 맞추어 설명하고자 한다.

'마켓플레이스'로의 점진적 이동

앞에서 설명한 것처럼 아마존 재팬이 취급하는 상품은 수억 가지에 달하며, 그중 대부분은 마켓플레이스를 통해 등록된 것들이다. 아마존이 표방하는 '지구상에서 가장 많은 상품을 판매하는 곳'이라는 비전은 마켓플레이스가 지속적으로 성공을 거두고 성장해 왔기에 달성할 수 있었다.

그렇다고 해서 고객들이 마켓플레이스와 아마존을 다른 사이트라고 여기는 것은 아니다. 마켓플레이스에서 활동하는 상당수의 사업자가 'FBA'라고 하는 배송대행 서비스를 이용하고 있다. 고객 입장에서는 아마존이 직접 판매하는 물건을 구입하든 마켓플레이스에 등록된 물건을 구입하든 상관없이 신속하고 품질 좋은 무료 배송 서비스를 통해 아마존 로고가 그려진 상자를 전달받게 되는 것이다.

아마존은 제3자가 상품을 등록하는 마켓플레이스를 오픈할 때 이로 인해 그동안 본인들이 자부해 왔던 뛰어난 배송 품질과 저렴한 가격이라는 강점이 다소 희석되지는 않을까 걱정했다. 하지만 판매사업자가 아마존 풀필먼트를 손쉽게 이용할 수 있게 하고, 싱글 디테일 페이지를 통해 오직 가격만으로 경쟁할 수 있는 환경을 조성하여 마켓플레이스의 서비스 품질을 전반적으로 끌어올리는 데 성공했다. 현재 상태에 만족하지 않고 품질의 '기준' 자체를 높였기 때문에 가능한 일이었다.

마켓플레이스를 통해 아마존이 거둬들이는 수익은 상품 등록료와 거래마다 붙는 8~15퍼센트 정도의 판매수수료다[30]. 아마존이 직접 판매하는 경우에는 10퍼센트의 이익을 확보하는 것이 어려울 수 있지만, 마켓플레이스의 가격 설정 주체는 사업자이기 때문에 이들이 실제로 취하는 이익률과 관계없이 수수료 수입을 얻을 수 있다.

참고로 아마존이 직접 판매하는 물건의 가격은 경쟁사가 제시한 최저 가격에 맞춰 언제든 하향 조정할 수 있지만, 판매사업자가 매긴 가격을 통제하는 것은 법적으로 불가하다.

마켓플레이스에 제시된 가격을 최대한 낮추기 위해, 앞에서 설명한 판매사업자 간 경쟁을 붙이는 방법 외에 그들에게 '셀러 센트럴Seller central'이라는 시스템을 제공하는 방법도 활용하고 있다. 셀러 센트럴은 경쟁사가 제시한 가격을 토대로 계산한 추천 판매가를 제시한다. 판매사업자가 이를 참고하여 가격을 책정하는지는 알 수 없지만, 아마존은 고객이 물건을 아마존에서 구입하든 마켓플레이스에서 구입하든 가격과 배송 속도 측면에서 차이를 느끼지 않도록 끊임없이 노력하고 있다.

수요가 많은 중요 상품은 아마존이 직접 판매하고, 롱테일 상품은 마켓플레이스를 통해 확충해 나가고 있다. 물론 마켓플레이스를 통해 판매한 상품이라 해도 가격과 배송 속도, 품질, 반품 정책, 고객 서비스에 대해서는 높은 수준의 서비스를 보장한다.

직접 판매 방식과 마켓플레이스를 결합한 하이브리드hybrid 방식으로 서비스를 제공한다는 것이 아마존의 크나큰 특징이자 강점이다. 참고로 라쿠텐은 마켓플레이스와 같은 제3자 판매 방식에 100퍼센트 의존하고 있고, 대형 소매점은 이와 반대로 거의 100퍼센트를 직접 판매 방식으로 운영하고 있다.

모조품과 독점 금지법에 대한 대책

최근 미국에서는 '브랜드 오너Brand Owner'[31]라 불리는 자체 브랜드를 소유한 기업들이 아마존과 직접 거래하며 중요 상품은 직접 판매하고 그 외의 상품은 마켓플레이스를 통해 판매하는 경우가 점차 늘고 있다. 이 브랜드 오너는 다른 사업자의 자사 제품 판매 현황을 상시 모니터링하고 모조품의 거래를 적발하는 감시 역할까지 겸하고 있다.

악성 판매업사가 만든 모조품은 아마존이 상품 라인업 확대 전략과 마켓플레이스 성장 전략을 추진해 나가는 과정에서 발생한 부산물이다. 아마존 또한 마켓플레이스에 침입한 악질 사업자들을 걸러내고 한번 적발되면 다시는 상품을 등록하지 못하게 하는 등 나름대로 노력해 왔지만, 브랜드 오너와의 협업을 통해 모조품을 더욱 면밀히 관리할 수 있게 됐다.

모조품이라고 하면 흔히 중국 업자들을 떠올리기 쉽지만, 아마존 재팬의 마켓플레이스에서 활동하는 중국 판매업자들은 대부분 품질 좋고 가격이 저렴한 상품을 취급한다. 하지만 종종 악질 사업자가 그들 사이에 섞여 들어오는 것은 부정할 수 없는 사실이다.

모조품 문제 외에도 해결해야 할 과제가 더 있다. 독점 금지법에 저촉되지 않으려면 아마존은 마켓플레이스에서 활동하는 사업자들에게 다른 사이트와 '동일한 가격'으로 판매하도록 요구해서는 안 된다. 상황이 이렇다 보니, 중국 전자상거래 사이트인 알리익스프레스AliExpress에서 판매되는 가격보다 아마존 마켓플레이스에서 판매되는 가격이 무려 몇 배에 달하는 경우도 있다.

일본과 달리 미국을 포함한 몇 개 나라에서는 마켓플레이스에서 활동하는 사업자들에게 다른 사이트와 동일한 가격으로 판매하도록 요구하는 것이 전혀 문제되지 않는다. 아마존 재팬도 처음에는 사업자와 계약할 때부터 '동일 가격' 조건을 요구한 바 있다. 아마존이 그 어느 곳과 비교하더라도 가장 합리적인 가격을 제시하는 곳이어야 했기 때문이다. 그러나 아마존이 일본 내에서 영향력을 급격히 확대해 나가자 공정거래위원회는 업체에 대한 이런 요구가 부당하다고 지적했고, 결국 중단할 수밖에 없었다[32].

아마존의 비즈니스 모델은 기본적으로 전 세계 어느 곳에서든 공통적으로 적용되고 있지만, 국가별로 상황이 다르기 때문에 그에 맞춰 조금씩 형태를 바꿔 나갈 수밖에 없다. 일본에서 동일 가격 조건을 백지화한 것은, 아마존이 고객의 편의성을 최우선으로 여기면서도 각국의 상황과 법·제도 특성에 맞춰 잘 적응해 나가고 있음을 보여주는 대표적인 사례다.

상품 차별화와 판매 확대를 위한 노력

아마존 재팬이 마켓플레이스를 오픈한 것은 2002년이었다. 오늘날에는 전 세계 유통총액 중 무려 58퍼센트를 마켓플레이스가 차지한다[33]. 앞에서 언급했듯이, 제프 베조스는 2016년도 결산 보고서에서 프라임, AWS, 마켓플레이스 등 세 가지가 회사 전략의 중심축을 이루고 있다고 설명했다. 이후에도 마켓플레이스는 끊임없이 성장해 왔다.

사업자들이 마켓플레이스를 선호하는 것은 무엇보다 그들

에게 각종 편의를 제공하기 때문이다. 사업자 등록 절차가 단순하고, '셀러 센트럴'이라는 매우 유용한 판매 관리 도구와 'FBA'라는 배송대행 서비스를 제공한다. 또한 '아마존 렌딩'이라는 운전 자금 융자 서비스와 사업자의 해외 진출을 돕는 '글로벌 셀링', 저렴한 비용으로 제품을 홍보할 수 있는 '스폰서드 프로덕트Sponsored product' 등도 제공하고 있다. 아마존이 혁신에 혁신을 거듭하고 있기에 서비스 완성도가 높고, 덕분에 시간이 갈수록 판매자의 만족도가 점차 증가하고 있다.

마켓플레이스는 중소기업의 참여가 활발하지만 대기업의 상품 역시 많이 찾아볼 수 있다. 일본의 예를 들어보면, 세이조이시이(일본의 슈퍼마켓 체인), 다카시마야(일본의 백화점 브랜드), 빅 카메라, 조신전기(일본의 가전제품 대형 판매점)와 같은 대기업이 마켓플레이스에 수많은 제품을 등록하고 활발하게 활동하고 있다. 아마존과 경쟁 관계에 있는 기업들이 마켓플레이스에도 적극적으로 참여하는 이유는 분명하다. 그들이 접근하기 어려운 고객층을 공략하면서도 아마존이 전자상거래 분야에서 축적해 온 경험과 노하우를 십분 활용하기 위해서다. 물론 경쟁업체 중에는 마켓플레이스에서 자사의 상품이 거래되는 것을 극도로 꺼리는 곳도 있다.

다만 경쟁사인 라쿠텐 이치바는 사업자들이 고객에게 언제든 광고 메일을 보낼 수 있지만, 아마존에서는 그렇게 할 수 없다. 반드시 개별 상품 단위로 등록해야 하고 동일한 상품을 등록한 다른 사업자와 싱글 디테일 페이지상에서 직접 경쟁해야 한다. 따라서 전쟁에서 승리하려면 사업자들은 가격, 품질 등 펀더멘털한 영역에서 경쟁력을 갖춰야 한다. 또한, 타 사업자가 판매하지 않는 독특하고 차별화된 상품을 취급하여 매출 확대를 모색해야 한다.

폐업 직전의 가게 주인들이 경험한 성공스토리, '아마존 드림'

아마존은 고객 중심주의를 최우선의 가치로 여긴다. 마켓플레이스에 참여하는 판매자 또한 어떤 의미에서는 고객이기 때문에, 이들의 편의를 개선하는 일에도 상당한 노력을 기울이고 있다. 마켓플레이스를 관리하는 셀러 서비스 사업본부는 소중한 고객이자 사업 파트너인 판매사업자들이 매출을 향상시킬 수 있도록 여러 각도에서 지원한다.

사업자들은 8~15퍼센트 수준의 판매수수료만 내면 아마존이 확보한 전국 수천만 명의 고객에게 쉽게 접근할 수 있고, 마케팅과 배송 업무는 전부 아마존이 대신 해주기 때문에 상품을 개발하고 조달하는 일에만 오롯이 집중할 수 있다. 규모가 큰 사업자들에게 아마존은 이미 간과해서는 안 될 온라인 '매장'으로 자리매김했고, 중소 규모의 사업자들에게는 대기업과 공평한 조건 아래서 경쟁할 수 있는 플랫폼으로 인식되고 있다.

일본 마켓플레이스에 다수의 중국 사업자가 참여하고 있듯이, 일본 사업자가 미국과 유럽에 진출할 때에도 마켓플레이스를 활용하면 재고 관리 및 유통망 확보에 따른 초기 투자비를 큰 폭으로 낮출 수 있다.

최근 일본의 지방 도시들은 빠른 속도로 쇠퇴하고 있으며, 특히 가게 대부분이 문을 닫은 상점가도 부지기수다. 그러나 다 망해가던 가게가 마켓플레이스에 진출해서 큰 성공을 거두고 가게 문은 닫았지만 마켓플레이스에 등록할 상품을 엄선하고 접수된 주문을 처리하느라 분주하게 움직이는, 이른바 '아마존 드림'을 이룬 사례가 속속 등장하고 있다.

아마존 공식 블로그 <데이 원$^{Day\ one}$>의 2019년 8월 15일 자 소식에는 효고현 단바시에 있는 한 오래된 양조장의 성공 스토리가 게재됐다. 집중 호우로 인한 산사태 때문에 한때 경영난을 겪었지만, 아마존 마켓플레이스에 상품을 등록하고 FBA 서비스와 고객 리뷰를 십분 활용하여 결국 위기에서 벗어나는 데 성공했다는 내용이다. 그리고 2019년 8월 29일에는 니가타현 츠바메산조시에 위치한 한 회사가 2007년부터 마켓플레이스에서 활동하기 시작하면서 도산 위기를 벗어났다는 소식도 게재됐다. 아웃도어 브랜드를 론칭한 뒤 FBA를 활용하여 판매량을 늘려가고 있다는 내용이었다. 이후에는 일본뿐만 아니라 해외 판로를 개척하는 데도 성공했다고 한다[34].

내가 마켓플레이스 사업을 총괄하던 시절, 아마존 스토리(아마존을 활용하여 새롭게 사업에 도전하는 사람들을 소개하는 매체로, 현재는 운영이 중단됐다)에는 오사카에서 4대째 운영 중인 구두 만드는 제화점 이야기가 실렸다.

제화점 사장은 가게를 운영하면서 인생의 동반자가 되어준 재즈 음악에 감사하는 마음을 담아 음반을 발표하기도 했었다. 매월 한 장씩 발표하다 보니 공간 제약 때문에 가게 안에 CD를 전부 늘어놓고 판매할 수 없었다. 음반을 계속 내기 어려운 상황에 처했지만, 아마존에 상품을 등록한 이후 예전에 발표했던 CD까지 다시금 빛을 보기 시작했다. 현재는 재즈 아티스트 초청 콘서트를 여는 등 아티스트와 관객이 함께 할 수 있는 자리를 만들어가고 있다고 한다.

고베 지역에서 처음 문을 연 뒤 한신대지진(1995년 1월 효고현 남부 지역에서 발생한 규모 7.3의 지진)이라는 대참사를 겪으면서도 꿋꿋이 버텨온 한 신발 가게는, 2008년 불황의 여파로 주요 거래처 대부분을 잃고 말았다. 부모님이 기나긴 세월 운영해 온 회사가 무너져 내리는 것을 보고 싶지 않았던 가게 사장은 2009년 한 전자상거래 사이트에서 판매를 시작했다. 하지만 성과가 그다지 좋지 않자 아마존에서도 판매를 개시했다. 그는 아마존을 통하면 상품 등록만으로 곧바로 판매를 시작할 수 있으며 제품에 관한 상세 정보를 올릴수록 판매량이 증가한다는 사실을 알게 됐다. 그리고 새로운 상품을 올릴 때마다 고객의 반응을 즉시 알 수 있으니 그만큼 일에 흥미가 생겼다. 그 결과 단 3년 만에 매출은 5배나 성장했고, 비로소 도산 위기에서 벗어날 수 있었다.

이러한 예를 통해 알 수 있듯이, 아마존 마켓플레이스의 도움을 받아 도산 위기에서 벗어나거나 자신의 꿈을 이루는 '아마존 드림'을 실현한 사람들이 있다. 이런 성공 스토리를 전해 들을 때마다 내 가슴은 한없이 벅차오른다.

운전 자금을 빌려주는 '아마존 렌딩'

운전 자금을 빌려주는 '아마존 렌딩'의 운영 방식[35] 또한 독특하다.

일반적으로 중소 규모의 사업자가 은행 등의 금융 기관으로부터 대출을 받으려면 복잡한 접수와 심사 절차를 거쳐야 하며, 실제 대출이 실행되기까지 길게는 한 달 이상 걸리는 경우도 있다. 이는 금융 기관 사이에서 '상식'으로 통한다. 그러나 아마존 렌딩은 마켓플레이스에서의 거래 실적만 있으면 별도의 심사 없이 일정 금액을 융자받을 수 있다.

아마존 시스템에 남아있는 마켓플레이스 판매 실적과 FBA에 위탁한 재고의 가치 등을 토대로 대출 가능 금액을 자동으로 계산하고, 그 결과의 값을 '셀러 센트럴'이라는 상품 관리 시스템 화면을 통해 "회원님께서는 500만 엔까지 금리 5퍼센트에 대출받으실 수 있습니다."라는 식으로 안내한다.

운전 자금이 필요할 경우 이 안내문을 클릭하기만 하면 바로 다음 날 대출금을 송금받을 수 있다. 예를 들어, 하절기의 에어컨 특수를 고려해서 재고를 대량으로 확보해 놓고 싶지만 운전 자금이 부족하다면 아마존 렌딩을 이용해 이를 해결할 수 있다. 이는 'Working backwards from Customers', 다시 말해 고객의 입장에 서서 서비스의 '상식'을 아마존답게 다시 써 내려간 사례라고 해도 과언이 아니다.

일본에서 아마존 렌딩은 2014년에 시작되었다. 당시 내가 사업을 총괄했는데, 마침 '핀테크(Fintech, 파이낸스 테크놀로지 Finance Technology의 줄임말로, 정보 기술을 통해 금융 관련 업무를 혁신하고 새로운 서비스를 개발하는 것을 의미함)' 바람이 불기 시작하면서 아마존 렌딩이 핀테크의 아주 좋은 사례로 널리 회자되었다. 여러 차례 강연 요청을 받을 정도로 많은 사람들이 아마존 렌딩의 혁신적인 구조에 주목했다.

당시 아마존 렌딩 서비스는 대출금 회수를 포함한 모든 업무를 단 몇 명이 운영했다. IT를 십분 활용하여 대부분의 업무를 자동화하고 처리 효율을 극대화한 결과다. 이노베이션의 위력이 얼마나 대단한지 피부로 느낄 수 있었던 아주 좋은 경험이었다.

그런데 마켓플레이스에서 활동하는 사업자 중에는 재고와 배송 업무 전체를 아마존에 위탁하기 어려운 경우도 있다. 가령, 자체 온라인 쇼핑몰을 운영하고 있거나 라쿠텐 이치바, 야후 쇼핑 등 다른 전자상거래 사이트에서도 제품을 판매하는 경우가 그렇다.

재고 전체를 아마존에만 위탁하면 편리하기는 하겠지만, 그동안 다른 사이트에서 주문이 들어오면 제대로 대응할 수가 없다. 이런 경우를 생각해 아마존이 고안한 것이 바로 '멀티채 널 풀필먼트Multi-Channel Fulfillment, MCF' 서비스다. 일정한 수수료만 내면 다른 사이트에서 주문을 받더라도 아마존 배송 센터에서 물건을 배송해준다.

사업자 입장에서는 재고를 분산 관리할 필요가 없으니 물류 비를 크게 절감할 수 있다. 그렇다고 라쿠텐 이치바 혹은 야후 쇼핑에서 구입한 물건을 아마존 로고가 그려진 상자에 담아서 보내면 고객이 혼란스러울 수 있으니, 이런 경우에는 아무것도 새겨져 있지 않은 갈색 상자에 포장한다.

이러한 서비스는 앞에서 소개한 결제대행 서비스와 마찬가 지로 경쟁사에게 도움을 주는 꼴이기 때문에 일반적인 '상식' 으로는 생각할 수 없는 일이다. 그러나 아마존은 사업자의 입 장에 서서 아마존에 재고를 위탁할 수 없게 만드는 요인들을 하나씩 제거하고자 했다. 많은 사업자들이 FBA를 활용하고 멀 티채널 풀필먼트 서비스를 이용할수록, 그만큼 고객들이 아마 존의 품질 좋은 배송 서비스를 누릴 수 있기 때문이다. 또한, 사업자들이 멀티채널 풀필먼트 서비스를 이용하면 인기 상품 의 재고를 풀필먼트 센터에 쌓아둘 수 있으니, 고객이 원할 때 즉시 대응할 수 있다는 부수적인 효과도 기대할 수 있다.

수준 높은 물류 시스템을 확립하다

신속하면서도 정확한, 매우 높은 수준의 물류 시스템을 확립했다는 것은 아마존의 매우 큰 강점이다. 제1장에 소개한 것처럼 아마존은 현재 16개국에서만 사업을 전개하고 있다. 그 이유는 사업 대상지를 선택할 때 단순히 시장의 크기만 보는 것이 아니라 높은 수준의 물류 시스템과 운영 체계를 구축힐 수 있는 곳인지에 대해서도 면밀히 분식하기 때문이다.

물류 관점에서 일본 내 상황을 살펴보면, 전체 가구 중 당일 배송 서비스를 적용할 수 있는 가구의 비율은 84퍼센트이며 익일 배송의 경우에는 무려 96.7퍼센트[36]에 달한다. 사실상 도서·산간 지역도 있으니 100퍼센트를 채우기는 어렵지만, 이 정도면 다른 어떤 나라보다도 우수한 수준이라고 할 수 있다.

물론 이와 같은 배송 속도를 보장하려면 조력자의 도움이 필요하다. 아마존은 고객의 주문을 접수하면 창고에서 신속히 물건을 찾아 포장한 뒤 배송업자에게 전달한다. 그러면 배송업자는 자신들이 보유한 지역별 거점 센터로 상품을 보낸 후 '라스트 원 마일'이라 불리는 고객의 현관문까지의 배송 업무를 처리한다.

현재 아마존의 상품 배송 업무는 주로 일본 우편과 야마토 운수가 담당한다. 아마존이 일본에 갓 진출했을 때는 사가와 택배가 매우 긴밀한 파트너였다. 이 업체들은 아주 오래전부터 매우 높은 수준의 배송 품질을 자랑했기 때문에, 미국이나 다른 나라와 달리 아마존이 원하는 수준의 물류 시스템을 갖추는 데 별다른 어려움이 없었다.

이후 아마존이 급격히 성장함에 따라 배송해야 할 물량이 급증하자, 사가와 택배는 2013년 주 사업 영역을 B2B 분야로 전환한다는 것을 이유로 아마존으로부터의 수탁 물량을 축소했다[37]. 그러자 야마토 운수에 대한 의존도가 지나치게 높아졌고, 결국 위탁해야 할 물량이 그들이 처리할 수 있는 최대 물량에 육박하기에 이르렀다. 이로 인해 당시 아마존과 야마토 운수가 위탁 물량 축소 및 요금 인상을 안건으로 협상에 돌입했다는 소식이 언론을 통해 알려지기도 했다[38].

아마존의 입장에서 일본 우편, 야마토 운수와의 파트너십은 매우 중요하다. 처리해야 할 물량이 많다고 해서 아무한테나 맡길 수는 없는 노릇이다. 자칫하면 아마존이 쌓아 온 배송 품질과 관련된 고객의 신뢰를 한순간에 무너뜨릴 수도 있기 때문이다. 이러한 까닭에 아마존은 각 지역별 지리적 여건에 밝은 소규모 운송업체와 개인사업자를 한데 엮어 '아마존 로지스틱스'라는 자체 물류망을 구축, 강화하려 하고 있다.

또한 아마존은 개인업자에게 배송 업무를 위탁 처리하는, 이른바 '아마존 플렉스'[39]라는 새로운 서비스를 도입하여 자체 물류망 확보에 더욱 박차를 가하고 있다. 물품 배송을 대행하고 싶은 개인사업자는 애플리케이션을 통해 참여를 신청할 수 있고, 조건에 맞는 물품을 배송 센터에서 목적지까지 운

반하고 나면 아마존으로부터 배송료를 직접 수령할 수 있다.

이러한 업무의 흐름은 큰 인기를 끌고 있는 우버 이츠(Uber Eats, 우버와 계약한 개인이 음식점을 대신하여 자동차 또는 오토바이로 메뉴를 배달하는 서비스)와 유사하다.

대형 배송업체라고 해서 모든 업무를 홀로 처리하는 것은 아니고 다수의 대행업체와 협력하고 있다. 대행업체 입장에서는 상황에 따라 배송 수수료가 낮게 책정되더라도 쉽게 거절할 수 없다. 이와 달리 아마존이 위탁하는 선온 배송료가 상대적으로 높게 책정되기 때문에 개인사업자와 아마존 모두에게 이익일 수 있다. 다만, 출산에는 반드시 고통이 따르는 것처럼 아직까지는 이들이 대형 배송업체만큼 일 처리가 매끄럽지는 않은 까닭에 고객이 불만을 제기하는 경우도 종종 발생한다.

'라스트 원 마일'의 효율을 끌어올려야 한다

빠르고 품질 좋은 배송 서비스를 약속한 아마존의 입장에서 '라스트 원 마일' 업무 처리의 효율 향상은 반드시 해결해야 할 매우 중요한 과제다.

이는 재배송률을 최소화하는 일과 직결된다. 국토교통성(대한민국의 국토교통부에 해당함)이 조사한 바에 따르면, 택배 재배송률은 2019년 4월 한 달을 기준으로 무려 16퍼센트[40]에 달했다. 이 수치가 높을수록 배송업자에게는 엄청난 비용 부담이 따른다.

고객 입장에서도 현관문에 붙여 놓은 부재중 배송표(일본에서는 택배 수령 시 본인이 직접 서명을 해야 하기 때문에, 부재 시에는 택배 기사가 부재중 배송표를 남김)를 보고 다시금 배송 요청을 해야 하니 번거로울 수밖에 없다. 고객의 다양한 요구 사항에 맞춰 신속하고 정확히 물품을 배송할 수 있는 환경을 갖추는 것은 결국 배송 비용을 절감하고 서비스 품질에 대한 고객의 기대를 충족하는 매우 효과적인 방법이다.

아마존에서 물건을 구입하면 회원 가입 시 등록한 메일 주소로 '상품 배송', '고객 부재로 인한 배송 실패', '배송 완료' 등 단계별 진행 상황을 알려주는 메일이 발송된다. 주문할 때 배송 희망 시간을 고객이 직접 지정하도록 한 것도 배송 정확도를 높이기 위한 하나의 방법이었다.

한편, '편의점에서 수령' 옵션을 제공한 이유도 마찬가지다. 이뿐만 아니라 로손(Lawson, 일본의 편의점 체인)과 계약을 체결하여 편의점 직원이 직접 배달하게끔 한다든지, 일본 우편과 함께 등기 우편함을 공동으로 개발한다든지, 배송 물품을 고객이 미리 지정한 장소에 두는 '두고 가기 배송' 서비스를 시행하는 등 다방면으로 노력했다.

2019년 9월에는 '아마존 허브Amazon Hub'[41]라는 서비스를 새롭게 시작했다. 이는 편의점이나 전철역 등에 설치한 물품보관함에 배송된 상품을 넣어두는 '아마존 허브 로커Locker'와 편의점 직원이 고객에게 직접 상품을 전달하는 '아마존 허브 카운터Counter'로 구성된다. 이를 통해 고객 편의성 향상과 재배송 비용 절감이라는 두 마리 토끼를 모두 잡았다.

이렇듯 고객에게 불편함을 끼치지 않으면서도 배송 효율을 끌어올리는 것이 최근 아마존이 가장 심혈을 기울이는 분야 중 하나다.

물류 혁신을 위한 새로운 도전

2019년 6월, 아마존은 미국 라스베이거스에서 개최된 '리마스re:MARS'라는 사물인터넷 관련 행사를 통해 택배 배송용 드론 '프라임 에어Prime Air'를 전시했고, 향후 몇 달 안에 아마존 프라임 회원을 대상으로 서비스할 예정이라고 발표했다.

이는 배송 거점에서 반경 24km 내에 위치한 고객에게 약 2.26kg 이하의 물건을 30분 내에 배송할 수 있다. 프라임 에어는 원래 아마존의 전용 화물기를 가리켰다. 아마존은 지난 2016년, 미국 내에서 운항할 전용 화물기 40대를 도입한다고 발표하여 세간을 떠들썩하게 한 적이 있다. 2019년 2월에는 이를 2021년까지 50대로 늘릴 계획이라고 발표하기도 했다.

다만, 화물 전용기는 어디까지나 땅덩이가 넓은 미국에만 해당되는 이야기다. 그리고 드론을 이용한 배송은 항공법상 조심스럽게 접근해야만 할 사항이기도 하거니와 크기를 키우는 데에도 한계가 있기 때문에 당장 실용화하기는 어렵다. 아직까지는 아마존의 실험 정신을 보여주는 좋은 표본에 불과하다. 그러나 아마존이 고객의 기대에 부응하는 물류 시스템을 갖추기 위해 한순간의 망설임도 없이 과감하게 투자하고 새로운 실험을 거듭하고 있다는 사실에는 주목할 필요가 있다.

궁극의 효율을 자랑하는 '머티리얼 핸들링' 시스템

물류 시스템에 있어서 단지 '라스트 원 마일'만이 중요한 것은 아니다. 물류 업계에서는 물류 센터나 창고 안에서 상품 픽업, 포장, 출하 업무를 제어하는 시스템을 가리켜 '머티리얼 핸들링Material handling' 시스템이라고 한다. 일본을 비롯해 전 세계 각지에 있는 풀필먼트 센터가 수준 높은 머티리얼 핸들링 시스템을 갖추고 있다는 것은 아마존의 매우 큰 강점이다.

아마존 물류 센터 내의 '키바Kiva'라는 오렌지색 로봇이 상품 픽업 업무의 효율을 획기적으로 끌어올렸다는 이야기를 들어본 적 있을 것이다. 키바는 아마존이 합병한 한 기업이 개발했는데, 주문 들어온 상품이 보관된 선반을 들어서 작업자가 있는 곳까지 가져다준다. 작업자가 선반을 찾아다닐 필요가 없기 때문에 업무 효율이 크게 향상된다.

키바는 덩치가 조금 큰 로봇 청소기처럼 생겼다. 만약 상품 픽업 과정 전체를 자동화하려 했다면 천문학적인 비용이 필요했을 것이다. 하지만 키바는 수많은 선반 중에서 배송이 필요한 상품이 담겨있는 선반 하나를 정확히 찾아가 픽업 후 작업자에게 가져다주기 때문에 대규모 공사나 설비의 개보수가 필요 없다.

한편, 포장 라인은 상자와 봉투 규격별로 별도 구성돼 있고, 이것들의 양은 수요에 대한 정밀한 예측을 기반으로 조절한다. 예측이 맞아떨어진다면 출고되는 모든 상품이 저마다 딱 맞는 크기의 상자와 봉투에 담겨 배송되겠지만, 예측과 달리 고객이 부피가 작은 물건만 주문한다면 걸맞지 않게 큰 상자에 담겨 배송될 수도 있다.

아마존에서는 시스템을 개선하는 일이든 발생한 문제에 대응하는 일이든 언제나 신속히 처리할 것이 요구된다. 그리고 고객에게 항상 합리적인 가격을 제시하기 위해 불필요한 비용을 줄이고 업무를 효율화하는 데 만전을 기하고 있다. 다만, 수요 변동처럼 완벽히 예측할 수 없는 문제는 인적 자원을 대거 투입한다고 해서 해결되지는 않으며, 그렇다고 자동화 기술만 고집하는 것도 바람직하지 않다. 최첨단 자동화 기술이 너무 과하지도 모자라지도 않게 적용된 아마존의 머티리얼 핸들링 시스템은 오늘날 전 세계에서 가장 큰 물류 시스템을 떠받치고 있다.

참고로 선물용 상품을 포장할 때에는 리본을 묶거나 메시지 카드를 넣는데, 이는 전부 사람이 수작업으로 처리한다. 그 누구보다도 자동화 기술을 적극적으로 도입하고 있는 아마존에서 선물 포장은 사람이 한다고 이야기하면 주변 사람들은 다들 왠지 모르게 웃음을 보인다. 크리스마스 시즌처럼 전 직원이 뛰어들어도 일손이 모자랄 때에는 나 역시도 풀필먼트 센터에 출근해 함께 일하기도 했다. 선물 상자를 받아보고 감동할 고객의 모습을 떠올리며 정성스럽게, 그러면서도 빠른 속도로 작업했던 그 시절이 머릿속에 새록새록 떠오른다.

마켓플레이스에 참여하는 사업자들은 FBA를 통해 아마존이 확립한 높은 수준의 물류 시스템을 누린다. 물류 시스템 자체가 아마존의 중요한 비즈니스가 된 것이다. 아마존의 빠른 배송 서비스는 이제 보편화되었고, 물류 서비스에 대한 기존 '상식'을 계속해서 흔들어 놓고 있다.

야마토 운수가 자사 회원들에게 배송 현황을 안내하고 택배 수령 장소와 시간을 설정할 수 있도록 한 것과 요도바시 카메라가 배송 속도를 끌어올린 것 모두 결국 아마존의 상식 파괴로 인해 빚어진 결과라고 할 수 있다.

아마존 프라임 확대 전략

아마존 프라임이라는 구독 서비스 모델이 점차 자리를 잡아가고 있는 것도 아마존의 주목할 만한 강점 중 하나다.

아마존이 프라임을 통해 얻을 수 있는 이익은 매월 고정적으로 들어오는 구독료뿐만이 아니다. 프라임 회원은 일반 회원보다 재구매율이 높고 건당 주문 금액이 크다[42]. 다시 말해 프라임 회원들이 '고객 수×활성 고객[active user] 비율×구매 빈도 ×구매액'으로 표현되는 매출액 계산식의 각 요소에 해당하는 값을 끌어올리고 있는 것이다.

아마존 프라임이 유료 서비스임에도 이용자들 사이에 선풍적인 인기를 끌고 있는 이유는 무엇일까? 몇 가지 요인이 있겠지만, 그중에서 가장 주목해야 하는 것은 바로 회원 특전이다. 종류가 다양하고 내용이 풍성하면서도 사용하기 쉽게 구성돼 있다. 회원 특전의 내용을 하나하나 자세히 살펴보자.

〔프라임 회원 특전〕

<쇼핑 특전>

· **무료 배송 특전**

보통은 구매 금액이 2,000엔(약 2만 원) 이하이면 400엔(약 4천 원)의 기본 배송료가 붙고 빠른 배송을 원한다면 500~600엔(약 5~6천 원)을 지불해야 하지만, 프라임 회원에게는 전부 무료다. 다만, 마켓플레이스에서 구매한 물품이 아마존이 아닌 다른 쇼핑몰에서 출하되는 경우에는 프라임 회원이라고 해도 배송료를 지불해야 할 수도 있다.

· **특정 품목에 대한 취급 수수료가 무료**

부피가 크거나 무게가 상당히 나가는 상품처럼 배송 시 어려움이 따르는 경우에는 일반적으로 취급 수수료를 지불해야 하지만, 프라임 회원에게는 무상으로 서비스한다. 단, 마켓플레이스에서 구매한 물품이 아마존이 아닌 다른 쇼핑몰에서 출하되는 경우는 예외다.

· **프라임 나우**

대상 지역 내에 위치할 경우 주문 후 빠르면 최단 2시간 내에 상품을 받아볼 수 있다.

· **프라임 워드로브**^{Prime Wardrobe}

프라임 회원을 위한 옷장으로, 옷이나 신발, 패션 소품 등을 최장 7일 동안 시착해 볼 수 있다. 대금 결제는 구매를 결정한 후에 이루어지며 반품 시 배송료는 아마존이 부담한다.

· **아마존 팬트리**^{Amazon Pantry}

식품, 일용품 등 가격이 저렴한 상품을 한 개씩 구매할 수 있는 서비스다. 단, 세금을 포함해 개당 390엔(약 4천 원)인 팬트리 상자는 별도로 구매해야 한다. 상자 한 개당 부피 기준 '52cm×28cm×36cm', 중량 기준 '12kg'까지 상품을 담을 수 있다.

· **프라임 회원 한정 타임 세일**

프라임 회원은 타임 세일 상품을 세일 시작 30분 전부터 주문할 수 있다.

· **유아용 기저귀, 물티슈 등을 15퍼센트 할인하는 아마존패밀리 특전**

프라임 회원이 대상이 되는 상품을 정기배송(동일한 제품을 매번 주문하지 않아도 1~6개월 단위로 정기적으로 배송받을 수 있는 서비스) 주문하면 자동으로 10퍼센트 추가 할인을 적용하여 총 15퍼센트의 할인을 해준다. 대상 상품 페이지에는 '아마존 프라임 회원이라면 아마존 패밀리 특전을 적용하여 15퍼센트 할인된 가격으로 구입 가능'이라는 메시지가 표시된다.

· **프라임 펫**^{Prime Pet}

개나 고양이 능 애완동물의 종류, 생일 등을 등록해 두면 동물을 키우는 데 도움 될 만한 정보나 추천 상품 정보, 세일 정보 등을 알려준다.

· **프라임 한정 가격**

대상이 되는 상품을 프라임 회원에게만 할인된 가격으로 제공한다.

<디지털 특전>

· **프라임 비디오**

영화와 TV 프로그램을 무료로 시청할 수 있다.

· **프라임 비디오 채널**

애니메이션, 스포츠, 낚시 채널 등 다양한 유료 방송을 월 정액으로 저렴하게 즐길 수 있다.

· **프라임 뮤직**

100만 곡 이상의 음악과 플레이리스트에 담긴 곡들을 무료로 감상할 수 있다.

· **프라임 뮤직 언리미티드**^{Unlimited}

6,500만 곡 이상의 음악과 전문가가 엄선한 플레이리스트, 그리고 맞춤형 라디오 프로그램을 이용할 수 있는 유료 서비스를 할인된 가격으로 제공한다.

· **킨들 오너 라이브러리**^{Kindle Owner Library}

전자책 단말기인 킨들 또는 파이어 태블릿^{Fire Tablet}으로 좋아하는 책을 매달 1권씩 무료로 다운로드받아 읽을 수 있다.

· **프라임 리딩**^{Prime Reading}

대상 도서(전자책)를 추가 요금 없이 마음껏 읽을 수 있다.

· **트위치 프라임**^{Twitch Prime}

미국 트위치사가 제공하는 서비스로, 트위치 계정을 아마존 프라임 계정과 연동하면 몇 가지 특전을 즐길 수 있다.

· **아마존 포토**

용량 제한 없이 아마존 드라이브에 사진을 보관할 수 있다.

아마존은 이처럼 한꺼번에 기억할 수 없을 정도로 다양한 혜택을 자랑한다. 특전은 크게 '쇼핑과 관련된 특전'과 '디지털 콘텐츠 및 데이터 저장 공간과 관련된 특전'으로 구분된다.

가격을 할인해 주는 특전도 다양하지만, 무엇보다도 배송을 무료로 해 주니 고객은 더 이상 배송료 때문에 주문할지 말지 고민할 필요가 없게 됐다. 게다가 주문하면 신속히 배송되기 때문에 만족하지 않을 수 없다.

영상, 음악, 전자책 등 디지털 콘텐츠와 관련한 혜택이 풍성하다는 점도 수많은 사람들이 구독료를 지불하면서까지 프라임 회원 자격을 유지하는 이유다. 또한, 아마존에서 물건을 구입하는 것이 아직 익숙하지 않은 고객에게도 디지털 콘텐츠를 통해 일단 다가감으로써 회원층을 넓히고 있다.

무엇보다 놀라운 점은 이러한 회원 전용 서비스가 연간 4,900엔(약 5만 원), 월 500엔의 구독료만 내면 가능하다는 사실이다. 더욱이 이는 2019년 4월에 1,000엔(약 1만 원) 인상한 가격이고, 그전까지는 3,900엔(월 구독료 400엔) 밖에 되지 않았다. 월 구독료로 따지면 매달 한 번 정도 아마존에서 물건을 구입하고 빠른 배송 서비스를 무료로 이용하면 바로 본전을 회수할 수 있는 셈이다.

프라임 회원이 누리는 방대한 디지털 콘텐츠 하나만 보더라도 마찬가지다. 디지털 콘텐츠를 즐길 수 있는 타사의 서비스 요금과 비교해 보면 프라임에서 제공하는 특전이 얼마나 매력적인지를 바로 알 수 있다. 가격을 낮은 수준으로 유지하여 트래픽 유입을 늘리고, 규모의 경제를 달성하여 비즈니스를 확장해 나간다는 아마존의 기본적인 이념과 전략이 프라임 전략에도 고스란히 담겨있다.

간단한 등록 과정만 거치면 회원 본인 외에도 같이 사는 가족 두 명까지 이 모든 혜택을 누릴 수 있다. 이 또한 아마존이 추구하는 고객 중심주의적 사고방식의 일환이다. 빠른 배송 서비스는 물론 물품 수령 날짜와 시간을 설정할 수 있는 서비스도 무료로 제공된다. 프라임 회원에게만 제공되는 타임 세일,

프라임 나우, 아마존 팬트리 등 다양한 혜택도 누릴 수 있다.

이는 잠재 고객을 프라임 회원으로 자연스럽게 끌어들이려는 장기적이고 주도면밀한 전략에서 비롯된 것이기도 하다. 학생 회원에게 프라임 회원 특전을 50퍼센트 할인된 가격으로 제공하는 '아마존 스튜던트Amazon Student' 역시 마찬가지다. 또, 프라임과 특전 내용은 조금 다르지만 부모가 아이에 관한 정보를 등록하면 포인트를 받고 특별 할인 혜택을 누릴 수 있는 '아마존 패밀리'라는 제도도 운영하고 있다.

참고로, 미국에서는 아마존 프라임 연회비가 2018년 5월까지 99달러였지만 그 이후 119달러로 인상됐다. 국토가 광활하여 물류비가 높을 수밖에 없는 현실을 감안하면 여전히 매력적인 가격이다. 일본에서도 한 번 인상한 연회비가 불과 4,900엔에 불과하다는 것은 아마존이 현재 규모의 경제를 달성하기 위해 프라임 회원을 확대해 나가는 단계에 있음을 시사한다.

일본 내 프라임 회원이 몇 명인지는 공식적으로 알려지지 않았지만, 제프 베조스가 2018년 주주 서한을 통해 전 세계 프라임 회원이 1억 명을 돌파했다는 사실을 발표한 바 있다.

아마존이 이처럼 저렴한 가격에 다양한 특전을 제공하며 프라임을 둘러싼 전략을 끊임없이 강화하고 있는 까닭은, 단지 우량 고객을 늘리려는 데에만 있지는 않다. 프라임 비디오와 프라임 뮤직 등을 앞세워 디지털 콘텐츠 서비스 시장에서도 몸집을 불리고 영향력을 키우려는 것이다. 앞으로 더 많은 회원이 디지털 콘텐츠를 즐기고 서비스의 가치를 실감하게 되면, 향후 연회비를 어느 정도 인상하더라도 거부감 없이 받아들일 것이 분명하다.

'아마존'과 '라쿠텐 이치바'의 결정적인 차이점

아마존이 제공하는 서비스가 얼마나 독창적이고 강력한지를 조금 더 쉽게 이해하기 위해 아마존보다 먼저 일본에서 전자상거래 비즈니스 플랫폼을 보급한 '라쿠텐 이치바'와 비교해 보자.

판매 형태와 물류

아마존과 라쿠텐 이치바의 가장 큰 차이는, 아마존은 직접 판매도 병행하지만 라쿠텐 이치바는 대부분 다른 판매사업자가 등록한 상품을 판매한다는 데 있다.

아마존은 상품을 직접 판매하기 위해 풀필먼트 센터를 비롯한 독자적인 물류 네트워크를 구축하고 있다. 그러나 라쿠텐 이치바는 기본적으로 상품 배송을 판매사업자들에게 맡겨왔기 때문에 배송 서비스의 품질이 아마존에 비해 상대적으로 뒤쳐져 있다. 아마존에도 판매사업자들이 참여하는 마켓플레이스가 있지만, 이곳에서 판매하는 상품도 앞에서 설명한 FBA 서비스를 통해 배송할 수 있게 함으로써 직접 배송 품질을 보장하고 있다.

물론 라쿠텐 이치바도 팔짱만 낀 채 상황을 좌시하고 있을 리 없다. 최근에는 드러그스토어 체인을 자회사로 인수하여 직접 판매 사업에 진출했다. 그리고 판매사업자의 상품을 위탁 배송하기 위해 물류 센터를 치바현 이치카와시와 나가레야마시, 효고현 가와니시시, 오사카부 히라카타시 등에 세우고 '라쿠텐 슈퍼 로지스틱스'[43]라는 종합 물류 서비스를 시작했다.

라쿠텐 이치바는 당일 배송과 익일 배송을 확실하게 보장하는 아마존에 대항하기 위해, 주문 후 다음 날까지 무료로 배송해 주는 '아스라쿠[44](일본어로 '아스'는 '내일'을 의미하며, '라쿠'는 라쿠텐의 앞글자임)' 서비스를 도입했다. 다만, 물류 센터와 아스라쿠를 이용한 상품 배송 여부는 판매사업자가 직접 판단해야 한다. 판매사업자마다 제각각의 방식으로 상품을 배달하고 있는 탓에, 라쿠텐 이치바의 고객 중 상당수가 라쿠텐의 배송 품질이 그때그때 다르다고 느끼고 있을 것이다.

싱글 디테일 페이지

앞에서 설명한 '싱글 디테일 페이지', 즉 각 상품마다 단 하나의 상세 설명 페이지만 존재하는 웹 사이트 구조는 아마존과 라쿠텐 이치바가 크게 차별화되는 요소다.

아마존은 본래 제프 베조스의 플라이휠 이념에 기초해서 직접 판매와 물류를 주축으로 전자상거래 서비스를 구축했고, 이후 마켓플레이스와 같은 플랫폼을 제3자도 이용할 수 있도록 개방했다. 그러나 라쿠텐 이치바는 처음부터 직접 판매 없이 제3자가 운영하는 다수의 점포(2019년 2월 기준 약 4만 6,686개의 사업자가 참여 중인[45])가 출점하는 쇼핑몰 형태의 플랫폼으로 출발했다.

각 사업자들은 저마다의 방식으로 상품 설명 페이지의 제목을 지었고, 일정 규격에 따라 내용을 작성하기는 하지만 아마존처럼 전체적으로 통일감이 있지는 않다. 이 때문에 라쿠텐 이치비에서 상품을 검색하면 들쭉날쭉한 검색 결과가 화면에 뜬다. 이런 식이면 고객의 입장에서는 검색 결과를 하나씩 자세히 들여다봐야 하니 번거로울 수밖에 없고, 상품의 종류가 다양할 경우 잘못된 선택을 하거나 중요한 정보를 놓칠 가능성이 크다. 최근 참여 사업자 수가 크게 증가한 '야후 쇼핑' 역시 쇼핑몰 형태로 운영되지만, 상품 정보 페이지가 통일감 없는 것은 마찬가지다.

아마존과 라쿠텐 이치바 양쪽에서 활동하는 사업자도 결코 적지 않다. 아마존은 전체가 하나의 매장이며, 판매사업자가 별도의 매장을 운영하는 개념이 아니다. 사업자들은 자신의 물건을 구입한 고객에게 직접 연락할 수 없다. 고객 입장에서는 라쿠텐 이치바나 야후 쇼핑에서 물건을 구입할 때보다 덜 번잡하다.

하나의 상품을 오직 하나의 카탈로그 페이지에서 보여주는 것은 기술 구현 관점에서 보면 결코 쉬운 일이 아니다. 예컨대, JAN^{Japanese Article Number} 코드라는 전 세계 공통의 식별 코드가 붙어 있는 상품의 경우에는 상품을 등록할 때 반드시 코드를 입력하도록 하면 문제가 없지만, 상품에 따라 식별 코드 자체가 없는 경우도 있다. 아마존은 판매사업자가 등록한 상품과 관련된 빅데이터를 항상 점검해서 동일한 상품에 관한 상세 페이지가 중복으로 생성되면 이를 자동 삭제하고 있다.

상품의 수

앞에서 설명한 것처럼 일본에는 아마존과 라쿠텐 이치바 양쪽에서 활동하는 사업자가 많으며, 일본 내 유통 중인 상품의 수 측면에서 서로 큰 차이가 없다. 다만, 아마존 마켓플레이스에서는 개인도 물건을 판매할 수 있기 때문에 오래된 고서 같은 중고 물품까지도 상품 목록에서 확인할 수 있다.

이뿐만 아니라 미국, 중국 등의 해외 사업자들에게 아마존 재팬에서도 활동하도록 권유하는 팀이 있으며, 지금까지 일본에서 구할 수 없었던 상품들에 대한 정보를 싱글 디테일 페이지를 통해 번역해서 보여주기 때문에 고객들이 별다른 어려움 없이 선택할 수 있다.

이것 또한 라쿠텐 이치바와 차별화되는 아마존의 특징 중 하나다.

포인트 제도

포인트 제도 측면에서는 라쿠텐 이치바가 아마존보다 우위에 있다. 포인트 적립률은 1~10퍼센트(100엔당 1~10포인트) 정도밖에 안 되지만 라쿠텐 트래블, 라쿠텐 은행, 라쿠텐 카드, 라쿠텐 GORA(골프장 예약 서비스), 라쿠텐 티켓 등 라쿠텐 계열사에서 제공하는 시비스 이용 시 나양하게 사용할 수 있다. 이렇듯 사용 가능한 곳이 광범위하게 분포되어 있어 '라쿠텐 경제권' 또는 '라쿠텐 에코시스템(ecosystem, 생태계)'이라 불리기도 하며, 오래전부터 일본 사회에 깊숙이 정착했다.

요도바시 카메라와 같은 대형 소매점도 저마다 포인트 제도를 운영하고 있다. 아무리 봐도 일본 사람들은 전 세계에서도 보기 드문 포인트 마니아인 것 같다.

아마존 재팬은 2007년부터 포인트 제도를 도입했다. 앞에 설명한 것처럼 포인트 제도를 채택한 것은 전 세계 아마존 중에서 일본이 유일하다.

그리고 아마존 재팬은 2019년 2월, 마켓플레이스에서 판매되는 전 제품을 대상으로 판매 가격의 1퍼센트를 포인트로 지급하겠다고 공식적으로 발표했다. 그러나 공정거래위원회 측은 '포인트의 재원을 판매사업자에게 부담하게 하는 것이 우월적 지위의 남용으로 이어져 독점 금지법에 저촉될 가능성이 있다'고 판단해 구체적으로 조사하기 시작했고[46], 그 결과 '상품 판매 시 포인트를 부여할 것인지 말 것인지는 판매사업자 스스로 결정해야 한다'고 결론 내렸다.

개인적으로는 일본 사람들이 포인트 제도에 열광한다는 사실이 그리 마음에 들지 않는다. 이곳저곳에서 포인트 카드를 무차별적으로 발행하고, 값을 계산할 때마다 포인트 카드를 만들지 않겠냐고 권유하는 것 자체가 탐탁지 않다. 포인트 제도는 본래 고객의 구매 데이터를 분석하기 위한 판매자의 전략에 불과하며, 포인트를 지급하는 만큼 애초에 가격을 높게 책정하는 경우가 다반사이기 때문이다.

프라임 프로그램

아마존 프라임은 라쿠텐 이치바를 비롯한 다른 전자상거래 서비스와 차별화되는 아마존만의 강점이라고 해도 과언이 아니다. 라쿠텐 이치바에서도 구매 이력을 바탕으로 회원 등급을 매기고 생일 축하 포인트 등을 지급하고 있다. 그러나 아마존 프라임은 이러한 '포인트 특전'과는 전혀 관계없이 무료로 배송을 해 주고 풍성한 디지털 콘텐츠를 제공한다.

참고로, 디지털 콘텐츠 특전으로 제공하고 있는 전자책과 관련해서 아마존은 '킨들'이라는 자체 플랫폼을 바탕으로 사업을 전개하고 있다. 라쿠텐은 이에 대항하기 위해 캐나다의 스타트업이었던 '코보Kobo'를 인수해 관련 사업에 뛰어들었다. 그러나 전자책 판매 사이트별 시장 점유율을 살펴보면 아마존의 킨들 스토어가 24.2퍼센트로 1위이고, 라쿠텐의 Kobo 스토어는 12.4퍼센트로 3위를 달리고 있다[47]. 3위인 이유는 최근 급격한 속도로 성장한 'LINE 망가'에 2위 자리를 내어 주었기 때문이다. 라쿠텐의 전자책 사업이 순탄히 전개되고 있다고 보기는 어려운 상황이다.

판매사업자의 해외 진출

아마존에서 제공하는 전자상거래 플랫폼, 상품 상세 페이지, 그리고 판매사업자용 시스템 '셀러 센트럴' 등이 전 세계 아마존에서 공통적으로 활용되고 있다는 것은 특히 판매사업자들이 실질적으로 체감할 수 있는 아마존만의 장점이다.

이 말인즉슨, 예컨대 일본 아마존에서 성공한 판매사업자는 미국과 유럽 아마존에 그만큼 쉽게 진출할 수 있다는 뜻이다. 플랫폼이 전 세계 공통일 뿐만 아니라, 마켓플레이스에서 활동하는 사업자들에게는 아마존이 자체 개발한 상품 카탈로그 자동 번역 시스템이 제공된다.

아마존이 진출한 모든 국가에는 풀필먼트 센터가 있기 때문에 재고 관리를 위탁할 수 있다. 또한, 일본에서처럼 상품을 출하하고 배송 업무를 대행해 주는 FBA 서비스를 이용할 수 있다. 따라서 일본의 사업자들은 그만큼 해외 고객들에게 쉽게 다가갈 수 있다. 일본 내에서 판매하는 것에 비해 추가적인 노력을 거의 들이지 않아도 해외에 진출할 수 있는 것이다.

정보가 상세히 공개된 적은 없지만, 일본 아마존에서 성공을 거둔 후 해외로 진출한 사업자들은 이미 수만 개에 달한다.

판매사업자에게 제공되는 서비스

판매사업자를 지원하는 제도와 시스템 측면에서 보더라도 아마존과 라쿠텐 이치바 사이에는 큰 간극이 존재한다. 내가 마켓플레이스의 책임자로 있던 2014년, 다시 말해 지금으로부터 몇 년 전만 하더라도 판매사업자들 사이에서는 '라쿠텐 이치바가 사업자들에게 더 많은 지원책을 제공하기 때문에 그만큼 물건을 팔기가 쉽다'라든지, '아마존의 경우 직접 판매하는 상품도 있기 때문에 결국 그들과의 경쟁을 피할 수는 없다'라는 불만 섞인 목소리가 적잖이 터져 나왔었다.

라쿠텐 이치바는 인터넷을 사용하는 데 익숙하지 않은 판매사업자들을 위해 온라인 매장을 열지 말지를 검토하는 단계에서부터 전담 컨설턴트를 배정한다. 온라인 매장 내 각 상품 페이지 구성 방법과 관련해서는 매장 오픈 지원 전문가가 보조하고, 오픈 후에도 전담 컨설턴트를 배정하여 운영하는 데 어려움이 발생하지 않도록 돕는다.

인터넷 쇼핑몰 운영 노하우를 가르쳐주는 유료 교육 과정인 '라쿠텐 대학'과 더불어 판매사업자들에게 동기를 부여하기 위해 매월 또는 매년 최고의 온라인 매장을 선정하는 '이달의 쇼핑몰', '올해의 쇼핑몰' 제도를 운영하고 있다.

아마존도 판매사업자들을 위한 지원 제도를 운용하고 있다. '아마존 출품 대학'이라는 온라인 강좌를 개설했고, 전담 직원과 직접 상담할 수 있는 창구를 열었다. 그러나 라쿠텐 이치바와 달리 전담 컨설턴트는 소수의 대형 사업자에게만 배정하고 있다.

판매사업자를 바라보는 관점에 있어서 아마존과 라쿠텐 이치바 간에 차이가 존재하는 것이다. 즉 아마존 입장에서 판매사업자는 수많은 비즈니스 파트너 중 하나지만, 라쿠텐 이치바는 100퍼센트 이들에게 의존하고 있기 때문에 고객이나 다름없다.

아마존은 고객인 소비자들에게 최고의 서비스를 제공해야 한다는 일념으로, 직접 판매 시 사용하는 다양한 도구를 수십만에 달하는 판매사업자들에게도 공평하게 제공하고 있다.

라쿠텐 이치바가 글로벌 스탠더드가 될 수 없는 이유

지금까지 아마존이 가진 강점에 대하여 조금 더 깊이 있게 설명하기 위해 라쿠텐 이치바와 비교를 해보았다. 라쿠텐 이치바의 유통총액은 매년 3조 엔(약 31조 원)에 달할 것으로 추정되며, 일본 내에서는 이곳에 상품을 등록하는 사업자 수와 이용 고객수 모두 타의 추종을 불허한다.

하지만 사업의 무대는 일본에 치우쳐 글로벌 무대로 뻗어 나가지 못하고 있다. 그 이유는 아마존이 전 세계 공통의 플랫폼을 앞세워 다른 국가로 거침없이 사업을 확대해 나가고 있는 것과 달리, 라쿠텐은 지금까지 해외 업체 다수를 인수하기는 했어도 자신들의 플랫폼을 확대하는 데는 성공하지 못했기 때문이다. 결국 철수 절차를 밟은 국가도 여럿이다[48].

아마존과 라쿠텐 양사가 가진 경영 이념의 차이가 무엇인지 살펴보면 왜 GAFA가 전 세계 시장을 석권했는지, 그리고 왜 일본 기업이 만든 제품과 서비스가 글로벌 시장에서는 전혀 먹히지 않고 있는지를 어느 정도 가늠해 볼 수 있다.

제5장

아마조니언이 일하는 기준

14개 항목으로 이뤄진 '리더십 원칙'

　지금까지는 비즈니스 모델과 강점에 대한 분석을 통해 아마존이 가지고 있는 경영 철학이 무엇인지 자세히 살펴봤다. 이번 장에서는 아마존이 고객 중심주의를 바탕으로 강력한 비즈니스 모델을 만드는 인재를 어떻게 확보하고 육성하는지에 대해 알아보려고 한다. 독자 여러분이 참고할 만한 내용이 많을 것으로 판단된다.

　아마존에는 독특한 기업 문화가 있다. 이곳에서 '노력'과 '끈기'는 구태의연한 표현이다. 데이터에 숨어있는 의미를 철저히 분석하여 사업 기회를 발굴하고 첨단 기술을 활용하여 반복되는 일을 자동화하며, 업무 효율을 극대화하고 모든 분야에서 규모의 경제를 추구한다. 이것이 바로 아마존이 일하는 방식이다. 신입 사원은 물론, 기존 구성원들도 반드시 이러한 문화를 이해하고 일상에서 실천해 나가야 한다.

아마존의 코어를 이루는 규범, 리더십 원칙

　아마존에서 일하는 사람들은 자기 자신을 '아마조니언'이라고 부른다. 내가 입사할 당시 아마존 재팬의 전체 사원수는 수백 명에 불과했지만, 오늘날에는 무려 7,000여 명[49]에 달한다. 전 세계적으로는 정직원 기준 약 65만 명[50]의 아마조니언이 활동하고 있다. 새로이 합류한 직원들에게는 아마존이 전 세계를 대상으로 사업을 전개하는 기업으로서 현재 어떤 방향을 향해 나아가고 있는지, 기업 문화는 어떠한지 등을 공유한다.

거대한 아마존이 흔들림 없이 앞으로 나아가기 위해서는 단단히 떠받쳐 줄 '코어[core]'가 필요하다. 그리고 여기서 소개할 '리더십 원칙[Leadership Principle]'이 바로 코어에 해당한다. 사내에서는 'Our Leadership Principles', 줄임말로 'OLP'이라 한다.

리더십이란 본래 '지도자로서의 위치' 또는 '통솔력'을 의미한다. 아마존에서는 관리자뿐 아니라 전 직원이 리더가 되어야 하며, 이를 위해 14개의 세부 원칙에 따라야 한다.

리더십 원칙의 원형은 제프 베조스가 2001년 제창한 '리더십 가치[Leadership Value]'이다(11개 항목으로 구성돼 있다). 이후 아마존이 빠르게 성장하는 과정에서 전 세계 어느 곳에서든 모두 적용되는 리더십의 '기준점'을 세우고자 재정비한 것이 오늘날의 리더십 원칙이다.

아마존은 리더십 원칙의 의의에 대해 다음과 같이 설명한다.

"We use our Leadership Principles everyday, whether we're discussing ideas for new projects or deciding on the best approach to solving a problem. It is just one of the things that makes Amazon peculiar."

새로운 프로젝트를 위한 아이디어를 도출할 때나 문제 해결을 위한 가장 적합한 접근 방식을 결정할 때나 우리는 매일 리더십 원칙에 입각해 생각하고 행동한다. 이는 아마존을 남들과 차별화하기 위한 방법 중 한 가지다.

행동 규범이라고는 하지만 14개 항목 하나하나는 단순명료한 단어들로 구성돼 있다. 아마존 재팬에서는 직원들이 원문 그대로 이해할 것을 바라기 때문에 번역문을 제공하지 않는다. 다만, 입사 지원자들을 위해 채용 정보 사이트에 각 항목별 첨부되어 있는 설명문 부분만 번역해서 올려놓았다.

여기서는 우선 리더십 원칙 원문과 번역한 설명문을 차례차례 소개하고자 한다. 원래는 각 원칙 앞에 숫자를 붙이지 않지만, 이 책에서는 독자 여러분들이 알아보기 쉽도록 병기하였다.

〔Our Leadership Principles〕

1. Customer Obsession

Leaders start with the customer and work backwards. They work vigorously to earn and keep customer trust. Although leaders pay attention to competitors, they obsess over customers.

리더는 고객의 입장에 서서 생각하고 행동해야 합니다. 고객의 신뢰를 얻고 유지하기 위해 최선을 다합니다. 경쟁자들의 동태를 신경 쓰는 것도 중요하지만, 그 어떤 경우라도 고객에게 주는 가치를 가장 중요하게 여겨야 합니다.

2. Ownership

Leaders are owners. They think long term and don't sacrifice long-term value for short-term results. They act on behalf of the entire company, beyond just their own team. They never say 'that's not my job.'

리더는 반드시 주인 의식을 가져야 합니다. 장기적인 안목을 가지고 생각해야 하며, 단기적인 성과를 위해 장기적인 가치를 희생하지 않습니다. 리더는 자신이 이끄는 팀뿐만 아니라 회사 전체를 위해 행동합니다. '이 일은 내 것이 아니야'라는 말은 절대로 입에 담지 않습니다.

3. Invent and Simplify

Leaders expect and require innovation and invention from their teams and always find ways to simplify. They are externally aware, look for new ideas from everywhere, and are not limited by 'not invented here'. Because we do new things, we accept that we may be misunderstood for long periods of time.

리더는 팀원들에게 혁신을 꾀하고 새로운 것을 만들어 내도록 요구하며, 언제나 복잡한 것을 단순화할 수 있는 방법을 모색합니다. 주변 환경의 변화에 민감히 반응하며, 어느 곳에서든 늘 새로운 아이디어를 떠올립니다. 이는 우리가 만들어낸 제품과 서비스에만 국한된 이야기가 아닙니다. 우리는 새로운 영역을 개척해 나가는 사람들이기에 때로는 세상이 우리의 의도를 오랜 기간 오해할 가능성도 있음을 자연스레 받아들입니다.

4. Are Right, A Lot

Leaders are right a lot. They have strong judgment and good instincts. They seek diverse perspectives and work to disconfirm their beliefs.

리더는 항상 올바른 결정을 내립니다. 그들은 뛰어난 판단력과 풍부한 경험을 바탕으로 한 직관력을 갖췄습니다. 리더는 다양한 관점을 추구하며, 비판적인 관점에서 스스로의 생각을 되돌아보는 일도 주저하지 않습니다.

5. Learn and Be Curious

Leaders are never done learning and always seek to improve themselves. They are curious about new possibilities and act to explore them.

리더는 항상 새로운 것을 배우며, 자신을 계속해서 발전시켜 나갑니다. 새로운 가능성을 발견하면 관심 있게 바라보고 이를 실현하기 위해 최선을 다합니다.

6. Hire and Develop The Best

Leaders raise the performance bar with every hire and promotion. They recognize people with exceptional talent and willingly move them throughout the organization. Leaders develop leaders and are serious about their role in coaching others. We work on behalf of our people to invent mechanisms for development like Career Choice.

리더는 사람을 채용하고 승진시킬 때 그 기준치를 높게 설정합니다. 뛰어난 재능을 보유한 인재를 알아볼 줄 알고, 조직 전체를 위해 그들을 적극적으로 활용합니다. 리더는 리더를 키워내며, 어떻게 하면 효과적으로 코칭할 수 있을지 늘 고민합니다. 우리는 모든 구성원들을 위한 새로운 성장 메커니즘을 창조합니다.

7. Insist on the Highest Standards

Leaders have relentlessly high standards - many people may think these standards are unreasonably high. Leaders are continually raising the bar and driving their teams to deliver high quality products, services and processes. Leaders ensure that defects do not get sent down the line and that problems are fixed so they stay fixed.

리더는 항상 높은 수준을 추구합니다. 주변 사람들이 보기에 지나치게 높은 수준일 수도 있습니다. 리더는 계속해서 요구 수준을 높여 가며 팀 구성원들이 더욱 품질 좋은 상품과 서비스, 그리고 프로세스를 실현할 수 있도록 독려합니다. 리더는 문제를 발견하면 무시하거나 덮어두지 않고 확실히 해결해야 하며, 이를 통해 같은 문제가 다시금 발생하지 않도록 개선책을 강구해야 합니다.

8. Think Big

Thinking small is a self-fulfilling prophecy. Leaders create and communicate a bold direction that inspires results. They think differently and look around corners for ways to serve customers.

시야가 좁은 사람은 큰 결과를 얻을 수 없습니다. 리더는 팀 운영 방침과 방향성을 대담하게 설정하고 이를 직접 실천해야 그만큼 유의미한 성과를 낼 수 있습니다. 리더는 고객에게 가치를 제공하기 위해 기존과 다른 방식으로 접근하며 다양한 가능성을 모색합니다.

9. Bias for Action

Speed matters in business. Many decisions and actions are reversible and do not need extensive study. We value calculated risk taking.

비즈니스는 속도가 생명입니다. 이미 결정한 일이라고 해도 잘못된 점이 발견되면 언제든 다시 판단하여 정정하면 됩니다. 때문에 현상을 분석하거나 검토하는 데 너무 많은 시간을 쏟을 필요는 없습니다. 사전에 충분히 예견된 리스크라면 기꺼이 감수할 줄 아는 것이 매우 중요합니다.

10. Frugality

Accomplish more with less. Constraints breed resourcefulness, self-sufficiency an invention. There are no extra points for growing headcount, budget size or fixed expense.

우리는 적은 양의 자원을 가지고 더 많은 것을 실현합니다. 검약 정신은 창의적 사고와 자립심, 발명가 정신을 키워주는 원천입니다. 많은 직원 수, 충분한 예산, 큰 고정비 규모가 반드시 더 좋은 성과로 이어지는 것은 아닙니다.

11. Earn Trust

Leaders listen attentively, speak candidly, and treat others respectfully. They are vocally self-critical, even when doing so is awkward or embarrassing. Leaders do not believe their or their team's body odor smells of perfume. They benchmark themselves and their teams against the best.

리더는 존경하는 마음을 가지고 다른 사람을 대하며, 그들이 하는 말에 차분히 귀를 기울입니다. 자신 또는 팀 구성원들이 잘못한 부분이 있으면 그 어떤 경우라도 솔직하게 인정합니다. 리더는 자신은 물론 팀 구성원들의 좋은 면만 보지 않으며, 언제나 냉철하게 평가합니다.

12. Dive Deep

Leaders operate at all levels, stay connected to the details, audit frequently, and are skeptical when metrics and anecdote differ. No task is beneath them.

리더는 항상 각각의 업무에 깊은 관심을 기울이고 세부적인 부분까지 확인합니다. 현상을 계속해서 확인하고, 지표가 가리키는 값과 실제 상황 사이에 부합되지 않는 부분이 있으면 의문을 갖습니다. 이 세상에 리더가 관여할 가치가 없는 일이란 없습니다.

13. Have Backbone; Disagree and Commit

Leaders are obligated to respectfully challenge decisions when they disagree, even when doing so is uncomfortable or exhausting. Leaders have conviction and are tenacious. They do not compromise for the sake of social cohesion. Once a decision is determined, they commit wholly.

리더는 본인이 찬성할 수 없는 일에 맞닥뜨리더라도 상대를 존경하는 마음을 가지고 이견을 표명합니다. 이러한 일이 아무리 귀찮고 힘들어도 예외를 두지 않고 실천합니다. 리더는 신념을 가지며 쉽게 포기하지 않습니다. 너무 쉽게 타협하거나 상대방의 주장에 휩쓸리지 않습니다. 그러나 일단 결정이 내려진 일에 대해서는 주저하지 않고 최선을 다합니다.

14. Deliver Results

Leaders focus on the key inputs for their business and deliver them with the right quality and in a timely fashion. Despite setbacks, they rise to the occasion and never settle.

리더는 사업상 중요한 인풋(input, 투입물)에 초점을 맞추며, 적절한 시점에 품질이 우수한 결과물을 만들어 냅니다. 아무리 어려운 상황이더라도 이에 굴하거나 현실에 타협하지 않습니다.

내가 몸소 경험한 리더십 원칙

아마존 재팬이 보여준 설명문의 번역은 그들의 임원들이 담당했다. 나는 번역 작업에 참여하지 않았지만, 영어 표현을 고스란히 담아낼 수 있는 말이 마땅치 않아 다들 고생했다고 한다.

14개 항목의 제목도 번역을 할지 말지 논의한 끝에 결국 원문 그대로 두는 쪽을 선택했다고 한다. 원문의 뉘앙스를 오롯이 전달하지 못할 가능성 때문이었다. 예를 들어 'Ownership'을 직역하면 '소유자' 또는 '소유권'으로, 원어가 전달하는 느낌과는 사뭇 다르다.

리더십 원칙은 전 세계 공통 규범이기 때문에 미국 본사 직원뿐만 아니라 다른 나라에서 일하는 직원들과 소통할 때에도 자주 언급된다. 이런 사실을 감안하면, 굳이 번역하지 않고 원어 그대로 사용하기로 한 것은 잘한 일 같다.

이제부터는 내가 실제로 경험한 내용을 토대로 각 항목에 대한 부연 설명을 해보려 한다.

1. Customer Obsession
그 어떤 경우든 고객을 중심에 두고 판단해야 한다

'Customer'는 '고객'을, 'Obsession'은 '집착'을 의미하며 아마존은 이 두 단어의 조합으로 고객 중심주의 사상을 드러낸다. 참고로 리더십 원칙의 각 항목 앞에는 번호가 붙어있지 않다(책에는 편의상 번호를 붙였다). 이들 중 가장 중요한 것은 'Customer Obsession'이며 대미를 장식하는 것은 'Deliver Result', 즉 '성과 확보'다. 고객의 눈높이에서 생각하고 행동하며, 이를 바탕으로 반드시 성과를 내야 한다는 것이다. 아마존이 추구하는 '성과'란 단지 '매출'과 '이익'만을 의미하지는 않는다. 규모의 경제를 확보하는 것, 다시 말해 '성장'하는 것도 성과에 포함된다.

즉 'Customer Obsession' 자체가 아마존이 추구하는 'Results'이기도 하다. 사실 고객 중심주의는 다른 여러 기업에서도 오래전부터 가치로 내걸어 온 흔한 표현이다. 하지만 이를 제대로 실천하는 곳은 그리 많지 않다. 당장 취할 수 있는 이익에 눈이 멀어 고객에게 줄 수 있는 가치를 조금씩 포기하기 때문이다. 내가 아마존에서 일하는 동안 어떤 전략을 구사해야 할지 갈피를 잡지 못할 때는, '가장 중요한 것은 고객'이라는 명확한 판단 기준 덕분에 흔들림 없이 늘 '올바른' 길을 선택할 수 있었다.

아마존이 말하는 'Customer Obsession'이란 과연 무엇인가? 구체적인 예를 통해 자세히 살펴보자.

이를 실현한 대표적인 예는 바로 '고객 리뷰'다. 긍정적인 내용뿐만 아니라 제조사와 판매자가 싫어할 만한 악평까지도 가감 없이 보여준다. 고객이 구매 여부를 객관적으로 판단하는 데 도움이 될 만한 정보를 숨기지 않고 제공하는 것이다.

이뿐만 아니라, 아마존 사내에는 '신데렐라'라고 불리는 여성 사원들이 있다. 발 크기가 일본 여성 평균에 해당하는 사람들로, 새로운 신발이 출시되면 착용감을 직접 확인한 후 해당 상품 페이지에 평가를 남긴다. 고객의 입장에 서서 필요한 정보를 알기 쉽게 전하는 것이다.

아마존의 고객 중심주의가 어떤 것인지 가늠해 볼 수 있는 좋은 예시가 한 가지 더 있다. 내가 가전제품 사업부를 아우르는 하드라인 사업본부의 사업총괄본부장으로 재임하던 당시의 이야기다. 가전제품은 생산이 중단되거나 모델이 변경되면 단종된다. 당시만 하더라도 재고 관리 업무가 완벽히 자동화되지는 않은 탓에 단종되었음에도 실제 보유 수량을 초과하여 주문받는 경우가 종종 있었다.

다른 곳 같았으면 주문을 늦게 넣은 고객에게 연락해서 '재고가 없으니 주문을 취소해 달라'고 했을 테지만, 아마존이 접근하는 방식은 완전히 달랐다. 바이어가 가전 대형 소매점과 도매점을 비롯한 선이 닿는 모든 곳에 연락해서 해당 제품을 구한 뒤 고객에게 배송해 주었다. 그 과정에서 비용은 고려하지 않았다.

이 자체도 놀라운 일이지만, 직원이 실수했을 때 대처하는 방식에 비하면 아무것도 아니다. 정가가 1,000엔인 상품을 행사가인 900엔에 판매하기로 했는데, 담당자가 실수로 90엔을 입력한 적이 있다. 당연히 주문이 쓰나미처럼 밀려들었다. 담당자가 실수를 확인하고 서둘러 가격을 수정했지만 이미 많은 사람들이 90엔에 주문을 넣은 상태였다.

이런 경우에는 고객에게 당시 상황을 설명하고 주문 취소를 요청하는 것이 일반적이다. 그러나 아마존은 90엔에 주문한 고객들에게 상황을 설명하되, 주문 취소나 가격 인상 없이 그대로 물건을 배송했다(물론 손실 규모에 따라 조금씩 다른 방식으로 대응한다). 이는 고객과의 신뢰를 유지하는 것보다 중요한 일은 없다는 아마존의 입장을 명확히 보여주는 사례다.

아마존 사내에서는 매출과 이익도 매우 중요한 요소이지만, 모든 일의 최종 판단 기준은 'Customer Obsession'이다. 고객 중심주의는 전 세계 모든 아마존에서 상식으로 통하며, 이익을 중시한 나머지 잘못된 의사 결정을 내리지 않도록 바로잡아 주는 역할을 한다.

언제나 고객의 입장에 서서 행동하기란 결코 쉬운 일이 아니다. 기업은 이익을 내지 못하면 존속할 수 없다. 그러나 아마존은 경영진이 'Customer Obsession'을 솔선수범하고 있고, 이에 다른 직원들도 좌고우면하지 않고 행동할 수 있다. 어떤 원칙이든 리더가 몸소 실천하지 않으면 아무런 소용이 없다.

2. Ownership
'내 일이 아닙니다'라는 말은 절대로 하지 말라

아마존에서는 '직원 모두가 리더가 되어야 한다'는 생각이 상식처럼 여겨지고 있다. 이를 위해서는 모든 직원이 반드시 'Ownership'을 가져야 하며, '내 일이 아니다'라는 말은 궁

색한 핑계로 간주한다.

아마존에서는 부문을 넘나든다는 뜻을 가진 'Cross-Functional'이라는 표현이 이곳저곳에서 수시로 사용된다. 물론, 사내의 여러 사업 부문은 기능 단위로 구분돼 있고 각 부문별 관리자가 따로 있다.

그러나 나는 조직 구성원들에게 다른 부문과 공동으로 업무를 진행하도록 지시했고, 나 또한 애초 주어진 업무 범위 밖의 일을 담당하는 경우가 자주 있었다. 예를 들어, 다른 사업 부분의 인재를 채용하는 일임에도 리더 역할을 맡아 10년간 무려 1,000여 명에 달하는 사람과 면접을 진행하기도 했다. 또한, 동일본 대지진을 겪은 2011년부터 이후 2014년까지, 4년간 총 41회에 걸쳐 1,001명에 달하는 직원들을 이끌고 도호쿠 지방에서 봉사 활동을 하기도 했다. 두 가지 사례 모두 장기간에 걸쳐 진행해야 했던 일이므로 남다른 'Ownership'이 없었으면 결코 해낼 수 없었을 것이다.

혁신을 꾀하거나 새로운 프로젝트를 구상할 때 특히 부서 간 상호 협력과 종합적인 판단이 중요하다. 아마존이 지금까지 진화를 거듭할 수 있었던 이유는 직원 한 사람 한 사람이 'Ownership'을 가지고 행동했기 때문이다.

관리직이 아니어도 얼마든지 프로젝트를 이끌 수 있다. 직급의 고하를 막론하고 부서의 경계를 넘나들며 자유롭게 의견을 주고받을 수 있는 수평적인 문화가 사내에 깊게 자리하고 있다.

3. Invent and Simplify
참신함과 단순함을 추구하라

직역하면 '창조하고 단순화하라'라는 의미다. 설명문을 통해 알 수 있듯이, 아마존은 직원들에게 '기존의 것을 혁신하고 새로운 것을 만들어 내며, 항상 단순한 방법을 모색하라'고 말한다.

아마존이 단순하면서도 합리적인 구조를 만들어 내는 데 일가견이 있다는 것은 이미 앞에서 여러 차례 설명했다. 아마존이 서비스와 제품을 개발할 때 항상 'Simplify'를 강조하는 까닭은 크게 3가지 이유 때문이다.

첫째, 단순하지 않으면 고객이 이해하기 어렵다. 싱글 디테일 페이지를 철저히 고수하는 것도 이러한 이유에서다. 둘째, 구조가 복잡하면 지속가능성을 확보하기 어렵다. 그리고 세 번째 이유는 내용이 복잡할수록 어딘가 문제가 생겼을 때 바로잡기 어렵고, 문제 자체를 찾아내는 데 상당한 시간이 소요되기 때문이다.

물론 'Invent', 즉 무엇인가를 새로이 창조하는 일은 언제나 고될 수밖에 없고, 어떤 경우에는 주변 많은 이들의 오해를 사거나 질타를 받는 일도 있다. '아마존의 저가격 정책이 시장 질서를 파괴하려 한다'는 비난은 어디까지나 오해에서 비롯된 것이다.

'때로는 세상이 우리의 의도를 오랜 기간 오해할 가능성도 있음을 자연스레 받아들인다'는 대목은 아마존이 아마존다운 이유를 여실히 보여준다. 다만, 이는 '오해받더라도 전혀 개의 치 않는다'는 것을 뜻하지는 않는다. 오해와 비난은 열린 마음으로 받아들이되, 잘못된 것이 있으면 지체 없이 개선한다. 잘못을 인정하는 것을 전혀 주저하지 않는다. 하지만 'Customer Obsession'과 'Deliver Results'라는 관점에서 봤을 때 타당하다고 판단되면 그 어떤 시련이 있더라도 신념을 가지고 묵묵히 계속해 나간다.

당연한 이야기이지만 'Invent and Simplify'라는 원칙은 누구나 오늘부터 당장 실행할 수는 없다. 이를 회사의 문화로 정착시키는 일이 반드시 동반되어야 한다. 아마존에서는 'Invent and Simplify'를 주제 삼아 수시로 워크숍을 열고 있다.

4. Are Right, A Lot
항상 올바른 결정을 내린다

대부분의 경우에 올바른 판단을 내린다는 것을 의미한다. 리더로서 당연히 갖춰야 할 자질이다. 다만, 아마존에서는 리더뿐만 아니라 모든 직원이 이러한 능력을 가져야 한다는 것이 다른 기업과 대비되는 특징이다.

설명문에도 언급되어 있듯이 데이터를 중시하는 아마존에서 올바로 판단하기 위해서는 '경험에 기반을 둔 직관'이 필요하며, 나와 다른 다양한 의견을 경청한 뒤 '생각의 오류를 스스로 검증하는 능력'이 매우 중요하다.

'Are Right, A Lot'의 반대말은 잘못된 결정을 내린다는 것을 의미하는 'Are Wrong, A Lot'이다. 이것이 두려워서인지 감점주의(체면을 구기거나 손실이 발생하는 것이 두려워 새로운 것을 시도하지 않고 이미 검증된 것에만 집착하는 경향을 의미함)가 만연한 일본 기업들은 대개 'No Judge, A Lot(때로는 결정하지 않는다)'의 행태를 보인다. 이런 무책임한 행동은 아마존에서 절대 허용되지 않는다.

예컨대 전화, 이메일, 채팅을 통해 고객의 상담 요청을 처리하는 수백 명의 직원들에게 단지 매뉴얼대로만 응대하라고 지시하지 않는다. 상담원 개인의 판단에 따라 무상으로 제품을 교환해 주거나 사과의 뜻으로 상품권을 보내줄 수 있도록 했다. 이는 'Are Right, A Lot'을 현장에서 실천한 대표적인 사례다.

5. Learn and Be Curious
항상 배우고, 매사에 호기심을 가져라

'Curious'는 호기심을 뜻한다. 늘 무엇인가를 배우며 매사에 호기심을 가지고 접근하는, 이른바 '자기 계발의 자세'를 가질 것을 요하는 원칙이다.

호기심의 강도는 각자가 가진 지식과 자신감의 수준에 비례한다. 기본적으로 박식하지 않으면 눈앞에 벌어지는 일이나 다른 사람의 이야기에서 호기심을 가질 만한 포인트를 찾기 어렵다. 그리고 무엇인가에 의문을 품거나 호기심을 가지게 됐다고 하더라도 자신감이 없으면 궁금증을 해소하기 위한 그 어떤 행동도 할 수 없다.

아주 원칙적인 이야기를 하자면, 아마존의 직원들은 반드시 영어를 익혀야 한다. 입사 이후에도 영어 공부를 소홀히 해서는 안 되며, 영어 구사 능력을 향상시키기 위해 꾸준히 '학습'해야 한다.

이뿐만 아니라 웹 사이트의 구조와 내용, 창고 시스템과 물류 및 배송 프로세스, 오리지널 상품의 종류와 내용, 디지털 콘텐츠 서비스의 내용 등 아마존이 제공하고 있는 다양한 서비스와 업무 내용에 대해서도 꾸준히 학습해 두지 않으면 절대로 개선 아이디어를 얻을 수 없다. 예를 들어, 고객의 부재로 인해 다시 배송하는 일을 원천적으로 줄이려면 무엇을 어떻게 개선해야 할까? 구체적인 대안을 떠올리려면 현재의 배송 체계와 현장 상황에 대해 정확히 인지하고 있어야만 한다.

재배송률이 높다는 사실을 알지 못하면 무엇이 문제인지조차 파악할 수 없다. 또한 회사가 교육 프로그램을 제공하지 않는다거나 가르쳐주는 사람이 아무도 없다는 식의 불평만 쏟아내기보다는, 궁금한 부분이 있으면 직접 발로 뛰어 조사하고 필요한 정보가 있으면 스스로 확보해 나가는 적극적인 자세를 가져야 한다.

아마존의 정보 포털 사이트상에는 위키피디아^{Wikipedia}와 유사한 자료 모음 페이지가 개설되어 있어 어느 정도 필요한 정보를 얻을 수 있다. 직원들이 스스로 'Learn and Be

Curious'를 실천해 나갈 수 있게 지원하려고 만든 것이다. 다만, 아마존의 서비스는 날마다 빠른 속도로 진화하고 있기 때문에 공식 '매뉴얼'이라고 할 만한 것을 제공하기는 어렵다.

내가 마켓플레이스를 총괄하던 시절에는 산하에 시스템 엔지니어로 구성된 팀이 있었다. 나는 일반 관리자처럼 시스템 개발 상황을 그저 개괄적으로 파악하는 데만 머물지는 않았다. 엔지니어들이 어떤 절차를 통해 시스템을 개발하고 있는지, 작업이 지연되는 이유는 무엇인지 등에 대해 광범위하게 수집한 정보를 토대로 매우 깊이 있게 이해하려고 노력했다. 그 결과, 상황에 대한 정확한 판단하에 작업의 우선순위를 명확히 지시할 수 있었다.

한편 내가 홈&키친 사업부의 부장으로서 2008년 아마존 재팬에 합류하던 당시, 중요한 역할을 담당하고 있는 바이어의 업무 내용을 정확히 이해하기 위해 본래의 업무 외 다양한 업무를 병행한 적 있다. 첫 3개월간 계절 가전 카테고리를 담당하고 제조사와 직접 협상하며, 프로모션 전략을 수립·이행하고, 사내 다양한 도구의 사용법을 익혔다. 이렇게 입사 초기에 현장을 두루 경험한 덕분에 팀 구성원들의 업무 내용을 깊이 이해할 수 있게 되었다.

6. Hire and Develop The Best
최고의 인재를 채용하고 육성하라

리더에게 최고의 인재를 채용하고 육성할 것을 요구하는

항목이다. 매니저 등의 관리자가 되면 우수한 인재(우수의 기준은 2장에서 언급한 것과 같다)를 몇 명 채용했는지, 부하 직원 중 몇 명을 승진시켰는지 등으로 평가받는다.

나는 내가 담당하는 팀이나 프로젝트에 충원이 필요할 경우 면접을 진행한 후보자 중에서 '나보다 우수한 인재'를 뽑겠다는 원칙을 가지고 채용했다. 그리고 직속 부하 직원이 계속해서 매우 우수한 성과를 낼 경우, 나와 동일한 직급으로 승진할 수 있도록 적극적으로 인사팀에 추천한 적도 있다.

자신과 직급이 같은 사람을 채용하거나 우수한 사람을 동일 직급으로 승진시키면 조직 내에서의 기존 위상이 흔들리기는커녕 오히려 예전보다 더 큰일을 담당할 기회를 마련할 수 있다는 것, 이것이 아마조니언의 기본적인 믿음이다. 주변에 우수한 사람이 더 많이 포진할수록 서로 좋은 영향을 주고받으며 함께 성장해 나갈 수 있다.

나 역시도 마켓플레이스를 총괄하던 당시, 나와 같은 직급에 해당하는 디렉터 3명을 채용해서 요직에 배치한 바 있다. 그 결과 여러 결재 권한을 위임할 수 있게 된 나는 예전보다 한 단계 높은 위치에 서서 복잡하고 큰 사업을 여러 개 동시에 운영하는 일에 도전해 볼 수 있었다.

최고의 인재를 채용하고 육성할수록 조직은 물론 자신의 발전에도 도움이 되며, 새로운 인재 채용의 기준을 더욱 높여 나갈 수도 있다.

아마존은 인재를 교육하고 개발하는 일에도 주력하고 있

다. 출중한 능력의 인재들이 아마존에서 일하는 것이 자신의 역량과 커리어 개발에 도움이 된다는 느낌을 받으면, 그만큼 회사에 오래 머물고 싶게 마련이다.

과거 아마존은 대졸 신입 사원보다는 경력 사원 위주로 채용했지만, 몇 년 전부터는 대학 혹은 대학원을 갓 졸업한 사람들도 채용하고 있다. 신입이든 경력이든 새로 입사하면 직급이 상대적으로 높고 소속 부서가 다른 '멘토Mentor'와 부서, 직급이 같은 '버디Buddy'를 배정해 새로운 환경에 잘 적응해 나갈 수 있도록 돕는다.

또한, 각 부서의 매니저는 반드시 일주일에 1회, 각 30분씩 부하 직원과 '1 on 1(원 온 원)' 미팅을 진행해야 한다. 1 on 1 미팅에 일정한 형식이 있는 것은 아니다. 하지만 주로 연간 목표 대비 진척된 상황이나 프로젝트 진행 중에 발생한 문제를 확인해 보완책을 함께 찾아보고, 각 구성원의 커리어 개발을 위해 조언을 들려주는 형태로 진행한다.

리더십 원칙 중 한 가지로 'Hire and Develop The Best'를 설정한 것에서 알 수 있듯이 아마존의 채용과 인재개발, 인사 평가 시스템은 다른 곳과 차별성을 띠고 있다. 이에 관해서는 14개 항목을 모두 설명한 후 조금 더 자세히 알아볼 것이다.

7. Insist on the Highest Standards
'최고 수준'을 추구하라

'Insist'는 '요구하다' 또는 '주장하다'라는 의미의 단어이지만, 여기서는 '추구하다' 정도로 해석하는 것이 적당하다. 추구해야 할 것은 'Highest Standards'로, Higher(더 높은) 수준이 아닌 Highest(최고) 수준이다.

어떻게 하면 'Customer Obsession'을 실현할 수 있는 수준으로 서비스 품질을 끌어올릴 수 있을까? 아마존은 목표를 설정하는 단계부터 적당한 수준에서 타협하지 않는다. 최고 수준을 달성하지 못할 것으로 판단되면 일찌감치 중단하고, 지속적으로 투자할 경우 달성할 수 있다고 판단되면 돈을 아낌없이 쏟아부어서라도 결과를 만들어 낸다. 아마존의 혁신은 신속한 판단과 과감한 투자를 거듭하는 과정에서 축적되어 온 것이다.

다수의 판매사업자가 관여하는 마켓플레이스에서도 고객 중심주의가 철저히 실행되어 온 이유 또한 마찬가지다. 아마존이 높은 수준의 이상을 품고 눈앞의 현실과 타협하지 않았기 때문이다.

나 또한 2017년 기업의 구매담당자들을 지원하는 '아마존 비즈니스'를 새롭게 시작할 때 고객 편의성의 관점에서 웹 사이트 구석구석을 꼼꼼히 확인했다. 각 페이지마다 고객이 구입할 상품을 선택하는 단계부터 주문을 넣는 단계에 이르기까지 잘못 쓰인 문장은 없는지, 잘못된 기입이나 오타는 없는지 철저히 체크했다. 고객에게 최적의 환경을 제공하기 위해 사업부의 수장으로서 솔선수범한 것이다.

아마존 비즈니스는 공식적으로 오픈하기 전까지 몇 번의 연기를 거듭했다. 기술적인 문제 때문이었다. 프로그램을 개발하다 보면 테스트 단계에서 문제가 터지곤 한다. 지극히 자연스러운 현상이다. 대수롭지 않은 문제부터 심각한 문제까지 다양한데, 아마존 비즈니스를 오픈하기 전에 우리가 겪은 문제는 전자에 가까웠다. 일단 서비스를 오픈한 후에 수정해도 크게 상관없었다. 그럼에도 불구하고 나는 오픈을 연기하기로 결정했다.

물론, 오픈 일정을 몇 번씩 연기하는 것은 신뢰성 측면에서 바람직한 선택지는 아니다. 그럼에도 불구하고 연기를 결정한 까닭은, 고객에게 그 어떤 불편함도 주지 않는 완벽한 서비스를 지향했기 때문이다.

8. Think Big
넓은 시야로 세상을 바라보라

굳이 번역할 필요가 없을 정도로 간결하면서도 명확한 표현이다. 넓은 시야로 세상을 바라보라는 것이다.

예를 하나 들어보자. 새로운 서비스를 기획할 때면 팀 구성원들은 다양한 의견을 제시한다. 특정 고객층을 염두에 두고 서비스를 기획했다면 '왜 해당 고객층만을 대상으로 해야 하는가', '이 서비스를 다른 고객층으로 확대할 경우 어떤 문제가 생기는가', '특별히 문제가 없다면 대상 고객층을 넓히자', '다른 고객층까지 아우른다면 이런 서비스도 생각해 볼 수 있을 것이다'라는 식으로 생각이 꼬리에 꼬리를 물게 될 것이다.

팀 구성원들 스스로가 '품질 목표'를 높게 설정하고 틀에 얽매이지 않은 채 왁자지껄하게 브레인스토밍을 진행하다 보면 지금까지 누구도 생각하지 못했던 참신한 서비스가 탄생하곤 한다. 독자 여러분이 근무하는 회사에서도 종종 활용할 것으로 예상되지만, 브레인스토밍은 두뇌를 활성화해서 새로운 아이디어를 도출하기 위한 방법이다. 기본 원칙은 상대방이 어떤 의견을 내든 비판하지 않는 것이다. 아이디어의 질보다는 양이 중요하며, 생각이 꼬리에 꼬리를 무는 방식으로 아이디어를 발전시켜 나가야 한다. 새로운 아이디어를 도출하기에 아주 좋은 방법이다.

아마조니언들은 고정관념에 얽매이지 말고 '혁신적으로 Disruptive 생각하라'는 주문을 귀에 못이 박히게 듣는다. 무엇인가를 혁신하려면 기존 질서를 파괴할 만한 사고가 필요하며, 의미 있는 혁신을 이룩하려면 'Think Big'이 필수 불가결하다.

다만, 'Invent & Simplify'와 마찬가지로 아무런 사전 준비 없이 어느 날 갑자기 'Think Big'을 실천할 수는 없다. 이러한 사고방식이 습관으로 자리 잡게 해 줄 조직적 메커니즘이 필요하다.

더욱 상세한 내용은 6장에서 설명하겠지만, 아마존은 매년 예산 계획을 수립할 때마다 중장기 계획 또는 3개년 계획을 작성하며 작성 양식에는 혁신적인 아이디어를 기재하는 란이 따로 마련돼 있다. 따라서 모든 팀은 각자 '혁신적인' 아이디어를 도출하고 공란을 채워야 한다. 이뿐만 아니라, 매년 한 번씩 열리는 '이노베이션 서밋'이라는 워크숍에 참가자 전원이 혁신적인 아이디어 여러 개를 가져와 다른 참가자들과 함께 구체화해야 하며, 그중에서 선정된 아이디어에 대해서는 프로젝트를 발족하여 구체적으로 실현해 나간다.

이러한 조직적 메커니즘 덕분에 아마조니언들은 평소에도 혁신적이면서도 넓은 시야로 생각하는 습관을 길러 나갈 수 있다.

9. Bias for Action
비즈니스는 속도가 생명이다

'Bias'는 '편견'이나 '선입견'이라는 뜻으로 사용되는 경우가 대부분이지만 '방향성'과 '지향'이라는 뜻도 가지고 있다. 리더십 원칙 9번째 항목은 '행동 지향'을 의미하며 설명문에는 'Speed matters in business', 즉 비즈니스는 속도가 생명이라는 부연 설명이 담겨 있다.

실제로 아마존에서는 어떤 일을 하든, 어떤 결정을 내리든 속도를 가장 중요하게 여긴다. 예를 들어, 새로운 프로젝트의 실현 가능성을 검증할 때 70퍼센트 정도 확신할 수 있는 상황인데도 '나머지 30퍼센트의 불확실성 때문에' 주저하는 사람은 질책의 대상이 된다. 불확실한 30퍼센트에 잠재된 위험이 어느 정도인지 예측한 후 빠르게 실행해 보라고 요구하는 것이다.

경험을 토대로 검증하고 설령 실패하더라도 원인을 규명해 다음 단계로 넘어갈 방법을 찾거나 전 단계로 되돌리는 한이 있더라도 반드시 해결책을 찾아낼 것을 장려한다.

실패할 것이 두려워 도중에 중단하는 것은 아마존에서 절대로 해서는 안 되는 행동이다. 최고 수준을 추구하면서 'Bias for Action', 즉 속도를 중시하는 것은 일견 상충하는 듯 보이지만, 아마존에서는 두 가지 모두를 지향해야 한다는 것이 상식처럼 여겨지고 있다.

10. Frugality
'경비 절감'이 아닌 검약 정신

한 마디로 '검약'을 강조하는 항목이다. 고객의 편의를 위한 혁신 활동에는 아낌없이 투자하는 아마존이지만, 직원들에게는 투철한 검약 정신을 요구한다.

한 가지 예를 들어보자. 당시 나는 자주 미국 출장길에 올랐는데, 임원인데도 평사원과 마찬가지로 오로지 이코노미 클래스만 이용해야 했다. 그것도 예약 당시에 가장 저렴한 항공권을 선택해야 했다. 직원이 비즈니스 클래스를 이용하는 것은 고객 중심주의와는 전혀 관계없는 행동으로 간주했기 때문이다.

아마존에서는 새로운 프로젝트나 미팅을 진행할 때 우선

은 '피자 두 판의 법칙^{Two Pizza Team Rule}'이라는 것을 따라야 한다. 피자 두 판을 나눠 먹을 수 있을 정도의 소수 인원으로 빠르게 시작해 가능성을 검증해 보아야 하는 것이다. 미국에서 파는 피자의 크기는 무려 50cm에 달하니 적게 먹는 사람을 기준으로 하면 더 많은 인원이 참여해도 되는 것 아니냐고 할 수도 있지만, 아마존에서 그런 우스갯소리는 통하지 않는다.

조금이라도 더 많은 프로젝트 예산을 따내기 위해 시간과 노력을 허비하지 않고 적은 규모의 예산으로 작은 것부터 실행해 보려 하는 아마조니언의 습관은 이러한 검약 정신에서 비롯된 것이다.

사람을 새로 뽑을 때도 마찬가지다. 아마존에서는 예산 계획을 검토할 때 일반 경비와 관련해서는 그다지 자세히 따져 묻지 않지만, '헤드 카운트^{Head count}'라고도 하는 직원의 숫자만큼은 미국 본사가 엄격하게 관리한다. 각 사업 부분에서 현재 몇 명이 근무하고 있으며 내년 예산상으로 헤드 카운트를 얼마나 더 늘리려고 하는지를 살펴본 후, 그중 몇 명을 채용하도록 승인할지를 결정한다.

헤드 카운트를 한 명 늘리는 것조차 쉽지 않다. 부서의 관리자는 직원들이 현재 불필요한 일을 하고 있는 건 아닌지, 가치 없는 일을 덜어내고 그 인원에게 새로운 일을 맡기면 되는 건 아닌지 등을 면밀히 따져봐야 한다.

아마존의 검약 정신은 사무용품 절약이나 점심시간 소등 등의 '경비 절감' 활동과는 맥을 달리한다. 새롭게 추진하는 프로젝트에 예산이 너무 과하게 책정되면, 프로젝트 구성원들의 지혜를 모아 해결책을 찾아 나가기보다 외부에 용역을 맡기기 쉽다. 그리고 그렇게 되면 외주 업체가 의미 있는 성과를 내도록 종용하기만 할 뿐, 프로젝트 구성원 스스로 조금 더 좋은 결과를 내기 위해 노력하진 않게 된다. 검약 정신은 아마조니언이 모든 일에 깊이 있게 참여함으로써 경험 자산을 축적할 수 있게 하는 수단인 것이다.

예를 들어, 마켓플레이스의 경우 새로운 판매사업자를 유치하는 것은 상품 라인업을 확대하기 위해 반드시 필요한 활동이다. 이를 위해 영업 담당자가 직접 전화를 걸거나 판매사업자를 찾아가곤 한다. 이뿐만 아니라 온라인 마케팅 기법을 활용하여 아마존에서 활동하는 것이 판매사업자 입장에서 어떤 점이 좋은지를 설명하고, 사업자가 직접 상품을 등록하도록 유도하고 있기도 하다.

나는 적은 수의 인원만으로도 다수의 사업자들과 소통할 수 있게 해 주는 온라인 마케팅을 더욱 확대하는 것이 단순히 영업 담당자를 충원하는 것보다 검약 정신에도 부합하고 효율성 측면에서도 바람직하다고 생각하여 이와 관련한 투자를 크게 늘린 바 있다.

아마존은 직원들이 검약을 통해 스스로 생각하고 직접 실행해 볼 기회를 가짐으로써, 새로운 것을 발견하고 혁신을 이뤄낼 가능성을 더욱 늘려 나가기를 바란다.

11. Earn Trust
진지하고 의연하게 행동하는 현명한 리더가 되어라

'신뢰를 얻는 일'이 중요하다는 것은 누구나 알지만, 실천하기는 어렵다. 설명문에는 '신뢰를 얻으려면 타인을 대할 때 존경심을 가져야 하고 그 사람이 하는 말에 차분히 귀를 기울여야 한다'고 쓰여 있다.

그리고 '실수를 했으면 솔직하게 인정하라'는 내용도 담겨 있다. 자기 잘못을 인정하기란 누구나 쉽지 않은 일이다. 다른 사람들이 자신을 조롱할까 두려워 말 못 하거나, 끝까지 자신에게는 아무런 잘못이 없다고 고집 피우는 경우가 많다. 더 심한 경우에는 자신이 실수를 범한 것을 뻔히 알면서도 행동을 멈추거나 고치지 않아서 문제를 더 키우기도 한다.

이와 반대로, 그저 '좋은 사람이 되고 싶어서' 물에 물 탄 듯 행동하는 것도 바람직하지 못하다. 사람들이 자신을 좋아해 주기만을 바라고 미움받지 않으려고 애쓰다 보면, 상대방의 생각에 이견이 있어도 지적하지 못하고 좋은 게 좋은 거라는 식으로 행동하게 마련이다.

열한 번째 리더십 원칙은 진지하고 의연하게 행동하는 '현명한 리더'가 되라고 주문한다.

일본에는 회식 문화가 있고, 함께 저녁을 먹고 술 마시는 자리를 중요한 소통 채널로 삼는 사람들이 많다. 그러나 나는 직급이 높아지면 높아질수록 특별한 경우를 제외하고는 그런 자리를 웬만하면 피하려고 했다. 부하 직원을 포함한 여러 이해관계자와의 관계에 있어서 공과 사의 경계를 무너뜨리지 않기 위함이었다.

나는 쾌활한 성격의 소유자라 여러 사람들과 함께 하는 자리를 매우 좋아하지만 공과 사의 경계를 흐릴 만한 행동은 가급적 삼가고, 현장에 직접 나가 팀 구성원들과 함께 팔을 걸어붙여 성과를 만들어 내는 쪽을 선택했다. 한편, 수백 명이 넘는 사람들을 통솔할 때에는 전체 상황을 한눈에 조망하고 진행 방향을 명확하게 전달하기 위해 소통 방식을 캐스케이드(cascade, 폭포수가 위에서 아래로 떨어지듯이 리더의 지시가 체계를 갖춰 직원들에게 전달되도록 하는 커뮤니케이션 방식) 형태로 전환했다. 이 또한 열한 번째 리더십 원칙을 실현하기 위한 전략이었다.

12. Dive Deep
'이거 자세히 살펴본 거야?'

팀 구성원이 새로운 아이디어를 제안하면 나는 늘 "이거 제대로 'Dive Deep'한 거야?"라는 질문을 던지곤 한다. 'Dive Deep'은 아마존에서 수시로 사용되는 표현이다. 해석하자면 '자세히 살펴보다'라는 표현에 해당한다.

아마존에서는 일반 기업이 KPI라 부르는 성과 지표를 '핵심 지표Key Metrics'라고 한다. 핵심 지표는 주, 월, 분기 단위 지표로 구성되어 있으며 각 부서별로 관리한다.

지표 값의 변화 추이와 예산 대비, 전월 대비, 전년 대비 증감률 등 다양한 수치를 관리해야 하기 때문에 보고서 페이지 수만 해도 수십 장에 달한다. 각 부서의 담당자는 수치가 잘못 표기된 것은 아닌지, 수치 사이에 모순이 없는지 등을 1BPS(Basis Points, 0.01퍼센트) 단위까지 몰두해 찾아내야 하고 문제가 있으면 근본적으로 바로잡아야 한다.

앞에서 'Bias for Action'에 대해 설명하면서, 일부 검증되지 않은 부분 때문에 아무런 행동도 하지 않는 것은 철저히 금기시되고 있다고 이야기한 바 있다. 리더십 원칙의 열두 번째 항목을 통해 강조하려는 것은 빠르고 정확하게 결정을 내리려면 방대한 데이터 속에서 유의미한 정보를 끄집어내는 습관과 경험, 기술을 평소에 축적해야 한다는 것이다.

당연하다면 당연한 이야기일 수 있겠지만, 리더십 원칙을 구성하는 14개 항목 중 단 한 가지 또는 몇 가지만 실행해서는 의미가 없고 모든 항목을 실천하는 것이 매우 중요하다.

예전에 몸담았던 미스미에서도 수치 분석을 중요하게 여겼기 때문에 숫자에 숨어있는 의미를 뽑아내는 일에 어느 정도 자신감이 있었다. 하지만 아마존에 합류한 뒤로는 관리해야 할 지표가 너무 많은 탓에 꽤 고생했다. 오늘날에는 내가 근무하던 시절보다 서비스의 유형이 더 늘어났기 때문에 관리해야 하는 핵심 지표의 종류 또한 급격히 늘어났을 거라고 예상된다. 여러 개의 사업을 동시에 관리해야 하는 사람이 매주 챙겨야 할 지표는 아마도 수백여 개에 달할 것이다.

숫자에 대한 감각이란 수치가 나열된 표에서 이상한 부분을 찾아내거나, 빠른 속도로 비율을 계산하고 암산하는 등의 기초 능력만을 의미하지는 않는다. 사업의 구조를 깊이 있게 이해한 뒤, 그 토대 위에서 각 지표 간의 상관관계와 인과 관계까지 세부적으로 파악할 줄 아는 것이야말로 현상의 본질을 읽어내는 데 있어서 반드시 갖춰야 하는 능력이다. 나 또한 그런 능력을 갖추려고 지금까지 노력해 왔다.

13. Have Backbone; Disagree and Commit
상대에 대한 예의를 갖춰 이견을 표명할 것

설명문을 해석해 보면 이렇다. "상대방의 의견에 찬성할 수 없는 경우에는, 예의를 갖춰 이견을 표명해야 합니다. 이러한 일이 아무리 귀찮고 힘들어도 예외를 두어서는 안 됩니다." 즉, 사내에서 서로 다른 생각을 드러내는 것이 중요함을 강조한 것이다.

상사나 임원이 내놓은 의견일지라도, 그동안 쌓아 온 경험과 지식에 비춰봤을 때 동의하기 어려운 부분이 있으면 '나는 생각이 다르다'고 거리낌 없이 이야기할 수 있어야 한다. 그리고 이견을 표명할 때는 예의를 갖추되 'Backbone(백본)', 다시 말해 그렇게 생각하는 이유가 무엇인지에 대한 근거를 함께 제시해야 한다.

아마존 재팬에서 근무하던 시절, 나는 하루 보통 10개에서 15개 정도의 회의를 소화했다.

예산 내역 검토부터 새로운 프로젝트의 콘셉트 기획까지

다양한 주제로 회의를 진행했고, 일반적으로 30분에서 1시간 정도 소요됐다. 종합 상사에서 해외 법인장으로 근무하는 동안 쌓아 올린 폭넓은 지식과 경험이 나의 근간이자 중추였다. 판매, 마케팅, 영업, 제조, 개발, 물류, 재무, 인사, 법무, 고객 서비스에 이르기까지 다양한 분야에서 축적한 지식과 경험이 주요 무기였던 것이다. 때로는 소프트웨어 개발자와 시스템 개발자가 참석하는 회의에서도 조직의 수장으로서 나의 의견을 분명히 드러내고, 직원들의 제안을 받아들일지 말지 판단해야 했다.

매사를 순발력 있게 판단해야 하는 자리였지만, 적당히 타협하거나 의견이 다른데도 말하지 않고 그냥 넘어가는 일은 없어야 한다는 말을 가슴속에 분명히 새겼다. 잘 모르는 부분이 있으면 이해될 때까지 몇 번이고 물어보고, 애매한 부분을 해소해 명확히 결정을 내려야 한다.

나뿐만 아니라 직원들 간에도 동의할 수 없는 부분이 있으면 주저하지 않고 자신의 의견을 표출했고, 그렇게 할수록 논의 과정과 결과의 질 모두 한층 높아졌다. 이것이 바로 아마존의 조직 문화다. 그리고 결과적으로 자신의 의견이 받아들여지지 않았다고 하더라도, 한번 정해진 사안에 대해서는 더 이상의 불만 없이 최선을 다해 실행해야 한다.

아마존에서 가장 금기시되는 행동은 '공과 사를 분별하지 않고 행동하는 것'과 '적당히 타협하는 것'이다. 'Have Backbone; Disagree and Commit'이라는 표현 안에는 서로에 대한 예의를 갖추고 치열하게 논의하되, 일단 결정된 것에 대해서는 제대로 실행될 수 있도록 자기가 가진 모든 에너지를 쏟아부어야 한다는 의미가 담겨 있다.

참고로, 제프 베조스는 회사가 급격한 속도로 성장하자 전 사원이 참여하는 미팅인 '올 핸즈All Hands'와 별도의 메시지를 통해 지나치게 응집하여 적당히 타협하고 넘어가는 문화가 조직 내에 자리 잡지 않게 해달라고 당부한 바 있다.

14. Deliver Results
아마조니언은 성과를 내는 사람들이다

앞에서 설명한 것처럼, '아마조니언은 성과를 내는 사람들'이라는 심플한 표현이 리더십 원칙의 대미를 장식한다.

여기서 말하는 성과란 고객 중심주의에 공헌하는 것을 의미하며, 14개 항목 중에서 'Customer Obsession'과 'Deliver Results'를 제외한 나머지 12개 항목은 하나같이 성과를 내기 위한 방법과 행동 규범에 해당한다고 할 수 있다.

설명문에 담긴 '사업상 중요한 인풋에 초점을 맞춘다'는 말의 의미는 단순히 매출과 이익을 확대할 수 있는 요소를 찾자는 것이 아니다. 프라임 회원이 10만 명 늘었다든지, 웹 사이트 방문자 수가 100만 명 증가했다든지, 직접 판매하는 상품이 2만 가지 정도 추가됐다든지 하는 등의 성장 엔진에 초점을 맞춰야 한다는 뜻이다.

매출액과 이익처럼 일반적으로 '결과'로 간주되는 요소를 아마존에서는 '아웃풋^{output}'이라고 표현한다. 아웃풋에 대한 목표를 설정하고 이를 달성하는 것도 물론 중요하지만, 아마존에서 '결과'로서 중요하게 생각하는 것은 미래 성장 엔진으로서의 '인풋'이 더욱 강화되었는지의 여부다. 이러한 투입물을 강화하면 강화할수록 자연히 더 좋은 '아웃풋'을 얻게 된다.

사람들은 보통 아마존 재팬의 유통총액과 매출액이 급격히 증가하고 있는 것에 대해서만 관심을 갖지만, 사실 이는 각 사업 부분의 구성원들이 인풋의 양과 질을 꾸준히 보강한 결과에 지나지 않는다.

진짜 중요한 것은 아웃풋 그 자체가 아니라 그것을 실현할 수 있게 해 주는 인풋이다. 아마존이 전자상거래부터 디지털 콘텐츠 서비스에 이르기까지 수많은 영역에서 압도적인 지위를 확립할 수 있었던 가장 큰 이유는 바로 이러한 관점에서 사업을 영위해 왔기 때문이다.

아마존의 채용 방식

지금까지 알아본 '리더십 원칙'은 아마존의 인재 육성 방식 및 채용 기준과도 크게 관련돼 있다.

아마존은 일본에 진출한 이후 줄곧 경력자 위주로 직원을 채용했다. 대졸 신입 사원을 채용하기 시작한 것은 2014년부터로, 아직 10년도 채 지나지 않았고 채용 인원도 수십 명에 불과하다. 미국 본사는 물론 세계 각국에 진출한 아마존은 MBA 졸업자 외에는 채용하지 않는다는 점을 감안했을 때, 어쨌든 아마존 재팬이 우수한 인력을 영입하기 위해 독자적인 방식을 선택한 것은 분명해 보인다.

내가 아마존 재팬에 입사했던 2008년 당시만 하더라도 직원의 수는 수백 명 정도였다. 그러나 이후 불과 10년 동안 7,000명[51]으로 불어났다. 물론 그사이 인재를 대거 채용했기 때문이겠지만, 아마존은 매우 신중하게 시간을 많이 들여 사람을 뽑는다. 합격률이 한 자릿수에 불과할 정도로 취업의 문턱이 높다.

인재를 채용할 때 시간을 들여 한 사람 한 사람 꼼꼼히 따져보는 이유는, 비즈니스가 제대로 작동하게 하는 것은 결국 사람이고 사람이 가진 자질과 기술 그리고 경험치가 기업에 있어서 가장 중요하다는 제프 베조스의 이념 때문이다.

그렇다면 아마존이 어떤 절차를 통해 채용하는지 살펴보자.

채용 가능 인원은 각 부서가 내놓은 예산안에 대한 심의를 통해 결정하고 할당한다. 헤드 카운트라고도 하는 채용 인원은 회사 차원에서 매우 까다롭게 관리하며, 할당된 인원수 이상으로 채용하는 것은 특별한 이유가 있지 않은 한 허용되지 않는다. 이런 까닭에 단 한 명을 채용하더라도 더욱 신중을 기할 수밖에 없다.

채용이 필요한 부서의 상급자가 전체 채용 프로세스를 관리하며, 아마존에서는 이들을 '하이어링 매니저Hiring manager'라고 부른다.

내가 2005년까지 몸담았던 'JUKI 주식회사'라는 일본 업체의 채용 시스템과 한번 비교해 보자. 당시 해외 법인에서 근무했던 나는 조직 자체를 아예 새로이 구축해야 했고, 때문에 필요한 사람을 직접 채용했다. 그러나 일본 본사는 여느 기업과 마찬가지로 인사 부서가 대졸 신입 사원을 대거 채용한 후 각 부서에 배치했다. 배치 과정에서 각자가 가진 강점과 경험을 고려하기는 했지만, 큰 틀에서 보면 배치된 부서에서 오랜 기간 근무하면서 천천히 전문 지식을 쌓아 나가게끔 유도하는 구조였다. 다수의 인원을 뽑아서 부서에 배치하는 프로세스는 매년 반복됐다.

이와 같은 방법은 기업이 장기간 비슷한 속도로 성장하리라는 가정하에서는 유효하다. 그러나 시시때때로 등장하는 사업 기회에 맞춰 조직을 확장하고 강화해야 하는 성장 기업에는 알맞지 않다. 필요한 능력과 기술을 가진 사람을 필요한 시점에 채용할 수 없기 때문에 늘 인재 부족에 허덕일 수밖에 없다. 아마존에서 근무하는 동안, 실무에 능통한 직속 상사가 채용 후보자의 자질을 평가하는 것이 얼마나 합리적인지 여러 차례 실감했다.

채용 인원에 대한 승인을 받은 하이어링 매니저는, 자신의 요구 사항을 직무 내용 요약인 '잡 디스크립션Job description'의 형태로 정리하여 인사부서에 제출한다. 그러면 인사부서는 이를 아마존 채용 사이트에 게시할 뿐 아니라 헤드헌터와 링크

드인^{LinkedIn} 등에 송부한다. 그리고 서류 검토, 1차 면접 등 모든 후속 절차는 인사부서가 아닌 하이어링 매니저가 직접 담당한다.

최종 단계인 2차 면접의 경우, 면접관의 수는 채용하고자 하는 직급 레벨에서 1을 뺀 숫자로 해야 한다. 채용 대상자의 직급이 높을수록 면접관이 늘어나는 이유는 그만큼 다양한 각도로 후보자를 평가해야 하기 때문이다. 예를 들어, 레벨 7인 시니어 매니저^{Senior manager}가 레벨 6 매니저급 인재를 채용하려면 6에서 1을 차감한 5명의 면접관을 배치해야 한다. 자신을 제외한 나머지 4명의 면접관을 선정하는 것도 하이어링 매니저의 몫이다.

10년간 1,000명의 면접을 진행했지만, 채용한 인원은 단 50명

한편, 아무나 면접관이 될 수는 없다. 최종 면접 시에는 반드시 '바 레이저^{Bar raiser}'라는 사내 인증을 보유한 전문가를 면접관으로 배치해야 한다. 나 역시 바 레이저로 활동한 바 있다. 바 레이저는 말 그대로 채용의 '바(bar, 기준)'를 항상 '레이즈(raise, 높이다)'하여 면접의 품질을 유지하는 역할을 담당한다.

바 레이저는 과거에 수행한 면접의 횟수와 경험, 면접 후에

남긴 피드백의 질, 업무 경험 등을 고려하여 바 레이저 위원회에서 선출하며, 이후 수차례 훈련을 진행한 뒤 최종 임명한다. 아마존 재팬에서 활동하는 바 레이저는 현재 수십 명 정도다. 하이어링 매니저는 반드시 자신과 전혀 관련이 없는 부서의 바 레이저에게 의뢰해야 한다. 어디까지나 객관성을 확보하기 위해서다.

면접 진행 시 하이어링 매니저는 리더십 원칙 14개 항목을 바 레이저를 포함한 면접관들에게 배분한다. "이 업무를 수행하려면 방대한 수치를 유의미하게 해석하는 능력이 아주 중요하니, A 면접관과 B 면접관께서는 이 부분을 중심으로 체크해 주세요."라는 식으로 모집하는 직무의 성격에 따라 역할을 할당한다. 리더십 원칙은 아마존의 채용 기준 그 자체이기 때문이다.

모든 면접이 종료되면, 면접관들은 한곳에 모여 바 레이저의 주도하에 협의한 후 채용 대상자를 최종 선정한다.

바 레이저도 각자 담당하고 있는 일이 있기 때문에 채용 업무를 전담하지는 않는다. 아마존 사내 채용 시스템에 들어가 보면 지금까지 몇 명과 면접을 진행했는지 알 수 있는데, 나의 경우 퇴직할 즈음에 살펴보니 10년 동안 무려 1,000명에 달했고 그중에서 채용한 사람은 단 50명에 불과했다. 한 주에 다섯 건 이상 진행할 때도 있었지만, 그렇다고 수당이 지급되거나 월급이 인상되지는 않았다. 기본적으로 주어진 업무를 수행하면서도 동시에 바 레이저로서 책임을 다하려면 그만큼 강력한 주인 의식이 요구된다.

바 레이저가 리더십 원칙에 근거하여 후보자를 철저히 검증하고 현장 실무자가 직접 면접을 진행하기 때문에 신규 입사자의 수준도 그만큼 높게 유지될 수밖에 없다.

데이터와 수치를 중시하는 아마존이지만, 인재를 채용할 때만큼은 그 흔한 점수표를 이용하지 않고 사람을 중심에 둔 다면 평가에 의존한다는 것은 꽤 흥미로운 사실이다. 그러나 이것 또한 '리너십 원칙'이라는 명확한 채용 기준이 있기에 가능한 일이다. 물론 이 세상에 완벽한 시스템이란 존재하지 않기에, 가끔은 사람을 잘못 뽑아서 후회하는 일도 있다.

전 직장에서 해외 법인의 규모를 확대해 나가던 시절, 좋은 인재를 채용하기 위해 내 나름대로 최선을 다했으나 기준이 주관적이고 불분명한 탓에 신규 입사자의 수준이 들쭉날쭉했다. 그 결과, 회사와 직원 모두가 불만을 품게 됐다. 채용 기준은 명확해야 하고 한번 정한 기준은 반드시 관철해야 한다는 사실을 경험을 통해 깨달았다.

한 헤드헌터가 내게 이런 말을 한 적이 있다. "아마존 재팬은 늘 수십, 수백 명을 채용하니 저희 입장에서 큰 고객인 것은 분명합니다. 다만, 인재를 열심히 소개해도 정착 채용되는 사람은 그리 많지 않으니 정말 난감해요."라고 말이다.

아마존에 들어오는 문턱이 높은 이유는 면접관들은 질문을 던질 때에도 'Dive Deep'하기 때문이다. 예를 들어, 'Think Big' 관점에서 후보자의 자질을 평가하기 위해 지금까지 어떤 프로젝트를 수행해 왔는지를 물었다고 가정해 보자. 후보자가 "이 정도로 규모가 큰 프로젝트를 해 보았습니다."라고 대답하면 보통 회사의 경우 면접관이 고개를 끄덕이는 정도로 마무리되기 쉽다.

그러나 아마존의 면접관은 '왜?'라는 질문을 계속 던지며 점점 깊숙이 파고든다. 후보자가 아무리 화려한 언변으로 대답을 하더라도, 겉을 감싸고 있는 포장지를 모두 벗겨내고 그 안에 들어있는 본질이 무엇인지를 파악하는 것이 면접관이 해야 할 일이기 때문이다. 이런 까닭에 합격률이 낮을 수밖에 없다.

신규 입사자를 위한 30일, 60일, 90일 단위의 '마일스톤 목표'

인재를 육성하기 위한 제도와 직원들의 자세 측면에서도 여느 기업과 차별화된다.

아마존의 직급 체계가 어떻게 구성돼 있는지 참고로 살펴보자. 물류 창고에서 출하 작업을 하는 파견직이나 계약직 사원들은 '레벨 1~2'에 해당한다. 레벨 3부터가 정사원으로, 대학을 갓 졸업한 신입 사원은 입사 후 얼마 지나지 않아 '레벨 4'가 된다. '레벨 6'인 매니저부터 관리자로 분류된다.

레벨 7 이상은 팀 하나가 아닌 여러 기능을 동시에 관리해야 하는 제너럴 매니저^{General manager}로 분류된다. '레벨 7'은 시니어 매니저라고 하며 사업부장에 해당한다. '레벨 8'은 디렉터로, 사업본부장이다. 이유는 모르겠지만 레벨 9는 없고, 바로 '레벨 10'인 바이스 프레지던트^{Vice president}로 넘어간다. 제프 베조스의 직속 보고 라인 상에 위치하여 평소 그와 직접 소통할 일이 많은 시니어 바이스 프레지던트^{Senior vice president}는 '레벨 11'이며, 미국 본사의 경영진 구성원인 시니어 리더십 팀 멤버^{Senior leadership team member}들은 레벨 10에서 11 정도에 해당한다.

제프 베조스는 '레벨 12'다. 리더십 팀으로 불리는 각국 경영진의 구성원과 임원은 레벨 8~10 정도로, 각 사업본부의 총괄 책임자다.

내가 아마존에 입사한 2008년만 하더라도 인재 육성을 위한 교육 제도가 존재하지 않았다. 직원들 각자가 알아서 성장하는 방식이었던 것이다. 그러나 현재는 리더십 원칙에 관련된 교육 프로그램뿐만 아니라 다른 기업과 마찬가지로 부하 직원을 육성하고 프로젝트를 관리하는 데 필요한 스킬을 전수하는 코칭, 조직 개발, 리더십 관련 교육 과정도 개설돼 있다. 물론 영어 회화, 프레젠테이션 같은 개인의 역량 계발을 위한 강좌도 선택할 수 있다.

다만, 사내에 개설된 몇 개의 강좌만 듣고 회사에서 요구하는 수준의 영어 회화 능력을 갖출 수는 없다. 어디까지나 본인이 의지를 갖고 평소에 꾸준히 노력해야 할 문제다. 직급이 올라갈수록 다른 나라의 관리자들과 함께 교육을 수강하거나 회의에 참석해야 하는 경우가 많아진다. 나 역시 매년 미국 출장만 10번도 넘게 다녔다. 영어 구사 능력이 부족하면 회의할 때 우물쭈물할 수밖에 없고, 다른 나라 직원들과 함께 진행하는 프로젝트를 지휘할 수 없다. 요컨대, 제대로 할 수 있는 일이 하나도 없다는 것이다.

아무리 업무 능력이 뛰어나도 자신의 의사를 남들에게 전달 수 있는 역량, 즉 어학 능력이 모자라면 레벨 7인 시니어 매니저 이상의 대우를 받으며 아마존에 입사할 수 없을뿐더러 그 이상 승진하는 것은 거의 불가능하다.

신입 사원에게는 앞에서 언급한 '버디'와 '멘토'를 배정하여 일하는 방법이나 각종 도구 사용법, 리더십 원칙에 입각해서 생각하는 법 등을 가르쳐주고 사내 문화를 올바로 이해할 수 있도록 도와준다. 더 나아가, 새로운 환경에 안착할 수 있도록 선배 사원들과 대화하는 시간도 자주 갖는다.

이미 소개한 것처럼 직속 상사와 함께 1 on 1 미팅도 진행한다. 1 on 1 미팅에서는 신입 사원에게 부여된 30일, 60일, 90일 단위의 목표별로 진척 상황과 결과를 상사에게 보고해야 한다. 이 또한 빠른 시일 내에 업무를 익힐 수 있게끔 지원하는 제도다.

목표 설정 시 반드시 준수해야 할 'SMART' 원칙

아마존은 '스트레치Stretch'라고 하는, 일본 기업에서는 찾아보기 어려운 인재 등용 제도를 운영하고 있다. 직속 상사나 임원에게서 업무 능력을 인정받은 직원에게 현재의 직급을 초월한 역할과 업무를 맡겨, 자신의 잠재력을 마음껏 발산할 수 있게 하는 것이다.

이러한 제도를 시행하게 된 배경에는 기업이 성장하는 속도가 매우 빠른 탓에 매니저급 이상의 인재가 절대적으로 부족하고, 까다로운 채용 프로세스로 인해 인재를 보강하는 데 상당한 시간이 소요된 것을 들 수 있다. 잠재력을 가진 직원들을 한시라도 빨리 육성해서 관리자급으로 키워내야 하기 때문이다.

또한, 참신한 생각을 가진 젊은 인재에게 비중 있는 업무를 맡기면 회사 전체에 활기를 북돋는 효과도 기대할 수 있다. 본인이 맡은 일에서 성과를 내면 실제로 직급을 올려준다. 다만, 성급하게 실력이 모자란 사람을 선정하면 당사자가 심적 부담을 이겨내지 못해 일을 그르칠 수도 있으므로 주의해야 한다.

부서 이동이 쉬운 것도 아마존의 특징 중 하나다. 본인이 희망하면 언제든 다른 부서로 이동할 수 있다. 예전에는 입사 후 1년이 지나지 않으면 부서 이동 신청이 불가능했지만, 현재는 입사 직후에도 자유롭게 이동할 수 있다. 물론, 희망

한다 해서 무조건 다 받아주는 것은 아니다. 사내에서 이동할 때에도 신입 사원과 마찬가지로 면접에 응시하여 합격해야 하며, 최종적으로 하이어링 매니저의 선택을 받아야 한다.

시스템 엔지니어와 같은 전문 직군을 제외하고, 매니저와 시니어 매니저처럼 규모가 큰 조직을 총괄하는 관리자가 되려면 제너럴리스트(generalist, 다양한 업무에 대해 두루두루 잘 아는 사람)로서 다양한 분야에서 경험을 쌓을 필요가 있다. 관리자로 성장하고자 하는 의사를 적극적으로 밝힌 직원에게는 다양한 부서에서 근무할 기회를 제공한다.

이동할 수 있는 범위는 아마존 재팬에 국한되지 않는다. 능력만 있으면 미국 본사는 물론, 해외 거점 어디로든 어렵지 않게 자리를 옮길 수 있다. 아마존 재팬에도 이런 부서 이동 제도를 활용해서 미국, 유럽, 중국에서 건너온 직원들이 꽤 많고, 반대로 일본에서 채용된 다수의 직원들이 타국에서 근무하고 있기도 하다.

앞에서 설명한 것처럼 신입 사원 채용 업무는 직속 상사가 직접 담당한다. 기껏 시간과 비용을 들여 뽑은 직원이 1년도 채 지나지 않아 다른 부서로 옮긴다는 것은 상사 입장에서 달갑지 않은 일이다. 그러나 이를 막기보다는 직원의 경력 계발을 가장 우선으로 생각해 오히려 상사가 적극적으로 도와줘야 한다고 회사 방침으로 정하고 있다.

연초에는 직속 상사와 함께 '목표'를 설정하고, 연중에는 정기적으로 1 on 1 미팅을 통해 얼마나 달성했는지를 함께 점검하게끔 하는 것도 아마존의 특징이다.

목표를 설정할 때에는 반드시 'SMART' 원칙에 따라야 한다. 즉, 'S=Specific(구체적일 것)', 'M=Measurable(측정 가능할 것)', 'A=Achievable(달성 가능할 것)', 'R=Relevant(회사와 팀의 목표와 관련된 것이어야 할 것)', 'T=Time bound(시간적 목표가 명확할 것)' 등 다섯 가지 원칙에 들어맞는 목표여야 한다는 것이다.

직원 각자가 설정해야 할 목표는 한 가지가 아니다. '내가 담당하는 서비스 고객의 수를 1만 명 이상 늘릴 것이다', '상품 수를 10만 개에서 15만 개로 확대할 것이다' 같은 업무와 직결된 목표뿐만 아니라, '영어 구사 능력을 향상시켜 영어로 진행하는 회의를 이끌겠다'라는 등의 개인 역량과 관련한 목표도 세워야 한다. 목표를 확정한 직원들은 진척 상황을 상사에게 정기적으로 보고하고 어려운 부분이 있으면 함께 의논해 가면서 기간 내에 성과를 얻기 위해 노력한다.

언제든 '1 on 1' 미팅을 신청할 수 있다

내가 마켓플레이스와 아마존 비즈니스를 총괄하던 4년 동안은 일본 내에 직속 상사가 없었다. 따라서, 매주 미국 본사에서 근무하는 상사이자 미국 외 비즈니스를 총괄하는 바이스 프레지던트와 전화로 1 on 1 미팅을 진행했다.

상사와 같은 건물에 있으면 대화를 나누거나 보고할 기회도 많겠지만, 유선상으로만 만날 수 있는 환경에서는 시간 제약으로 인해 1 on 1 미팅을 효과적으로 진행하기 어렵다. 따라서 나는 미팅을 진행하기 전에 '오늘의 대화 주제'를 설정하고, 보고할 것과 승인받을 것을 명확히 구분하여 상사와 이야기를 나눴다. 때로는 나의 목표 달성 현황에 대해 공유하기도 했다.

직급과 직함은 분명히 존재하지만, 일본 내의 기업과 달리 '○○ 부장님', '○○ 과장님'으로 부르지는 않았다. 아마존에서는 직원 간의 관계가 수평적이고, 직급의 고하를 막론하고 긴밀하게 논의할 수 있는 제도적 장치가 마련되어 있다.

수평적이고 민주적인 분위기를 장려하고는 있지만, 조직의 위계 구조 자체는 엄격하게 짜여 있다. 예를 들어, 내가 총괄한 사업부서에서 일했던 수백 명의 직원 중에는 내가 마치 구름 위에 존재하는 사람처럼 보였는지 말 한마디 제대로 건네지 못하는 사람도 있었다. 다만, 나 역시 그랬던 것처럼 대화를 나누고픈 상사가 있으면 언제든 1 on 1 미팅을 요청할 수 있다. 그리고 요청받은 상사는 반드시 이를 수락해야 한다.

나는 미국 본사에서 근무하며 소매 사업과 마켓플레이스 사업을 아우르는 컨슈머consumer 부문 CEO에게 1 on 1 미팅을 요청하여 미국 출장길에 잠시 만나 대화를 나눈 적이 있다. 다른 회사보다 수평적인 조직 구조를 잘 활용하느냐 활용하지 못하느냐는 어디까지나 본인의 노력에 달렸으며, 잘 활용하는 사람들은 그만큼 남다른 성과를 거둘 수 있다.

아마존에 이처럼 직원들의 성장을 돕는 여러 제도가 마련되어 있지만, 그렇다고 가만히 있는 사람에게도 알아서 떠먹여 주는 방식으로 운영하지는 않는다. 앞서 말한 대로 본인이 적극적으로 나서서 활용하지 않으면 아무런 의미가 없다. 요컨대, 조용하게 입 다물고 아무런 행동도 하지 않은 채 적극적으로 자신을 드러내지 않는 사람은 아마존에서 좋은 평가를 받을 수 없다.

지금까지 알아본 것처럼, 목표가 명확하며 능력이 출중한 인재가 마음껏 성장할 수 있도록 지원하고 동기를 부여하는 조직 체계야말로 아마존이 빠른 성장을 구가할 수 있게 해 준 일등 공신이라고 해도 과언이 아니다.

공정하면서도 엄격한 세 가지 '인사 평가 기준'

아마존의 인사 평가[52] 기준은 다른 기업에 비해 공정하면서도 엄격하다. 평가 요소는 크게 세 가지다.

첫째, 앞에서 설명한 'SMART 목표'에 대한 달성도이다. 기본적으로 매년 4월부터 이듬해 3월까지 1년간 달성해야 할 목표를 설정하며, 절반 정도 지난 9월경에 진행 상황을 확인하고 3월에 최종적으로 평가한다.

애초부터 직속 상사와 함께 측정 가능한 목표를 수립

하기 때문에 평가 결과도 명확하게 산출된다. 목표 달성도는 다섯 단계로 구분한다. 목표치를 훨씬 초과한 경우 'Outstanding(탁월)'이라는 최고 등급을 부여하며, 성과를 거의 내지 못하여 하루속히 개선책을 마련해야 하는 경우에는 'Unsatisfactory(미흡)'이라는 최저 등급을 매긴다. 달성도를 몇 단계로 나눠 평가하는 것 자체는 다른 곳과 크게 다를 바 없다.

둘째, 리더십 원칙을 기반으로 한 개인의 리더십과 일 처리 방식에 대한 평가다. 여러 차례 설명한 것처럼 리더십 원칙은 아마존의 '기준'이기 때문에, 이에 따라 실제로 행동했는지가 중요한 평가 요소로 작용하는 것이다.

평가의 결과는 세 단계로 나뉜다. 타의 모범이 된 사람에게는 최고 등급인 'Role Model(모범)'을, 더욱 분발해야 하는 직원에게는 최저 등급인 'Development needed(노력 필요)'를 부여한다.

이러한 평가 방식은 특징적이다. 일반 기업에서는 상사가 부하 직원을 평가하지만, 아마존에서는 직속 상사뿐만 아니라 동료 사원, 부하 직원, 업무상 관계가 있는 타 부서 직원들로부터 360도의 피드백을 받게 되어있다. 피드백을 작성할 때에는 언제, 어떤 상황에서, 어떠한 리더십 원칙을, 어떠한 형태로 발휘했는지 또는 발휘하지 못했는지 구체적으로 기재해야 한다.

평가받는 사람은 스스로 동료나 타 부서 관계자들에게 직접 피드백을 요청해야 하며, 필요시 직속 상사가 피드백을 추가 요청하는 경우도 있다. 최종적으로 10개 이상의 피드백이 수집되고 나면 이를 종합하여 객관적으로 평가를 진행한다.

나는 보통 수십 명도 더 되는 사람들에게서 피드백을 요청받곤 했다. 반드시 구체적인 사례를 바탕으로 작성해야 하기 때문에 함께 일하는 사람들의 언행 그리고 그 결과를 평소에 잘 기억해 두려고 노력했다. 어떤 말과 행동을 했는지 잘 기억나지 않고 함께 일해본 적이 거의 없는 사람이 피드백을 요청히면 정중히 거절하기도 했다.

마지막 세 번째 평가 요소는 '성장성'에 대한 것이다.

회사가 워낙 급격히 성장하다 보니 관리자급 직원들을 외부 채용만으로 채워나가기에는 어려움이 있다. 따라서 기존 직원들을 육성하고 스트레치 방식으로 등용하여 가급적 빠르게 난이도 높은 일을 맡길 필요가 있다. 아마존이 직원의 성장성을 중요시하는 이유가 여기에 있다.

평가 결과는 일반적으로 세 단계로 구분된다. 최고 등급인 'High(우수)'는 앞으로 4년 내에 직급이 2단계 정도 올라갈 가능성이 있는 직원에게, 가장 낮은 등급인 'Limited(결격)'는 승진 가능성이 없는 직원에게 부여한다.

이러한 세 가지 요소에 대한 평가 결과를 종합하여 결론 내리는 것은 최종적으로 직속 상사의 역할이다. 그러나 직속 상사에게 모든 것을 맡겨버리면 기껏 진행한 360도 피드백이 무의미해질 수도 있고, 상사와 부하 직원의 인간관계가 필요 이상으로 작용할 우려도 있다. 이런 까닭에, 각 부서별 평가가 완료되고 나면 사업 부분의 부장급 직원들이 모여 결과를 재점검하는 조정 회의가 열린다.

"이 직원은 'Invent and Simplify' 항목의 점수가 높은데, 근거가 뭐지?", "이 사람은 'Customer Obsession'에 관한 평가 점수가 낮은데, 여기에 적혀 있는 사례를 보니 리더십을 충분히 발휘한 것 같은데?", "이 사람이 낮은 점수를 받은 이유는 뭘까?" 회의 참석자들은 이런 식의 대화를 주고받으며 평가 결과를 조정하거나 변경한다.

인사 평가가 100퍼센트 객관적이고 공정하게 이뤄질 수는 없다. 그러나 아마존에서는 이처럼 다양한 이해관계자의 의견과 명확한 기준을 바탕으로 평가하기 때문에 다른 곳에 비해 훨씬 높은 수준의 객관성과 공정성을 확보했다고 할 수 있다.

예를 들어, 능력도 없고 존경받지도 못하는 상사가 부하 직원을 지극히 주관적이고 부당하게 평가했다고 가정해 보자. 아마존에서는 그것으로 끝이 아니다. 부하 직원 역시 상사를 평가할 수도 있고 주변 사람들로부터 360도 평가를 받기 때문에 결국 상사의 상사는 상대적으로 객관성을 띤 자료를 확보할 수 있다. 결국, 무능한 상사는 자연 도태될 수밖에 없다.

'어떻게 그렇게 무능력한 사람이 나보다 높은 자리에 있을 수 있지?', '그런 형편없는 인간은 절대로 상사로 모시면 안 돼' 직장인들은 보통 술자리에서 능력 없고 존경받지도 못하는 상사가 오래도록 조직에서 버티고 있는 현실을 개탄하곤 한다. 그러나 평가 시즌마다 자정 작용이 일어나는 아마존에서는 이런 걱정을 할 필요가 없다.

내 경험 하나를 소개해 보겠다. 직속 부하 중에 능력이 출중하고 늘 좋은 평가를 받는 친구가 있었는데, 그에 관한 360도 피드백 내용을 읽다가 조금 이상한 점을 발견했다. '자신의 권력을 이용해서 약자를 괴롭힌다'는 평가를 받은 것이다. 겉으로는 다른 사람들과의 관계가 원만해 보였지만 그것이 전부는 아니었던 셈이다. 이를 통해 나는 그 친구에 대한 시각을 조금 달리 가지기 시작했고, 같은 일이 재발하지 않도록 틈틈이 지도했다.

본인의 360도 피드백 결과를 보면, 나에게 아직 부족한 점은 무엇이며 사람들이 어떤 부분을 좋게 평가해 주는지를 쉽게 이해할 수 있다. 나의 강점과 약점을 객관적으로 바라볼 수 있기 때문에 리더십을 보완하는 일에 많은 도움이 됐다.

조금 주제에서 벗어난 이야기일 수는 있으나, 평가라는 것은 원래 100퍼센트 공정하게 이뤄질 수 없다. 이와 관련해서 내가 부하 직원들에게 들려준 이야기가 있다. 여기서는 다른 부서로 이동할 때 그들에게 전달한 4개의 메시지 중 한 가지를 소개하고자 한다.

마지막 메시지

다들 노고가 많습니다.

제가 보낸 ①번, ②번 메시지를 보시고 몇 분이 이메일과 구두로 의견을 말씀해 주셨습니다. 저의 메시지가 어떤 일에 대해 생각해 볼 수 있는 계기가 된 것 같아서 기쁩니다. 몇몇 분들과 이야기 나누는 과정에서 공통된 고민거리가 있다는 것을 알게 되었습니다. 저는 '불공정성'과 '커리어'라는 두 가지 관점에서 지극히 개인적인 의견을 몇 자 적어볼까 합니다. 회사의 공식적인 입장과는 거리가 먼 이야기이니 그저 참고만 해 주셨으면 합니다.

여러분. 여러분이 보시기에는 이 세상에서, 비즈니스 세계에서, 그리고 자신의 삶에서 일어나는 일이 늘 공정하고 공평하기만 하던가요? 불합리한 일, 불공평하다고 느껴지는 일이 간혹, 또는 매일 일어나고 있지는 않은가요? 그 이유는 무엇일까요?

서로 다른 가치관을 가진 사람들이 모여 집단을, 팀을, 회사를, 그리고 시장과 사회를 이루고 있기 때문이며 가치관이 다르면 같은 현상을 두고도 서로 다르게 해석할 수밖에 없기 때문입니다. 이런 까닭에 무엇인가 불공정하다고 느끼는 사람은 늘 있게 마련이죠.

다시 말해 어떤 것에 대해 내려진 결정을 보고 모든 사람이 공정하다고 느끼기란 사실상 불가능하다는 겁니다. 나와 생각이 다른 사람들과 오랫동안 함께 지내다 보면 어느새 이해의 폭이 넓어지고 오해도 풀릴 테지요. 하지만 단기적으로는 불공정한 것두성이로 보이기 쉽습니다. 예를 들어, 이론적으로 봤을 때 자신이 옳다고 생각되는 것이 전혀 받아들여지지 않는다든지, 눈코 뜰 새 없이 바쁜 와중에 새로운 업무 지시를 받는다든지, 상사가 잘못된 판단을 내리고 있는 것 같다든지 이러한 느낌을 받을 때마다 정말 이건 아니라는 생각이 들겁니다.

인사 평가 시즌에도 마찬가지일 것입니다. 리더십 원칙이라는 뼈대가 급격히 성장하는 아마존의 비즈니스와 조직을 떠받치고 있다는 것은 알겠으나, 이를 척도로 삼아 업무 수행 평가를 내린다는 것에 대해서는 납득하지 못하겠다고 하는 분들이 있습니다. 또한, 빠르게 성장하는 조직을 지탱할 목적으로 다른 회사보다 빠른 속도로 인재를 육성하고 승진시키는 것에 대해 좋지 않은 시선으로 바라보는 분들도 있습니다.

아무리 100퍼센트 공정한 인사 시스템을 지향한다고 해도 조금은 다른 시선에서 바라보는 사람들이 있게 마련입니다. '왜 하필 저 사람이 승진한 걸까', '왜 나는 좋은 평가를 받지 못한 걸까'라고 말입니다.

주변에서 일어나는 온갖 불공평한 일에만 신경 쓰기보다는, 자기 자신의 실력을 냉정히 분석하고 성장 과정 중 현재 어느 위치에 서 있는지 살펴보는 노력도 게을리하지 말기 바랍니다. 주변 사람들에게 자극을 받고 이를 바탕으로 새로운 성장 에너지를 얻는 것 또한 중요한 일인 만큼, 생각만 하지 말고 곧바로 행동으로 옮기세요. 다른 사람들의 행동에 줏대 없이 흔들리지 않고 자신을 객관적으로 바라보며, 본인만의 속도로 한 걸음 한 걸음 앞으로 나아가는 것도 바람직한 방법입니다.

지금 당장은 불공정하다고 생각되는 것도 결국에는 올바른 길을 찾아갈 것입니다. 그리고 자신에게 찾아온 기회를 기민하게 포착하고, 본인의 모든 에너지를 써서라도 그것을 반드시 여러분의 것으로 만들기 바랍니다. 여기서 말하는 기회라는 것이 구체적으로 무엇인지에 대해서는 여러분 자신이 누구보다 잘 알고 있을 것입니다.

조직에는 다양한 관점과 성향을 가진 사람들이 모일수록 바람직하다고 봅니다. 다만, 만약 그 안에서 공정하지 못한 일이 벌어지거든 생각만 하지 말고 반드시 행동하라고 말씀드리고 싶습니다. 물론 여러분이 이미 잘하고 계시리라 믿지만, 노파심에 드리는 말씀입니다.

여러분이 앞으로 어떤 모습으로 발전해 나갈지 무척 기대됩니다. 멀리서라도 항상 응원하겠습니다.

업무를 책임감 있게 수행하는
관리자급 인재는 늘 부족하다

조직 관리자에게는 'Hire and Develop the Best'를 이행해야 할 막중한 책임이 있다. 우수한 인재를 몇 명이나 채용했으며, 몇 명의 부하 직원을 승진시켰는지가 중요한 평가 기준이라는 것은 앞에서 설명한 대로다.

승진 여부를 결정하는 기준은 매우 명확히 설정돼 있으며 전 세계 아마존에서 동일하게 적용된다.

인사 평가의 가장 마지막 단계에서는 총점을 기준으로 상대 평가를 진행하며, 결과는 '상(Top)', '중(Middle)', '하(Low)'로 구분된다. 승진 대상자는 '상'을 받은 직원 중에서 선정한다.

매니저급 이상의 직원을 승진시키려면, 직속 상사가 임원 회의에서 해당 직원의 승진 필요성을 공식적으로 제안하고 심사를 받아야 한다. 신청 서류에 아마존 입사 전후의 경험, 승진해야 하는 이유, 리더십 원칙의 실천 여부와 리더십을 통해 확보한 정량적 성과 등에 대하여 자세히 기재해야 한다. 작성양식이 마련돼 있기는 하지만 거의 자유 서술 형식에 가깝다.

이뿐만 아니라 승진 대상자보다 직급이 높은 사람에 한해 해당 직원의 승진을 찬성하는 사람들의 피드백이 매우 중요하다. 직속 상사는 업무상 관계있는 사람들에게 왜 이 사람을 승진시켜야 하는지에 대해 상세히 기술하도록 요청해야 한다.

피드백 문서는 상당한 정성을 들여 작성해야 하는 것이기 때문에, 작성을 요청하는 것 자체도 많은 노력이 필요한 일이다. 그리고 모든 내용을 영어로 작성하고 발표해야 하기에 상사의 역량 또한 자연스레 평가받게 된다. 직속 상사 입장에서는 다수의 부하 직원을 승진시킬수록 본인도 좋은 평가를 받기 때문에 승진을 추천하는 프레젠테이션 자리는 임원 앞에서 자신을 어필할 수 있는 기회의 장이기도 하다.

승진 여부는 철저히 당사자가 가진 실력을 보고 결정한다. 당연한 이야기이지만 근속 연수가 많다고 해서 지위가 올라가지는 않는다. 조금 다른 관점에서 말하자면, 직속 상사가 승진 심사 서류를 작성하는 데 서투르거나 프레젠테이션 과정에서 임원의 질문에 제대로 답변하지 못한다면 부하 직원이 아무리 실력을 갖췄다고 하더라도 빛을 보지 못할 수도 있다.

한편, 탁월한 성과를 거두고 승진까지 했지만 한 단계 상향된 직급에서 요구하는 평가 기준을 충족하지 못해 '하' 등급을 받는 경우도 있다. 당사자에게는 상당히 고통스러운 일이겠지만 이러한 이유로 아마존에는 우수한 인재가 많고, 이들이 본인 못지않은 우수한 젊은 인재를 지속적으로 등용하는 선순환 구조를 이루고 있다.

사람들을 그렇게 빨리 승진시키면 관리자가 필요 이상으로 넘쳐나게 될 거라고 생각하는 사람도 있을 것이다. 그러나 아마존에서는 큰 문제가 되지 않는다. 워낙 성장 속도가 빠르기 때문에 책임감 있게 업무를 추진할 관리자가 늘 부족하기 때문이다. 따라서 승진할 기회는 사내 어디에나 널려있다고 해도 과언이 아니다.

직급이 올라갈수록 미국 본사와 직접 소통해야 할 일이 늘어나고, 함께 일하며 높은 수준의 성과를 거두기도 해야 한다. 시니어 매니저, 디렉터, 바이스 프레지던트급 인재를 외부에서 영입하는 경우도 많은데, 아무리 예전 직장에서 탁월한 성과를 냈어도 아마존의 기업 문화에 적응하지 못하고 성과도 내지 못하여 금세 회사를 떠나는 사람이 상당수다. 이는 결코 아마존에서 성장한 사람들이 외부에서 온 사람들보다 우수하다는 뜻이 아니다. 아마존이 요구하는 리더십 스타일에 적응하지 못하는 사람들도 있다는 것이다.

아마존이 안고 있는 조직 측면의 위험성

아마존에는 'Span of control(통제 범위)'이라는 개념이 있어서 각 관리자별로 최소한의 관리 범위를 정하고 있다. 보통 부하 직원이 3명 이상 존재하는 경우에만 관리자라는 직함을 붙인다. 'Manager of Managers', 즉 매니저의 상사인 '시니어 매니저' 이상의 직급이 되려면 부하 직원이 최소 6명 이상이어야 한다. 관리해야 하는 사업의 복잡성 정도를 부하 직원 수를 바탕으로 판단하는 것이다. 한편, 매니저란 일본 내 기업의 '과장'만을 지칭하지 않고 모든 관리자를 의미한다.

매니저가 관리할 수 있는 비즈니스와 조직의 규모, 업무 범위, 복잡성에는 과연 한계가 있을까? 나는 인간의 관리 능력에는 분명한 한계가 있다고 본다. 하드라인 사업본부를 이끌던 시절에는 14명의 직속 부하 직원이 있었다. 그들 대부분이 사업부장이었고 그 밑에서 수백 명의 직원이 근무했다. 나로서는 도저히 통제할 수 없을 정도의 규모였다. 예를 들어, 부하 직원과 1 on 1을 매주 한 번씩만 진행해도 적게는 7시간, 많게는 14시간이나 소요되었다.

한 사람이 관리할 수 있는 조직의 규모는 내 경험으로 봤을 때 부하 직원 6명 정도, 다시 말해 6개의 기능 정도인 것 같다. 아마존에서 이야기하는 'Manager of Managers'는 한 사람이 커버할 수 있는 범위를 의미한다. 직속 부하 직원 6명이 각각 3명의 부하 직원을 두고 있다면 조직의 전체 인원은 18명이다. 그 아래에 부하 직원을 계속 붙이면 조직 규모는 한없이 불어나게 되겠지만, 내 경험에 비춰봤을 때 실질적으로 통제 가능한 범위는 자기 아래로 두 단계까지다.

매니저 아래에 조직이 세 단계 이상 존재하는 경우에는 부하 직원에게 권한을 위임해야만 조직 내 정보 공유와 의사 결정이 지연되는 사태를 방지할 수 있다.

따라서 사업을 확대해 나가는 과정에서 새로운 기능이 필요하면 팀을 나누고 새로운 매니저를 등용하며, 새로운 기능을 책임감 있게 운영할 수 있도록 매니저에게 재량권을 부여해야 한다. 이것이 바로 조직을 디자인할 때 반드시 염두에

뒤야 할 기본 원칙이다.

오늘날 조직을 수평적으로 운영하는 것이 여러모로 바람직하다고는 하지만, 사업의 규모에 따라서는 조직 구조가 수직적으로 길게 늘어나는 경우도 있다. 이런 경우에는 중요한 정보가 조직 내 어느 한쪽에 정체되는 일이 없도록 여러 부문을 수평적으로 관통하는 부문 간 소통 구조를 구축해야 한다.

새로운 기능이 필요할 때마다 이를 전담할 조직을 별도로 분리하는 것은 매니저의 욕망과는 상충되기 마련이다. 왜일까? 매니저는 자신이 이끄는 조직의 매출 규모가 커질수록, 그리고 업무 범위가 늘어날수록 자부심을 갖게 되기 때문이다. 이런 까닭에 조직을 기능 관점에서 구축하고 정비하는 것보다 자신의 책임 범위를 확대하고 조직의 규모를 크게 늘리려고 한다. 이들은 리더십을 발휘한다는 명목 아래 수많은 직원들을 자신의 통제권 아래에 두려고 애를 쓴다. 바로 이 지점에 함정이 도사리고 있다.

자신의 존재감을 한껏 드러내려고 욕심부리는 매니저들은 내 사람을 남에게 빼앗기지 않으려고 방어적인 자세를 취한다. 남에게 자신의 실력을 인정받고 싶어서, 더 강력한 집단을 만들고 싶고 또 그렇게 보이고 싶어서, 조직을 감싸고돌기 시작한다. 더 심해지면 부서 이기주의나 할거주의(Sectionalism, 파벌 만들기를 일삼거나 자기 파벌의 이익만을 고집하여 배타적으로 행동하는 경향)로 발전하고 만다.

나 또한 이러한 현상을 경험한 적이 있다. 하드라인 사업본부를 총괄하던 시절, 팀을 만들고 조직 문화를 그 안에 심는 과정에서 성취감을 느꼈다. 이후 셀러 서비스 사업본부로 이동하고 나서는 조직의 크기와 사업 규모에 자부심을 느낀 나머지, 나 자신을 남들에게 뽐내고 싶은 욕심이 가슴 한구석에서 싹을 틔웠다.

얼마 지나지 않아 마음을 추스른 후에 나는 스스로에게 이런 질문을 던져보았다. 지금 내가 생각하고 있는 것들이 과연 회사에 가치 있는 일일까? 다른 부문과 함께 시너지를 내는 데 도움이 되는 것일까? 혹시 내가 이끄는 부서만을 위한 행동은 아닐까? 언제나 남들에게 최고라고 인정받고 싶고 되도록 많은 사람을 나의 통제권 안에 두고 싶었지만, 이와 같은 사고방식이 때로는 성장을 가로막는 암초가 될 수 있음을 깨달았다.

빠른 속도로 성장하는 기업에는 그만큼 필요한 기능 또한 빠르게 늘어나지만, 이를 효율적으로 관리하고 운영하기 위해서는 반드시 별도의 전담 조직을 두어야 한다고 생각한다. 반드시 그렇게 해야 기업도 계속해서 성장할 수 있다.

이 세상에 완벽한 회사나 조직은 없다. 아마존 또한 조직 측면에서 어느 정도의 위험성을 안고 있다. 다만 매니저들이 아무리 자신을 드러내려는 욕구를 가졌어도, 그리고 할거주의가 움트려다가도 다시금 질서를 잡아가고 있는 이유는 고객 중심주의를 중심축으로 하는 '리더십 원칙'이 아마조니언들 사이에서 강력히 작용하고 있기 때문이다.

제프 베조스의 연봉

아마존이 직원들에게 지급하는 보수는 크게 기본급과 'RSU$^{Restricted\ Stock\ Units}$'라고 하는 양도제한조건부주식 보수로 나뉜다. 탁월한 성과를 냈거나 성장 가능성이 크다는 평가를 받은 직원들에게는 단순히 기본급만 인상하는 것이 아니라, 2~4년에 걸쳐 아마존닷컴 주식을 지급한다. 중간에 퇴직하면 주식 지급도 바로 중단되지만 2~4년 동안 근무하면 약속한 만큼 지급한다.

이는 우수한 직원을 회사에 붙잡아 두기 위한 정책, 'Retention plan'이다. 자기 연봉의 몇 배에 달하는 RSU를 받는 직원도 있다. 아마존의 주가 흐름을 보면 그동안 어느 정도의 등락은 있었지만, 전체적으로는 상승 기조를 유지해 왔다. 이런 까닭에 RSU는 직원들이 부를 축적하는 데 크게 이바지해 왔다.

흥미로운 이야기를 한 가지 소개하자면, 미국 증권거래위원회가 2019년에 작성한 자료[53]에는 아마존의 주요 임원이 2018년에 수령한 급여액과 주식평가액이 표기되어 있다.

이름	급여	주식	합계
제프 베조스[Jeffrey Bezos], CEO	$81,840	$1,600,000	$1,681,840
브라이언 올사브스키[Brian Olsavsky], 시니어 바이스 프레지던트 겸 CFO[Chief Financial Officer]	$160,000	$6,770,149	$6,933,349
제프리 블랙번[Jeffrey Blackburn], 사업 개발 분야 시니어 바이스 프레지던트	$175,000	$10,221,162	$10,399,662
앤드류 재시[Andrew Jassy], AWS의 CEO	$175,000	$19,466,434	$19,732,666
제프리 윌키[Jeffrey Wilke], 소매 분야 CEO	$175,000	$19,466,434	$19,722,047

앤드류 재시와 제프리 윌키가 수령한 보수 총액이 약 1,900만 달러를 넘는다는 사실이 특히 놀랍다. (2021년 2월, 제프 베조스는 아마존의 CEO직을 내려놓고 앞으로는 자신이 설립한 우주 탐사 기업인 블루오리진[Blue Origin]을 이끌 것이라 공식 선언했다. 이후 AWS를 이끌었던 앤드류 재시가 아마존의 후임 CEO로 내정되었다.)

제6장

still Day One:
'언제나 첫날' 정신

강력하면서도 정교한 기업 거버넌스와 문화

지금까지 아마존의 비즈니스 모델 및 인재 개발에 관한 철학과 정책에 대해 알아보았다. 이 모든 것은 '성장을 위한 메커니즘'이라는 표현으로 집약될 수 있다.

그렇다면, 이처럼 엄격하면서도 치밀하게 설계된 메커니즘을 흔들림 없이 실천해 올 수 있었던 비결은 무엇일까?

한 가지 이유는 제프 베조스가 플라이휠로 표현한 고객 중심주의 기반의 비즈니스 모델을 실행하고 발전시켜 나가겠다는 심플하고 명확한 목표에서 찾을 수 있다. 그리고 목표 달성 방안을 구체화하고 실행에 옮길 인재를 채용 및 육성하는 체계가 잘 잡혀 있다는 점, 이제부터 설명할 기업 문화가 조직 내에 다양한 모습으로 형성돼 있고 성숙도가 높다는 점을 주된 이유로 꼽을 수 있다.

이번 장에서는 아마존의 기업 문화를 형성하는 요소가 무엇인지 자세히 살펴볼 것이다. 그중 마음에 드는 내용은 독자 여러분이 속한 조직에도 손쉽게 적용해 볼 수 있도록 사례를 중심으로 소개해 보려고 한다.

각 사업부에 배치된 '파이낸스 파트너'

'거버넌스'란 '통치' 및 '지배 구조' 정도로 해석할 수 있다. 단어 자체는 딱딱한 느낌이 들 수 있으나, 일본 내 기업들 사이에서도 거버넌스를 중시하는 분위기가 폭넓게 형성돼 있다.

아마존의 기업 거버넌스는 상당히 수준이 높다. 이를 방증하는 몇 가지 특징을 살펴보자.

우선, 각 사업부에는 '파이낸스 파트너'Finance Partner'라고 하는 재무 담당자가 배치돼 있다. 나는 여러 사업본부장을 역임했지만 어느 곳에 가든 해당 조직을 전담하는 파이낸스 파트너가 한 명 이상은 꼭 있었다. 그러나 그들은 내 부하 직원이 아니었고 별도로 분리되어 있는 파이낸스 부문에 직접 보고해야 했다.

보통 '파이낸스(재무)'라고 하면 자금 조달, 경비 처리, 현금 흐름 관리 업무 등을 떠올리기 쉽지만 실제로 그들이 하는 일은 이것과 무관하다. 기업 재무 활동으로서, 담당 사업부에서 진행 중인 다양한 프로젝트와 관련한 목표 달성 현황 관리, 감사 업무를 포함한 예산 및 실적 관리, 신규 프로젝트를 포함한 다음 연도 예산의 수치적 실효성 검증 업무 등을 수행한다.

매출액과 영업 이익 같은 아웃풋뿐만 아니라 인풋에 대해 정량적으로 분석하고 프로젝트의 진척 현황, 위험과 기회 요소 등을 파악하여 각 사업의 책임자에게 제언한다. 그리고 이와 동시에 파이낸스 부문에도 상세히 보고한다.

책임자 입장에서는 파이낸스 파트너의 이러한 활동 때문에 '그 어떤 것도 숨길 수 없는' 알몸 상태인 기분이 들기도 한다. 하지만 이와 같은 메커니즘 덕분에 그만큼 위험과 기회 요소를 빠르게 식별할 수 있고, 사태가 걷잡을 수 없이 커진 다음에야 문제를 발견하는 불상사를 최소화할 수 있다.

파이낸스 파트너들은 오롯이 수치적인 관점에서 판단하여 사업 책임자에게 초기 계획을 변경하거나 아예 중단할 것을 권고하기도 한다. 그렇다고 해서 이들이 업무에 방해가 되는 존재라고 생각해 본 적은 없다. 그도 그럴 것이, 그들은 사업부를 운영하는 과정에서 발생하는 다양한 데이터에 대해 거의 완벽하게 파악하고 있기 때문이다.

새로운 프로젝트를 기획할 때 '이런 데이터가 필요해요'라고 하면, 말을 하기가 무섭게 관련 자료를 분석해서 필요한 데이터를 척척 내놓는다. 그리고 다양한 형태의 정량적 분석을 통해 의사 결정 과정을 직접적으로 지원하기도 한다. 이들은 데이터 분석과 관련한 전문성을 바탕으로 말 그대로 사업의 파트너가 되어주는 너무나도 소중한 존재다.

피라미드형 위계 조직과 '에스컬레이션' 시스템

직급 체계가 전 세계 어느 곳에서든 동일하고 권한과 집행 가능한 예산의 규모도 직급별로 명확하게 설정되어 있다는 점 역시 거버넌스를 높은 수준으로 유지할 수 있는 이유다. 조직의 전반적인 분위기는 수평적이지만 위계 구조 자체는 피라미드형으로 짜여 있다.

예컨대, 업무를 신속하게 처리해야 하는 경우에는 직속 상사보다 더 높은 위치에 있는 관리자의 지시를 직접 받는 '에스컬레이션Escalation'을 활용하기도 한다.

나의 마지막 직급은 레벨 8인 디렉터였다. 한번은 내 부하 직원인 레벨 7의 시니어 매니저가 프로젝트를 진행하는 과정에서 관계 부서의 시니어 매니저에게 도움을 요청했지만, 해당 부서 내부의 업무 우선순위 때문에 신속하게 대응해 주지 않았던 적이 있다. 때로는 프로젝트를 진행하는 데 필요한 예산과 인력 규모가 시니어 매니저의 권한으로는 결정할 수 없을 정도로 큰 탓에 더 강력한 권한을 가진 나에게 도움을 요청한 적도 있다.

내가 보기에 되도록 신속하게 진행해야 하는 사안인 경우에는, 관계 부서의 시니어 매니저보다 위에 있는 레벨 8과 10의 책임자에게 직접 지원을 요청했다. 직급별로 권한이 명확하게 정의되어 있고 전 세계 어느 아마존에 가더라도 동일하게 적용되기 때문에, 에스컬레이션은 국내를 넘어 바다를 넘나들더라도 아무런 문제 없이 잘 작동한다.

일본 기업의 경우 본사에서 근무하는 과장의 지위가 해외 지사에서 일하는 부장보다 높은 상황도 종종 벌어지지만, 아마존의 직급 체계는 전 세계 공통이다. 앞서 본 14개의 리더십 원칙 중 'Disagree and Commit'로 표현되는 문화가 회사 내에 널리 퍼져있기에 토론할 때는 직급의 높고 낮음을 막론하고 치열하게 의견을 주고받지만, 한번 결정한 일에 대해서는 미국 본사의 레벨 7인 직원도 레벨 8인 나의 지시에 무조건 따를 수밖에 없다.

사내에서 동시에 진행되는 다수의 프로젝트를 전반적으로 관리할 수 있는 체계도 확립돼 있다. 여기서 핵심이 되는 것은 기본적인 '회의체'인 정례회의다. 부문별로 매주, 혹은 특정 요일과 시간에 정기적으로 회의를 진행한다. 회의체의 명칭은 타사에서도 흔히 볼 수 있는 'Weekly Business Review(통칭 WBR)'다.

예를 들어 내 지휘 하에 각 부분이 추진 중인 프로젝트에 대해서는 되도록 권한을 위임하고 있지만, 정례회의에서는 내가 직접 보고를 받고 자세히 살펴보며 그 자리에서 결정을 내린다. 이를 통해 조직 내에서 진행되고 있는 여러 프로젝트의 상황을 효율적으로 파악할 수 있다. 정례회의 참석자들은 나에게 '결재 권한'이 있다는 사실을 잘 알고 있기 때문에 중요한 정보가 한데 모일 수밖에 없다. 덕분에 나는 업무의 우선순위를 결정하고 자원을 적절하게 배분할 수 있다.

한편, 나는 매주 WBR에서 다뤄진 중요한 항목을 미국 본사에 보고하며 나의 권한 범위를 뛰어넘는 사안에 대해서 결재를 요청했다. 결과적으로 중요한 정보가 미국 본사에 집약되어, 마찬가지로 글로벌 차원에서의 업무 우선순위 결정과 효율적인 자원 배분이 가능하다.

 IT 시스템 개발과 관련한 권한을 미국 본사에 집중시키기로 한 것도 전 세계 공통의 서비스를 확립하기 위해 거버넌스 관점에서 고민한 결과다.

 프로그래밍 업무를 수행하는 엔지니어링팀은 미국과 인도를 비롯한 세계 각국에 흩어져 있지만, 실질적으로는 미국 본사가 모든 팀을 통제하고 있다. 예컨대 아마존 재팬에서 포인트 제도의 도입을 결정했더라도 반드시 미국 본사의 승인을 받은 후 필요한 예산을 할당받아야 한다. 때문에 각국에 있는 거점 법인이 독자적으로 시스템을 도입할 수 없다.

 생각보다 진출한 국가가 많지 않지만, 어쨌든 16개국에서 공통된 비즈니스 모델을 전개하고 있는 것이 아마존이다. 만약 각국의 실무자가 자기들 마음대로 시스템을 개발하고 오픈하도록 허용했다면 갈라파고스화가 진전됐을 테고 시너지 효과도 기대할 수 없었을 것이다.

 세계 공통의 서비스를 기획하고 완성도를 높여 나가기 위해 시스템 개발 여부에 관한 결정 권한을 한 곳에 집중시킨 것은 매우 현명한 처사였다. 신규 프로젝트 추진안과 다음 연도 예산안에 대한 승인을 받고 개발에 필요한 리소스를 할당받는 것은 각 사업부 책임자의 입장에서 매우 중요한 일이다. 상위 권한을 가진 사람을 움직이려면 철저한 조사와 계획 수립이 요구되며, 제안서 또한 설득력 있는 구성과 내용으로 채워야 한다.

수백 개에 달하는 '아마존 용어'

리더십 원칙이 심플한 단어로 구성된 것도 거버넌스의 효과성을 키우는 데 기여했다. 'Customer Obsession'과 'Dive Deep' 같은 각 항목이 국경을 초월해서 전 세계 모든 아마조니언이 공용어처럼 사용하고 있다.

모든 직원이 리더십 원칙을 철저히 몸에 익히고 있다 보니 예컨대 누군가가 'Bias for Action'이라고 말하면 모두들 '필요한 건 속도'라는 뜻으로 즉시 이해할 뿐 아니라, '충분히 예견된 리스크라면 적극적으로 감수해야 한다'라는 부연 설명까지 머릿속에 떠올린다.

리더십 원칙에 수록된 단어 외에도 아마조니언이 일상생활에서 즐겨 사용하는 특수한 단어와 약어가 있다. '아마존 용어'라고 부르는 이것은 수백 가지에 달한다.

예를 들어 'CRAP(크랩)'이란 'Can't Realize a Profit'의 약자로, '이익을 내지 못하는 상품'이라는 뜻이다. 아마존은 이러한 공용어를 자주 사용하도록 장려하여 국경과 직급을 초월한 내부 결속, 소통 효율 개선, 생산성 향상을 도모하고 있다.

아마존의 비즈니스 모델은 구조적으로 박리다매의 형태를 띠고 있으며, 'Deliver Results'가 강조하는 결과는 매출액과 영업 이익이 아니라 비즈니스 모델의 성장을 견인하는 '인풋'이라는 사실은 앞에서 충분히 설명했다. 물론, 경영진은 이익률 등 정량적인 지표 역시 매우 꼼꼼하게 챙긴다. 예를 들어,

월별 이익률이 지난달에 비해 0.2퍼센트 정도만 감소해도 원인과 대책이 무엇인지 철저히 따져 묻는다.

내가 갓 입사했던 당시만 하더라도 벤처 기업의 느낌이 강하게 묻어났었다. 해마다 몇 배에 달하는 성장을 구가하는 상황에서도 가전제품 관련 사업이 이익을 내지 못하자, 미국 본사 임원은 총괄 책임자였던 나와 화상 회의를 하다가 갑자기 카메라를 향해 볼펜을 집어던지기도 했다. 마치 슬로 모션처럼 볼펜이 이쪽 화면을 향해 날아오던 그 순간이 아직도 기억 속에서 생생하다. 우리가 작성한 사업계획서를 읽어보고는 "이따위를 보고서라고 쓴 거야?"라고 고성을 지르며 바닥에 내팽개친 적도 많았다.

아마존도 처음부터 우등생은 아니었다. 이와 같은 암흑의 시대를 지나 현재는 관련 규정을 철저히 준수하는 기업으로 변모했다. 이제 더 이상 고압적으로 행동하는 상사는 없으며, 특히 위로 올라갈수록 냉철하면서도 논리적인 자세로 부하 직원들을 대하고 있다. 그리고 아마존에서도 직급이 낮은 직원과 높은 직원이 접하는 정보의 양과 질에는 차이가 있고, 그에 따라 각자의 눈에 다른 풍경이 보일 수밖에 없다.

물론, 전 직원이 동일한 정보를 가지고 있다고 해도 문제될 것은 없다. 어차피 경영진은 본인들의 역할 상 같은 정보를 접하더라도 심각하게 들여다봐야 하고, 일반 직원들도 평소에 어느 정도 위기감을 가지고 일하는 것이 필요하기 때문이다. 여기서 중요한 것은 어떠한 상황에 처하더라도 고객 중심주의를 이뤄내도록 경영진이 회사를 제대로 이끄는 일이다.

어디까지나 개인적인 견해이지만, 과거 식민지였으나 독립을 쟁취했고 그 이후 여러 식민지와 점령지를 통치했던 미국이라는 나라는 그만큼 통치에 관한 탁월한 철학과 기술을 보유하고 있는 것 같다. 그들은 명확하면서도 시원시원하게 명령과 지시를 내리며, 어떤 경우에는 사람의 온정이라고는 전혀 느낄 수 없을 만큼 냉혹한 자세를 유지하기도 한다.

이와 같은 미국 본사를 중심으로 한 강력하고 정교한 거버넌스 체계는 아마존이 글로벌 기업으로 약진하는 데 필요한 토대를 제공했다.

한편, 이따금 지난날의 내 모습을 돌아보게 되기도 한다. 어떤 상황에서든 남들 앞에서 상냥하고 겸손하게 행동해야 한다는, 이른바 일본 특유의 미의식을 앞세웠던 것 같다. 예를 들어, 해외 법인을 이끌던 시절에도 결코 독해지지 못하고 현지의 사정을 필요 이상으로 존중해줬다. 그리고 지나친 배려는 결국 리더십을 펼쳐나가는 데 걸림돌이 되고 말았다. 신속하고 정확한 결단이 필요할 때 머뭇거리고 우물쭈물하게 된 것이다. 새로 인수한 프랑스 기업을 재건해야 했던 전 직장에서도 마찬가지였다. 누가 보더라도 무너지기 일보 직전인 회사였지만 현지의 사정을 너무 봐준 탓에 청산해야 하는 적절한 타이밍을 놓쳤고, 결국 불필요한 손실만 떠안고 말았다. 앞으로 나에게 이와 비슷한 상황과 역할이 주어진다면 아마존에서 배운 것들을 마음껏 펼쳐 보이고 싶다.

Every day is still Day One - 매일을 첫날처럼

아마조니언들이 입버릇처럼 사용하는 대표적인 아마존 용어 중에 'Every day is still Day One'이라는 것이 있다. '매일을 첫날처럼'이라는 의미이지만, '초심을 잃지 말라'라는 뜻도 함축하고 있다. 아마존 재팬 웹 사이트의 기업 소개 페이지[54]에는 베조스가 이러한 이념을 내건 이유가 무엇인지 설명돼 있다.

"아마존은 1995년, 아주 작은 사무실에서 태어났습니다. 월드와이드웹(인터넷)에 무한한 가능성이 있음을 굳게 믿은 창업자 겸 CEO인 제프 베조스가 그 어떤 기반도 없이 설립한 것입니다. 당시 '온라인 전용 쇼핑몰'이 성공할 것이라고 믿는 사람이 거의 없었던 점을 생각하면 이는 너무나도 도전적인 일이었다고 할 수 있습니다. 아마존에서는 매일이 항상 '첫날'이라고 생각합니다. 처음으로 한 발자국 앞으로 내딛은 날. 새로운 도전 과제를 가슴에 품은 날. 오늘은 여러분에게 'Day One'입니다. 사업을 멋지게 키워나가리라고 마음먹고 여러분이 가지고 있는 아이디어를 눈에 보이는 형태로 만들어낸 첫날. 매일이 'Day One'이라는 사고방식은 아마존을 든든히 떠받치는 버팀목이자 자극제입니다."

베조스는 2018년 무려 20억 달러라는 막대한 개인 재산을 들여 저소득층의 교육을 지원하는 자선 펀드를 조성했는데, 여기에 '베조스 데이 원 펀드Bezos Day one Fund'라는 이름을 붙였다. 아마존은 회사가 급격히 성장하자 워싱턴주 시애틀 도심 인근 지역인 사우스 레이크 유니언^{South Lake Union} 부근으로 본사 캠퍼스를 확장 이전했는데, 이때 그는 꼭대기 층에 본인의 집무실이 위치한 건물의 이름을 'Day One'으로 지었다. 원래는 다른 건물에 붙였던 이름이었지만, 베조스가 집무실을 다른 곳으로 옮길 때 이 건물의 이름을 'still Day One'으로 변경했다.

앞에서 설명한 것처럼, 2011년부터 2013년경 회사가 빠른 속노로 성장하기 시작하자 베조스는 'Social Cohesion(소셜 코히전)'이라는 단어를 수시로 언급했다. 직역하면 '사회적 결속', '일체성' 정도가 될 텐데, 뉘앙스로 봤을 때 '공과 사를 구분하지 못하는 상태', '패거리를 이루는 것'이라고 해석하는 것이 더 적당해 보인다.

회사가 빠르게 성장하면서 사업의 범위와 규모가 확대됐고 직원 수도 급격히 증가했다. 베조스는 직원들이 벤처 기업이던 시절의 위기감과 속도감을 상실한 채, '여기에 있는 한, 마음 편히 살 수 있을 것'이라는 안도감과 '굳이 내가, 굳이 지금 하지 않아도 된다'라는 안일함을 느낄 것을 우려하여 일침을 가한 것이다.

당시 소셜 코히전이라는 표현은 눈 깜짝할 사이에 조직 전체로 퍼져 나갔고, 회의할 때에도 상대방이 적당히 타협하려는 모습을 보이면 "지금 그 행동은 소셜 코히전에 해당하는 거야"라고 지적할 정도로 일상에서 널리 사용됐다.

베조스는 매년 결산보고서와 함께 주주를 대상으로 한 서한을 발표한다. 그는 언제나 'still Day One'의 마음가짐을 유지하기 위해 항상 고객을 의식하고 성과를 내는 데 최선을 나하며, 신속히 의사 결정할 것임을 1997년부터 오늘날까지 매년 주주 서한을 통해 약속하고 있다.

2016년도 주주 서한에서는 처음부터 'Day 2 is stasis', 즉 'Day 2는 정체 상태를 의미한다'고 밝히고 있다. 주주 서한 전문을 이 책 맨 뒷부분에 수록했으니 한번 읽어보길 바란다. 내용을 요약해 보면 다음과 같다.

〔제프 베조스가 말하는 Day 2의 의미〕

· Day 2에 머물러 있으면 뼈아픈 쇠락을 경험하다 결국에는 죽음에 이르게 된다. 이것이 바로 늘 Day One의 마음으로 고객을 맞이해야 할 이유다. 쇠락은 매우 느린 속도로 부지불식간에 찾아온다. 대기업의 경우 Day 2 상태가 수십 년 간 계속될 가능성도 있지만, 그사이 어떤 혁신을 꾀하지 않는 한 그 누구도 최후의 시간을 피할 수는 없다.

· 그렇다면 어떻게 해야 Day 2가 찾아오는 것을 막을 수 있을까? 경쟁사, 제품, 기술, 비즈니스 모델 등에 초점을 맞춤으로써 Day One의 마음가짐을 유지할 수도 있겠지만, 가장 확실한 방법은 고객 중심주의에 몰두하는 일이다. 왜일까? 고객은 겉으로는 아무런 문제가 없는 것처럼 행동하고, 실제로는 그렇지 않은데도 말로는 만족한다고 이야기하기 때문이다. 또한, 고객은 자신이 무엇을 원하는지 잘 알지는

못해도 늘 좋고 새로운 것을 갈구하고 있다. 따라서 아마존은 고객에게 무엇인가 새로운 것을 제공하기 위해 항상 고민한다. 예컨대, 프라임 서비스는 고객의 구체적인 요구 없이 아마존이 나서서 기획한 것이다.

· 기업의 규모가 커질수록 다른 사람에게 의존하는 경향이 커지는데, 이 또한 매우 위험하다. 예를 들어, 프로세스는 만들어 놓기만 하고 적극적으로 활용하지 않으면 아무런 의미가 없다. 내가 프로세스에 이리저리 휘둘리지 않고 잘 관리하고 있는지를 늘 자문해 볼 필요가 있다.

· 시장 조사 결과와 고객 만족도 조사 결과에 전적으로 의존하는 것도 위험하다. 가령 베타 테스트(Beta test, 개발 중인 소프트웨어와 서비스를 정식 출시 전에 소수의 사람들에게 개방하여 성능을 검증하고 문제점을 발견하는 것)를 진행한 결과, 사용자 만족도가 기존 47퍼센트보다 향상된 55퍼센트로 확인되었다고 하더라도 이것의 의미를 제대로 해석하는 것은 어려운 일이며 자칫하면 오해할 가능성도 있다. 조사 결과 그 자체는 부정하지 않더라도, 서비스를 설계하고 개발한 사람들은 고객이 요구하는 바를 매우 상세한 수준까지 이해해 보려고 노력해야 한다. 조사 결과는 혹시 놓친 부분이 없는지를 확인하는 용도로만 활용하는 것이 좋다. 높은 수준의 고객 경험은 서비스를 이용하는 사람들이 느끼는 기분과 직감, 호기심에서 비롯되는 것이기 때문에 조사 결과만으로는 이를 파악하기 어렵다.

· 외부 환경의 변화에 둔감한 것도 Day 2의 시발점으로 작용한다. 아마존은 시장의 트렌드 변화에 항상 민감하게 반응했기에 머신러닝Machine Learning이나 인공 지능 기술 등을 활용하여 알렉사와 AWS 같은 서비스를 선보일 수 있었다.

· 의사 결정 속도가 둔화되는 것도 Day 2를 촉발하는 요인 중 하나다. 대기업은 올바른 판단을 내리기는 해도 그렇게 하기까지 상당히 많은 시간을 들이기 일쑤다. Day One 상태를 유지하려면 올바른 결정을 신속하게 내려야만 한다. 비즈니스는 속도가 생명이다. 이와 더불어, 무언가를 즉시 결정 내릴 수 있는 환경을 조성하는 것도 매우 중요하다.

· 리스크를 두려워한 나머지 필요한 정보의 90퍼센트 이상이 모일 때까지 결정을 유보하고 있지는 않은가? 70퍼센트만 모여도 충분히 판단할 수 있지 않을까? 그리고 설령 잘못된 의사 결정을 내렸다고 하더라도 그대로 두지 않고 즉시 보완해 나가는 것이 중요하다.

여기에는 Day 2를 경계하라는 경고 문구로 온통 가득하다. 대기업에서 일하는 사람은 찔리는 부분이 많을 것이다. 구색 맞추기에 불과한 업무 절차와 필요 이상으로 늘어나 버린 보고 절차를 경험할 때마다 이것이 소위 대기업병인가 하는 생각이 들지만, 막상 혁신을 꾀하거나 행동으로 옮기지는 못하고 있지 않은가.

제프 베조스는 '언젠가 아마존도 무너지고 말 것'이라고 언급한 바 있다[55]. '아마존도 언젠가는 무너지고 말 것이다. 대기업의 수명은 30년 정도다. 100년 기업은 거의 없다.' 그리고 이렇게 덧붙였다. '만약 우리가 고객이 아닌 우리 자신에게 에너지를 쏟기 시작한다면, 그것은 멸망의 시작이 될 것이다. 아마조니언이 해야 할 일은 고객에게 최선을 다함으로써 무너지는 시점을 가능한 한 늦추는 일이다.'

이러한 베조스의 발언은 당연히 아마존 직원들에게도 전해져 위기감을 갖게 했고, 기업 문화로 조직의 깊숙한 곳까지 스며들었다.

기업 문화를 개성 있게 만드는 '다양성'

오래전부터 인재 채용 시 '다양성Diversity'을 추진하고 있는 것도 아마존이 개성 있는 기업 문화를 가지게 된 원인 중 하나다.

인재의 다양성을 추구한다고 하면 보통은 여성을 적극적으로 등용하는 것만 떠올리기 쉽지만, 당연히 이것이 전부는 아니다. 성별은 물론 국적과 인종, LGBT(레즈비언, 게이, 양성애자, 트랜스젠더 등의 성소수자를 통칭하는 말) 등을 포함하여 다양한 배경을 가진 인재를 적극적으로 채용하는 것을 의미한다.

인재의 다양성을 확보하는 방법도 명확히 수립돼 있다. 여성 채용 비율, 여성 관리자 비율, 외국인 채용 비율 등 목표치를 확정한 뒤, 각국의 각 사업 부분이 이를 무조건 달성하도록 요구하는 것이다. 어떻게 하면 다양성을 확보할 수 있을까 하고 탁상공론만 펼치는 것이 아니라, 어느 정도 적당한 방법이다 싶으면 목표치를 설정하고 곧바로 실행에 옮긴다. 또한 목표 달성률을 수시로 추적하고 분석하며, 문제가 있으면 즉시 조치를 한다. 사업 계획을 세우고 추진하는 방식과 전혀 다를 것이 없다. 또한, 다른 기업에 비해 국경을 넘나들며 보직을 옮기는 것이 자유롭기 때문에 아마존 재팬에도 미국이나 다른 나라에서 온 직원들이 점차 늘고 있고, 반대로 일본에서 채용된 직원들이 다른 나라로 옮겨간 경우도 많다.

다양성의 장점은 조직 내의 다양한 사고방식과 의견을 확보할 수 있다는 것이다. 남자 직원이나 일본인만 가득한 조직에서는 생각이 한쪽으로 치우칠 가능성이 크지만, 다양한 배경을 가진 직원들이 서로 생각을 주고받다 보면 참신한 아이디어를 얻게 될 가능성이 크다.

다만, 다양한 인재가 국경을 마음껏 넘나들며 일할 수 있도록 영어를 기본적인 커뮤니케이션 수단으로 삼고 있다. 이에 영어로 소통할 수 있는 환경을 조성하는 것도 매우 중요하다. 아마존뿐만 아니라 전 세계를 무대로 활약하는 기업에서 근무하려면 당연히 영어 구사 능력을 기본적으로 갖춰야 한다.

내가 부서를 이동할 때 이러한 다양성과 관련해서도 직원들에게 보낸 메시지가 있다. 앞에서 소개한 메시지와 겹치는 내용도 있지만 한번 읽어봤으면 한다.

마지막 메시지

앞으로 서너 번에 걸쳐 여러분에게 마지막 메시지를 전달하고자 합니다. 어디까지나 제 개인의 의견이지 회사의 공식적인 입장은 아니므로, 참고만 해 주시기를 부탁드립니다.

첫 번째 주제는 '다양성'입니다. 이번에 일본어를 하지 못하는 외국인이 여러분의 리더가 된 것에 대해 이러저러한 억측이 있는 것으로 알고 있습니다. 이번의 리더 교체가 여러분에게, 그리고 앞으로의 비즈니스에 어떠한 영향을 미치게 될까요?

우리는 다양한 시장을 대상으로 사업을 전개하고 있으며, 지구상에서 가장 풍부한 상품 라인업을 갖추겠다는 목표를 지향하고 있습니다. 국내뿐 아니라 해외에서 생산되는 제품까지 폭넓게 취급하고 있으며 남녀노소, 그리고 다양한 국적과 종교를 가진 고객들에게까지 다양한 서비스를 제공하고 그들의 만족도를 높여 나가고 있습니다.

물론 상품 라인업을 다양하게 갖추는 것만으로는 충분하지 않습니다. 고객 편의성만 하더라도, 어떤 고객이든 공통적으로 느끼는 편의성이 있는가 하면 각자의 상황에 따라 요구하는 바가 다른 경우도 있습니다. 이렇게 각기 다른 요구 사항에 대해서도 철저히 부응해 나가야 합니다. 해외 고객이 'amazon.co.jp'에서도 손쉽게 쇼핑할 수 있도록 웹 사이트에 일본어, 영어, 중국어를 지원하거나 여러 가지 형태의 편의 기능을 제공하는 것 등이 하나의 예가 될 수 있습니다. 나이, 성별, 인종, 언어, 종교, 가족 구성, 학력 등 이루 헤아릴 수 없을 정도로 다양한 배경을 가진 직원들이 함께할수록 조직 문화 또한 다양성을 갖출 수 있으며, 결과적으로 다양한 아이디어를 잉태하고 다채로운 서비스를 제공할 수 있게 될 것입니다.

한편, 조직이 다양성을 품을 수 있게 하려면 한 가지 도구가 필요합니다. 그것은 바로 구성원들이 서로 자유로이 소통할 수 있게 하는 공통 언어입니다. 아쉽게도 오늘날 세계 공용어는 영어이며, 아마존은 미국 기업이기 때문에 영어가 주된 커뮤니케이션 수단일 수밖에 없습니다. 영어라는 공통 언어가 있기에 리더십 원칙과 같은 행동 규범과 원칙을 다른 지역에서 일하는 아마조니언에게도 어렵지 않게 전하고 글로벌 차원의 전략을 전개할 수 있는 것입니다.

우리 팀의 경우 지금까지는 일본어를 할 수 있는 직원이 대부분이었기 때문에 일본어로 커뮤니케이션하는 경우가 많았습니다. 그러나 앞으로는 다양성을 추구하는 회사의 정책상, 영어를 사용해야 하는 일이 점점 늘어나게 될 것입니다. 이는 특별하게 생각할 것 없는 너무나도 당연한 일입니다. 그러니 여러분도 이를 지나치게 의식하기보다는 자연스러운 현상으로 받아들였으면 합니다. 그렇다고 모든 직원이 영어를 구사해야 할 필요는 없고, 언제나 영어로 말할 필요도 없습니다.

여러분은 미국 기업을 자발적으로 선택한 사람들이고, 언제나 발전을 꾀하는 인재들입니다. 그리고 점점 다양해지는 사내외 이해관계자를 상대하며 전략을 수립하는 동시에 사업을 이행하고 조직을 관리하겠다 마음먹었다면, 영어 구사 능력을 반드시 갖춰야 하고 수준 높은 영어 커뮤니케이션 능력을 바탕으로 사업을 추진해 나갈 수 있어야 합니다.

여러분은 계속해서 발전해 나가려는 욕구가 강한 분들이기 때문에 앞으로 무엇을 해야 할지 잘 알고 있을 것입니다. 다소 압박감을 느끼기는 하겠지만 향후 커리어를 쌓아 나가기 위해 영어는 반드시 익혀 두어야만 하는 기본기입니다.

앞으로 저를 대신하여 우리 조직을 담당하실 분은, 지금까지 제가 하지 못했던 글로벌 프로젝트를 리딩하고 미국 본사에 있는 수많은 이해관계자들과 함께 일하며 여러분을 한 단계 높은 곳으로 이끌어 주실 것입니다. 이러한 변화가 앞으로 어떠한 혁신을 가능케 할지 벌써부터 기대가 됩니다.

한편, 그분이 일본어를 구사하지 못하는 만큼 고객의 요구 사항을 전략에 반영하거나 대외적으로 메시지를 보내고, 여러분과 직접 소통하는 일은 다른 리더가 담당해 주시기로 했습니다. 부디 여러분도 적극적으로 그분을 도와주길 바랍니다. 2년 이상 알고 지낸 제가 본 바로는, 인간미로 보나 경험치로 보나 저보다 훨씬 뛰어나신 분입니다. 그러니 안심하셔도 됩니다. 여러분의 강력한 리더가 되어주실 테니까요.

부디 이 메시지를 통해 제가 여러분께 들려드리고 싶었던 이야기가 모두 전해졌기를 바랍니다.

실적 분석 시에는 단 '1BPS'의 차이도 민감하게 다룬다

다양한 사안을 자세히 살펴보고 정량적인 데이터를 기반으로 판단할 것을 요구하는 것도 아마존 특유의 기업 문화로 자리 잡았다. 아마존은 또한 누구든 다양한 데이터를 활용하여 'Dive Deep' 해 볼 수 있는 환경을 정비하는 일에도 많은 노력을 기울이고 있다.

예컨대, 사내에서 취급되고 생성되는 데이터를 시스템에 축적해서 직원들이 언제든 필요할 때 접속해서 확인할 수 있게 했다. 만약 방대하고 정제되지 않은 데이터를 각자 알아서 엑셀로 분석해야 한다면, 그 결과는 개인의 도구 사용 스킬에 따라 천차만별일 수밖에 없고 잘못된 결론을 도출할 가능성도 배제할 수 없을 것이다.

물론 누구나 모든 데이터에 접근할 수 있는 것은 아니고, 직급과 직종에 따라 열람 가능한 데이터가 구분되어 있다. 데이터 열람용 시스템도 전 세계 공통이며 부문별, 상품 카테고리별로 세분화된 다양한 유형의 데이터를 제공한다.

접근 권한만 가지고 있으면 전 세계 아마존에서 축적한 데이터를 간단히 조회할 수 있다. 예를 들어, 아마존 재팬의 신선식품 담당자가 전략 수립에 참고하기 위해 아마존 영국의 신선식품 담당자가 집계한 월별 매출 추이, 베스트셀러 상품의 매출과 이익 현황 등을 확인하고자 한다면 상세한 정보까지 순식간에 확보할 수 있다.

KPI, 성과 지표 등 사내 회의 시 필요한 데이터도 클릭 몇 번만으로 손쉽게 얻을 수 있도록 시스템을 자동화했다. 주, 월, 분기, 반기 등 조회하고 싶은 기간을 설정하면 그 즉시 데이터를 확보할 수 있는 기반 환경이 갖춰져 있는 까닭에, 회의 시 진척 현황을 확인하고 향후 액션 플랜을 수립하는 일을 효과적이면서도 효율적으로 진행할 수 있다.

 'Activity-based Costing', 통칭 'ABC'라고도 하는 활동 기준 원가 계산을 기반으로 각 상품의 이익률까지 파악할 수 있을 정도로 관리 회계 시스템 또한 잘 정비되어 있다. 그만큼 정밀도가 높은 데이터를 이용할 수 있는 것이다.

 실적을 분석할 때에는 이른바 BPS 단위까지 내려가서 세밀하게 들여다보는 것이 일반적이다. 통신 회선 속도를 의미하는 'Bits per Second'가 아니니 혼동하지 말기를 바란다. 여기서 말하는 BPS란 금융 업계에서 금리 계산 시 사용하곤 하는 가장 작은 단위인 '만분율'이자 'Basis Point(베이시스 포인트)'의 줄임말이다. 요컨대, 아마존은 실적 분석 시 1BPS인 0.01퍼센트의 차이까지도 결코 허투루 보지 않는 것이다.

 사실 이는 따지고 보면 지극히 당연한 일이다. 아마존은 이미 연간 수조 엔 규모의 사업을 전개하고 있는 기업이다. 1,000만 엔의 1BPS는 1,000엔 밖에 안 되지만, 1조 엔의 1BPS는 무려 1,000만 엔이나 된다. 고객 중심주의를 고집하면서도 한편으로는 기업으로서 영속하기 위해 상품 카테고리별로, 제조사별로 이익률을 철저히 따지고 개선하고자 온 힘을 다하는 것이다.

기획서는 '가상의 보도자료'다

문서 작성과 관련해서도 아마존만의 특별한 원칙이 있다. 그중에서도 기획서를 '보도자료'[56] 형식으로 작성해 보게끔 하는 것은 다른 곳에서 찾아보기 어려운 독특한 방식이다.

보도자료란 기자들 앞에서 새로운 서비스를 출시했음을 발표하고 배포하는 자료를 의미한다. 그러나 아마존에서는 신규 프로젝트를 사내에 처음 제안할 때, 해당 서비스가 출시됐다고 가정하고 가상의 보도자료를 작성하여 제출해야 한다. 일반적으로 신규 프로젝트 제안서를 작성할 때는 어디까지나 제안자의 입맛에 맞는 내용 위주로 담아내기 십상이지만, 아마존에서는 철저히 고객의 입장에 서서 서비스 가치를 어필해야 한다.

서비스의 명칭, 대상 고객과 그들의 니즈, 장점 등을 반드시 한 페이지 안에 담아내야 한다. 이렇게 요구하는 까닭은 보도자료가 'Working backwards from Customers', 즉 고객의 입장에 서서 행동한다는 아마존의 철학을 실천하기 위한 도구 중 하나이기 때문이다.

특정 프로젝트의 승인 여부를 검토하는 자리에서는 제안자가 작성한 가상의 보도자료를 토대로 논의와 질의응답을 진행한다.

프로젝트 계획을 수립할 때 서비스를 이용하는 고객의 입장에 서서 보도자료를 작성하면 목표를 명확하게 세울 수 있어서 좋다. 처음에는 아무리 야심 차게 일을 벌여도, 실제로 일을 진행하다 보면 여러 환경적 제약 때문에 '대충 이 정도면 됐다'라며 적당히 타협하려는 모습을 보이기 일쑤다. 그러나 일단 보도자료 상에 '고객이 누리게 될 혜택'을 명시하고 나면, 중간에 다른 방향으로 선회하기가 쉽지 않다.

내가 아마존에서 마지막으로 담당했던 아마존 비즈니스라는 B2B 사업의 보도자료를 소개하니 참고하기 바란다.

아마존, 일본에서도 법인·개인사업자 구매 전용 사이트 '아마존 비즈니스' 개시

<방대한 상품군, 저렴한 가격, 편의성을 자랑하는 아마존이 사무실, 공장, 학교, 연구소, 공공기관 등 다양한 사업체의 구매 니즈에 호응하기 위해 출시한 새로운 서비스> <청구서 납부, 승인 규칙 설정, 세전 가격 표시, 구매 이력 분석 및 리포팅 기능 등을 도입> <무료로 아마존 비즈니스 계정을 개설한 법인 및 개인사업자 고객을 대상으로 '기간 한정 배송 특전', '법인 할인', '수량 할인'을 제공해 시간과 비용 절감 가능>

2017년 9월 20일

온라인 종합 쇼핑몰인 Amazon.co.jp(이하 아마존)는 금일 (9월 20일), 중소기업·대기업·교육연구기관·공공기관 등 다양한 사업체의 구매 니즈에 호응하고자 법인 및 개인사업자 구매 전용 사이트인 아마존 비즈니스(www.amazon.co.jp/business)를 오픈한다고 발표했다.

아마존 비즈니스는 청구서 납부 기능, 과거 구매 이력 조회, 트렌드 분석 기능 등 사업체의 구매담당자에게 필요한 각종 서비스를 제공한다. 또한 아마존 비즈니스의 계정을 개설한 고객들은 법인 할인, 수량 할인, 기간 한정 배송 특전 등 다양한 혜택을 누릴 수 있다. 방대한 상품군, 저렴한 가격, 편의성을 자랑하는 아마존은 이 모든 서비스와 기능을 아마존 비즈니스를 통해 제공한다.

2억 가지가 넘는 상품을 제공하는 아마존 비즈니스에서는 원하는 것을 쉽고 빠르게 찾을 수 있다. 노트북, 프린터, 네트워크 기기, 저장 장치, 문구류, 가구뿐만 아니라 백만 가지 이상의 전동 공구, 산업용품, 안전·보호 용구까지 구입할 수 있다. 자동차 관련 사업자를 위해 타이어, 순정 부품, 페인트, 자동차 액세서리 등 오백만 종 이상의 제품을 제공하는 것은 물론, 요식업 관련 사업자를 위한 식탁용 식기류, 바^{bar} 용품, 청소용품, 주방용품, 조리 기구까지 갖추고 있다. 그뿐만 아니라 연구 기관 종사자를 위한 현미경 등의 과학 실험 장비까지 수만 종의 상품을 확인할 수 있다.

아마존 비즈니스 사업본부의 총책임자인 호시 겐이치는 다음과 같이 이야기했다.

"아마존 비즈니스를 일본 기업 고객 여러분께도 제공해드릴 수 있게 되어 매우 기쁩니다. 개인사업자, 중소기업 구매 담당자, 대기업 조달책임자 등 다양한 고객의 구매 관련 요구 사항에 부응할 수 있도록 방대한 상품군과 서비스를 제공하고 있습니다. 아마존은 고객의 목소리에 귀를 기울였고, 그 결과 더욱 쉽고 간단하게 물품을 구입할 수 있도록 돕는 다양한 기능을 추가하게 되었습니다. 아마존 비즈니스에 방문하면 이러한 신기능과 2억 종 이상의 방대한 상품군, 기한 한정 배송 특전도 누리실 수 있습니다. 이는 물품을 주문하면 바로 다음 날까지 무료로 배송해 드리는 서비스입니다. 그동안 아마존에 많은 사랑을 보내 주셨던 것처럼, 아마존 비즈니스도 관심을 가지고 이용해 주시기를 부탁드립니다."

또한, 국립대학법인 오사카대학교의 재무부장 사토 노리아키는 다음과 같이 말했다.

"일본 대학 최초로 아마존 비즈니스 시스템과 연계하기로 결정했습니다. 아마존 비즈니스를 이용하면 법인 할인가로 물품을 구입할 수 있으며, 본교의 구매 시스템과 연계하면 구매 및 회계 업무가 간소화되어 여러모로 경비를 절감할 수 있을 것으로 보입니다. 또한, 구매 이력을 한눈에 확인할 수 있으니 업무 효율도 큰 폭으로 향상될 것이라 기대합니다."

〔아마존 비즈니스의 주요 특징〕

· 기간 한정 배송 특전: 아마존 비즈니스에 등록된 일본 내의 모든 고객께서는 빠른 배송 및 날짜 지정 배송 서비스를 무료로 이용할 수 있습니다.

· 청구서 납부: 이미 아마존에서 제공하고 있는 신용카드 결제 및 상품 인도 결제(물품을 받으면서 대금을 결제하는) 방식 외에, 월말 납부 방식도 이용할 수 있습니다.

· 승인 규칙 설정: 아마존 비즈니스에서는 지출 내역을 손쉽게 관리할 수 있으며, 승인 권한과 구매 최소 금액 등 여러 가지 규칙을 설정할 수 있습니다.

· 견적서 작성: 물품 구매 관련 품의 시 필요한 견적서를 PDF 또는 종이로 인쇄할 수 있습니다. 견적서에는 상품의 가격과 조건이 명시돼 있습니다.

· 구매 이력 분석 및 리포팅: 구입 일시, 품목, 방법 등을 기준으로 이력을 분석하여 보고서를 출력할 수 있습니다. 고객의 용도에 맞춰 보고서 형식을 편집할 수도 있습니다.

· 세전 가격 표시: 상품 페이지, 구매 페이지, 청구서, 영수증 등을 통해 세전, 세후 가격을 확인할 수 있습니다.

· 구매 시스템 연계: SAP Ariba 또는 소프트뱅크 C&S의 클라우드 서비스 펄처스 원Purchase One과 같은 구매관리 시스템과 연계할 수 있습니다. 아마존 비즈니스는 아마존과 마찬가지로 고객 여러분의 기대에 부응하고자 항상 노력하고 있습니다.

· 매력적인 가격: 아마존 비즈니스에서는 다양한 판매사업
자들이 활동하고 있으며, 최적의 가격 조건을 확인할 수 있
습니다. 또한, 일부 상품에 대해서는 법인 할인 및 수량 할
인 혜택을 받을 수 있습니다.

· 풍부한 상품 라인업: 2억 종 이상의 상품과 더불어 법인 한
정 상품도 준비되어 있습니다.

· 편리한 구매 절차: 동일한 상품을 판매하는 사업자 목록과
이들이 제시한 가격을 한눈에 확인할 수 있기 때문에 쉽고
간편한 비교가 가능합니다. 아마존 비즈니스는 모바일 환경
에 최적화되어 있어서 휴대폰으로도 쉽게 이용할 수 있습니
다. 더불어 다양한 법인 고객이 손쉽게 사이트에 접근할 수
있도록 일본어 외에 영어와 중국어도 지원합니다.

· 상세한 상품 정보: 상품 페이지에서는 고해상도의 상품 이
미지, 크기 등의 상세 정보와 취급 방법과 관련된 영상 자
료, 사용 후기 등을 확인할 수 있습니다.

· 아마존 비즈니스 전용 고객 서비스: 아마존 비즈니스 고객
전담 직원이 전화와 이메일, 채팅 등을 통해 다양한 고객 문
의에 응대합니다(연중무휴, 09:00~18:00). 아마존 비즈니스
는 2015년 4월 미국에서 첫선을 보인 이후, 현재까지 백만
개 이상의 기업 고객이 가입했습니다. 2016년 12월에는 독
일에서, 2017년 4월에는 영국에서 차례차례 서비스를 개시
했습니다.

*   *   *

지금까지 살펴본 보도자료는 실제로 2017년 9월 서비스 론칭 시 발표했던 내용이다. 중간에 어느 정도 가감하기는 했지만, 대부분은 2015년 서비스 기획 당시에 작성했던 내용 그대로다.

보도자료 앞부분에서 '중소기업·대기업·교육연구기관·공공기관 등 다양한 사업체의 구매 니즈'라는 내용으로 대상 고객을 명확히 정의한 뒤, 서비스 내용을 소개했다. 그리고 대학 구매부서 관계자가 고객으로서 기대하는 바를 담아낸 후, 서비스의 특징을 구체적으로 설명했다. 이러한 내용을 제안 단계에서 작성했고, 프로덕트 매니저와 엔지니어는 이를 실제로 구현하기 위해 시스템 구조를 설계하는 작업에 돌입했다.

아마존에서 파워포인트 사용을 금지한 이유

아마존에서 프레젠테이션 자료를 준비할 때 파워포인트를 사용하지 못하게 한다는 것은 꽤 유명한 이야기다. '파워포인트 금지령'의 발원지는 다름 아닌 제프 베조스다.

베조스가 파워포인트를 싫어하는 이유는 무엇일까? 여러 가지 추측이 있으나, 그중에서 가장 확실해 보이는 것은 외부 컨설팅 업체에 얽힌 에피소드다.

아마존 창업 당시, 베조스는 서비스를 조금 더 탄탄하게 설계하기 위해 외부 컨설팅 업체의 도움을 받기로 했다. 프로젝트에 투입된 컨설턴트들은 전력을 다해 파워포인트 자료를 만들고 프레젠테이션을 했지만, 복잡한 그림들이 시선을 어지럽히기만 할 뿐 구체적인 내용과 무엇을 제안하려는지는 명확히 알 수가 없었다. 베조스는 그 자리에서 크게 화를 냈다고 한다.

실제로 파워포인트로 만든 자료를 보면 내용의 요점을 개조식(글을 쓸 때 글 앞에 번호를 붙여 가며 중요한 요점이나 단어를 나열하는 방식)으로 나열해 놓았을 뿐이고, 발표자에게 질문을 던지면 그때 가서야 자료에는 들어있지 않은 상세 내용을 구두로 설명하는 경우가 많다. 또는 번드르르한 그래프를 과도하게 사용하여 결론 중심으로 내용을 풀어가는 경우도 많다. 심지어 자료를 작성할 때 애니메이션 효과를 넣는 등의 가치 없는 일을 하느라 상당히 많은 시간을 소모하기도 한다.

때로는 시간이 지난 후에 자료를 다시 읽어보면 "이게 무슨 말이었지?" 싶을 정도로 내용을 기억해 내기 어려울 때도 많다. 앞서 말한 대로 정작 중요한 내용을 보고서에 담아내지 않고 말로 때웠기 때문이다. 베조스는 물론, 위계질서가 확실히 잡힌 곳에서 다수의 안건에 대해 빠르게 의사 결정을 내려야 하는 아마존의 리더 입장에서 파워포인트는 성가시기만 할 뿐 그다지 도움이 되지 않는다.

참고로, 아마존에서는 직원들에게 그래프 사용을 최소화하라고 권고한다. 작성자의 주관이 너무 많이 담긴다는 이유에서다. 단순한 막대그래프만 하더라도 축의 눈금 단위와 그래프의 폭을 어떻게 설정하느냐에 따라 느낌이 확연히 달라진다. 원그래프는 여러 대상을 제대로 비교하기가 어렵다는 이유로 거의 사용하지 않으며, 무의미한 효과로 도배된 삼차원 그래프를 사용하는 건 말도 안 되는 짓으로 치부한다.

업무 문서는 '1페이저'와 '6페이저'로 정리해야 한다

아마존에서는 업무 문서를 작성할 때 A4 용지 한 장 분량의 '1페이저pager' 또는 여섯 장 분량의 '6페이저'로 정리해야 한다.

사내 어딘가에 제출하는 보고서는 대부분 한 장으로 간결하게 정리하고, 연도별 예산안이나 대형 프로젝트 제안서 등은 여섯 장으로 정리하는 것이 기본 원칙이다. 문서에 수록되는 내용은 글의 주제를 보여주는 목차와 해당 주제에 대해 설명하는 문장뿐이다. 수치 데이터와 같은 부연 설명 자료는 첨부 자료에 별도로 수록하며, 이런 경우에는 페이지 수 제한이 없다.

6페이저를 통해 새로운 아이디어를 제안하는 자리에서는, 참석한 사람들 모두 15분에서 20분 정도 자기 앞에 놓인 문서를 아무 말 없이 읽어 내려간다. 회의실에는 페이지 넘기는 소리만 들릴 뿐인 묘한 긴장감이 감돈다.

문서를 다 읽은 후에는 페이지별로 궁금한 점을 묻고 답하는 시간을 갖는다. 문서 작성자는 답변을 하면서도 참석자들이 들려준 조언을 토대로 논의를 발전시켜 나간다.

당연히 심층 질문이 쏟아지는 경우가 대부분이기 때문에,

아이디어를 제안한 사람은 그 어떠한 질문이 나오더라도 논리적으로 대답할 수 있도록 반드시 프로젝트의 세부적인 내용까지 파악하고 있어야 한다. 그리고 본인이 제안한 내용에 대해 참석자들이 충분히 공감할 수 있도록 유창하고 설득력 있게 설명해야 한다.

이러한 '1페이저'와 '6페이저'를 처음으로 공식화한 2009년에는, A4 용지로 여섯 쪽이면 결코 적은 분량이 아닌데도 내용을 압축하는 데 다들 어려움을 겪었다. 한 페이지로 요약하려면 설명하나 마나 한 에피소드나 구차한 변명 따위는 과감히 삭제해야 한다. 도입 초기에는 한 문장이라도 더 넣으려고 글자 크기를 줄이거나 행간을 좁히는 등 유치한 방법을 동원하는 사람들도 있었다.

그러나 이제는 많은 이들의 습관으로 자리 잡았다. 본인이 주장하고자 하는 바를 모두 담아내면서도 분량을 지킬 수 있게 된 것이다. 반드시 해야 할 말만 추리다 보면 복잡하게 엉켜 있는 생각을 정리할 수 있고 본질에 조금 더 가까이 접근할 수 있다.

업무 문서를 작성하는 다섯 가지 목적

이렇게 1페이저 또는 6페이저의 작성법에 따라 논의를 진행하려는 이유는 무엇일까? 크게는 다섯 가지 목적이 있다.

① **업무의 효율화:** 필요한 정보를 참석자 전원에게 미리 제공하면 그만큼 지체 없이 회의를 진행할 수 있다. 회의 시간을 단축할 수도 있고 더 좋은 결론을 낼 가능성도 커진다.

② **질문의 수준과 회의의 질 개선:** 참석자 전원이 동일한 정보를 갖게 되면 더욱 깊이 있는 질문을 던지거나 유의미한 시사점을 풍부하게 도출할 수 있다.

③ **참석자 간의 공평성 확보:** 사내에서 늘 눈에 띄는 것은 목소리가 크고 적극적으로 행동하는 사람들이며, 파워포인트에 능한 사람들은 현란한 슬라이드를 통해 시선을 사로잡는다. 군더더기 없는 메모 형태로 작성하면 모든 참석자들이 공평하게 자신의 생각을 설명할 수 있고, 상대방이 제시한 아이디어와 전략의 의미를 명확히 이해할 수 있다.

④ **전략적 사고:** 구성원들은 데이터와 사실에 근거한 메모를 통해 자신의 생각을 전개해 나갈 수 있다. 파워포인트로 작성된 문서는 표면적인 사실과 기초적인 데이터를 제시하기 쉬운 반면, 메모를 통해서는 세부적이고 깊숙한 내용까지 차근차근 설명할 수 있다. 하나의 일관된 스토리를 따라가다 보면 자연스레 결론에 이르게 된다.

⑤ **논의 결과 기록:** 회의에 참석하지 못한 사람에게도 메모를 통해 어떤 내용이 논의되었는지 쉽게 설명할 수 있다. 그만큼 구성원 간의 정보 격차를 쉽게 해소할 수 있는 것이다. 한참의 시간이 흐른 뒤라도 어떠한 결정이 내려진 배경에 대해 알고 싶으면 메모만 읽어보면 된다. 언제든 쉽게 검색해 볼 수 있도록 메모 내용을 잘 보관해 두면 좋다.

다만, 실제로는 저장해 둔 메모의 양이 워낙 방대하다 보니 필요한 내용을 찾아보기 쉽지 않다. 이런 까닭에 동일한 문서를 몇 번씩 다시 만들게 되는 불상사도 종종 벌어진다.

제프 베조스가 요구하는 높은 수준의 문장력

제프 베조스가 1페이저와 6페이저를 만들게끔 하는 이유는 말하고자 하는 내용을 알기 쉽게 제시함으로써 회의에 참석하거나 문서를 열람한 사람이 구체적이고 유의미한 질문과 피드백을 던질 수 있게 하기 위해서다. 6페이저와 관련하여 베조스가 직접 한 말이 있다. 원문과 함께 그 의미를 살펴보자.

"Full sentences are harder to write. They have verbs. The paragraphs have topic sentences. There is no way to write a six-page, narratively structured memo and not have clear thinking[57]"

글을 쓴다는 건 어려운 일이다. 각 문장 안에는 적절한 단어가 들어가야 하고, 각 단락마다 주제가 있어야 하기 때문이다. 생각하는 바가 명확하지 않은 한, 하나의 일관된 스토리로 구성된 6페이지를 작성하는 것은 사실상 불가능하다.

베조스가 요구하는 문장의 수준은 상당히 높다: 사내 모든 구성원들에게 높은 수준의 문장력을 요구하는 것은 아마존의 문화로 자리 잡았다. 그렇다면 좋은 문장이란 과연 무엇일까? 좋은 글을 쓰기 위해 따라야 할 기본 원칙과 형식에 대해 개괄적으로 소개한다.

〔 문서 작성 원칙 〕

〈기본〉

① 내용을 검토하고 보완할 것

맞춤법과 오타는 물론, 문법상의 실수가 있어서는 안 된다. 이렇게 기본적인 것부터 잘못된 것투성이라면 제안자와 문서 자체에 대해 신뢰하기 어려워진다. 제안 내용에 대해 오롯이 집중할 수 없는 것은 당연한 결과다. 문서에 오류가 없도록 거듭 확인하고, 문제가 있으면 바로 보완해야 한다. 작성자 본인이 몇 번 정도 읽어본 후에는 동료 직원이나 상사에게도 검토를 부탁하는 것이 좋다. 이렇게 하면 미처 보지 못한 실수들을 찾아내고 문서의 질을 끌어올릴 수 있다.

필요한 데이터를 문서 작성 전에 모두 갖춰 놓을 필요는 없다. 아직 정보가 부족한 부분은 나중에 찾아서 넣을 수 있도록 빈칸으로 두면 된다.

② 글의 목적에 맞는 형식을 취할 것

모든 문서는 작성 목적이 명확하게 드러나야 하고, 글의 구성과 흐름 또한 이에 맞게 설계되어야 한다. 결단을 바라는 것인지 아니면 프로젝트의 어느 한 측면에 초점을 맞춰 상세히 설명하려는 것인지 그 목적에 따라 문서에 포함되어야 하는 내용도 달라진다.

예를 들어, 새로운 서비스의 기획안에 대해 승인을 받고자 한다면 이와 관련한 시장 동향, 고객 요구 사항 및 사업 기회 분석 결과, 사업 사례, 위험 요소, 개발 기간, 서비스 출시 일정 등이 반드시 수록되어야 한다. 그리고 목적이 무엇이 됐든 문서의 맨 처음 단락에는 제안 목적과 내용이 명확히 드러나야 한다.

③ 간결하게 작성할 것

회의 참석자들에게 무엇을 전달하고 싶은지, 논지가 얼마나 명확한지에 대해서 자문자답해 볼 것. 불필요한 단어나 문장은 철저히 덜어내야 한다.

④ 의미가 불명확한 단어는 사용하지 말 것

의미가 뚜렷하지 않은 단어를 사용할수록 문장은 힘을 잃게 마련이다. 가급적 데이터와 수치를 이용하여 메시지를 명확히 드러내야 한다.

사용하지 말아야 할 영어 단어의 예

should, might, could, often, generally, usually, probably, significant, better, worse, soon, some, most, fewer, faster, slower, higher, lower, many, few, completely, clearly…

예를 들어 'fewer'와 'faster'는 '더 적은', '더 빠른'이라는 뜻인데, 도대체 무엇을 기준으로 양이 적고 속도가 빠르다는 것인지가 불분명하다. 비교를 하고 싶다면 반드시 숫자를 활용해서 명확하게 나타내야 한다. 'many', 'few'와 같은 표현도 마찬가지다. 이 단어만으로는 얼마나 많거나 적다는 것인지 알 수 없다.

나 역시도 예전에 중요하다는 뜻의 'significant'을 사용했다가 '무슨 이유로 그게 중요하다는 건지 설명해 보라'는 지적을 받은 바 있다.

〈내용에 관하여〉

① 참석자를 고려하여 작성할 것

글을 쓸 때는 반드시 독자를 염두에 두어야 한다. 무엇을 얼마나 알고 있는 사람인지, 그들이 중요하게 여기는 것은 무엇인지, 그들의 의사 결정 과정에 반드시 고려해야 할 정보를 빠짐없이 수록하고 있는지 등을 철저히 살펴봐야 한다.

② 문서의 앞부분을 특히 신경 쓸 것

가장 처음에 나오는 문장은 문서에 대한 첫인상을 좌우한다. 문법적으로 문제가 없으면서도 의미가 명확한 문장을 구사해야 한다.

③ 구조를 탄탄히 할 것

내용상 군더더기는 없는지, 논점이 명확한지, 각 부분이 완성도 높게 작성됐는지, 결론은 데이터에 근거하여 도출한 것인지 등을 고려해야 한다. 또한 해당 문서를 통해 궁극적으로 제시하고자 하는 것이 문제 제기인지 해결책인지를 거듭 확인해 봐야 한다.

④ 이유를 명확하게 기술할 것

모든 문서는 반드시 탄탄한 스토리라인을 갖춰야 한다. 문제를 제기하게 된 배경, 현상 분석 결과, 결론이 일관된 흐름으로 전개돼야 한다. 주관적인 감상은 완전히 배제하고 해당 내용을 제안하게 된 이유를 객관적이고 명확하게 기술해야 한다.

⑤ 데이터 기반의 근거를 제시할 것

제안하려는 내용이 중요한 이유를 사업적 이점 측면에서 설명해야 하며, 이를 뒷받침하는 근거 데이터 역시 함께 제시해야 한다.

⑥ 최종 수혜자가 누구인지 명확히 할 것

제안한 내용으로 인해 혜택을 보는 사람이 누구인지가 명확해야 한다.

⑦ 언제까지 실행할지 명확히 설명할 것

무엇을 언제까지 실행해 나갈 것인지가 명확해야 한다. 계획이 상세할수록 제안한 사람의 실행 의지와 진정성을 느낄 수 있다.

⑧ 불필요한 그래프는 자제할 것

표, 그래프, 그림 등을 사용할 때는 그것이 적절한지 신중히 평가해야 한다.

그래프를 삽입할 거라면 그 형태가 데이터의 의미를 고스란히 잘 보여주고 있는지를 잘 살펴야 한다. 되도록 원그래프보다는 막대그래프를 사용하는 것이 좋다. 우리는 막대의 길이 비교는 잘하지만, 각도와 면적에 대해서는 그렇지 못하다. 원근의 개념이 들어가면 정보의 왜곡이 발생하기 쉬운 만큼, 삼차원 도형은 절대로 사용하지 말아야 한다.

그림을 넣으려면 전달하고자 하는 내용과 직접적인 관련이 있는 것인지를 잘 따져봐야 한다. 제안하려는 내용과 아무 관계도 없는 질문을 유발할 가능성이 있다면 주석을 달거나 도표로 대체하는 방안도 적극적으로 검토한다.

〈프레젠테이션에 관하여〉

① 회의를 직접 진행할 것

가급적이면 문서 작성자 본인이 회의를 진행해야 한다. 회의가 시작되면 우선 그날의 목표가 의사 결정이나 승인을 요청하는 데 있는지, 혹은 다른 데 있는지 명확하게 전달해야한다. 참석자들이 문서를 읽은 뒤 목적지에 도달할 수 있을지없을지는 제안자가 책임져야 할 영역이다. 논지를 명확히 드러낼 수 있도록 문서를 작성하고 설명해야 한다.

② 잘못한 부분은 기꺼이 인정할 것

만약 누군가가 잘못된 부분을 지적하거든 기꺼이 인정할줄 알아야 한다. 이보다 더 중요한 것은 잘못을 통해 배우고다시금 반복되지 않도록 하는 일이다. 문서나 주장에 오류가있으면 신속히 정정하고 개선해야 한다.

③ 비판을 학습의 기회로 삼을 것

회의 참석자들은 적극적으로 피드백을 내놓는다. 제안자는이를 반드시 메모해 두어야 한다. 모든 의견을 반영할 필요는없지만, 메모한 내용을 편견이나 선입견 없이 살펴보면서 부족한 부분을 보완해 나가야 한다. 쇠뿔도 단김에 빼라는 말이있듯이 곧바로 실행하는 것이 좋다.

〈문서 포맷 예시〉

아마존에는 문서 작성의 목적별로 권장되는 포맷이 있다[58]. 여기서는 '1페이저'와 '6페이저' 각각의 대표적인 포맷을 예시로 소개해 보고자 한다.

영문으로 작성하는 것을 전제로 만든 포맷이다. 각 항목마다 해석을 병기하겠지만 영문과는 뉘앙스가 조금 다를 수도 있으니 참고하기 바란다. 조금 난해한 표현이 섞여 있을 수도 있지만, 아마존이 무엇을 원하는지를 이해하는 데에는 분명 도움이 될 것이다.

1페이저

[Progress report] (경과보고 작성 시)
· Introduction: 서론, 요약, 결론
· Overview of Plan: 계획의 개요
· Review of Progress: 진척 현황
· Changes in Plan Since Last Update: 이전 보고 대비 변동 사항
· Overview of Risks: 리스크 개요
· Next Steps: 향후 계획

6페이저

[Progress proposal] (프로젝트 제안서 작성 시)

Part 1. Press Release 1 pager (보도자료 1페이저)

Part 2. Main Document 6 pager (본문 6페이저)

· Introduction: 서론, 요약, 결론

· Customer Need: 고객 요구 사항

· Market Opportunity: 시장 기회 분석

· Business Case: 사업 사례 분석

· Estimate of Effort: 개발 기간 산정

· Timeline: 서비스 출시 일정

· Resource Required: 필요 자원

Part 3. Q&A (예상 질의응답)

Part 4. Appendices (첨부 자료)

Part 5. Financial Model (재무 모델, 손익 계산서 시산)

문서의 유형에 따라 다르지만, 우선 맨 앞의 'Introduction' 에서는 '해당 문서를 통해 무엇을 제안하려고 하는지', '참석자들에게 무엇을 요구하려고 하는지' 등을 명확하게 제시해야 한다. 그런 후에는 '누가 어떠한 불편을 겪고 있는지'를 사실 기반으로 제시하고, 제안한 내용을 실행하면 '고객에게 어떠한 이점'이 있는지에 대해 설명해야 한다. 이때 고객의 눈높이에 맞춰 논지를 전개하는 것이 중요하다.

매년 한 차례씩 다음 연도 예산 계획을 수립할 때나 새로운 프로젝트를 제안하는 경우에는 자잘한 내용보다는 고객의 편의를 큰 폭으로 향상시킬 수 있을 만한 내용을 다뤄야 한다. 규모가 크고 비전이 있는 제안이 아니라면 자원을 할당받기가 쉽지 않다.

100개 이상의 목표를 설정하다

아마존의 기업 문화는 아마조니언 일상의 모든 순간에 빼곡히 들어차 있다. 매일 업무를 진행하면서 아마존다운 사고방식과 행동 양식을 철저히 실행해야 한다.

문서 작성 원칙을 통해 엿볼 수 있듯이, 모두가 평소 불분명한 표현은 사용하지 않으려 노력하고 있다. 논의를 할 때도 반드시 각자 분석한 데이터를 바탕으로 주장을 펼친다. 예컨대 '50퍼센트 증가가 목표다', '50BPS 만큼 개선하겠다'라는 식으로 구체적인 수치를 제시하는 것이다.

목표의 달성 정도는 '메트릭스metrics'라고 하는 지표로 관리하며, 오직 수치로 증명해 보이기 위해 각자 맡은 바를 우직하게 밀고 나간다.

예를 들어, 내가 마켓플레이스를 총괄하던 시절에는 100개 이상의 목표를 설정했다. 리더십 원칙 중 'Deliver Results'를 소개할 때 설명했던 것처럼 목표 설정 시에는 매출이나 이익처럼 외부 요인에 의해 좌우되는 '아웃풋'이 아닌 '상품 수', '판매자 수', 'FBA 이용률', '신규 서비스 론칭'과 같이 우리 스스로 통제하고 달성할 수 있는 '인풋'에 초점을 맞춘다.

목표는 또한 그 내용에 따라 몇 단계의 레벨로 구분된다.

가장 중요한 목표는 '에스팀 목표[S-Team Goal]'라고 부른다. 시애틀 본사에는 'S-Team(에스팀)', 즉 'Senior Leadership Team'이라고 하는 높은 직급의 멤버로 구성된 조직이 있다. 에스팀 목표는 이들이 직접 관여하는 목표를 의미하며, 이를 달성해야 하는 각 부문 책임자들은 에스팀에게 정기적으로 진행 현황을 보고해야 한다.

이보다 레벨이 한 단계 낮은 것은 'QBR[Quarterly Business Review]'이라는 회의체에서 관리하는 목표다. QBR에 상정된 각 안건에 대해서는 각국 여러 부서의 업무를 총괄하는 미국 본사의 바이스 프레지던트와 시니어 바이스 프레던트를 대상으로 분기마다 한 번씩 진행 현황을 보고해야 한다.

한 단계 더 내려가면 'MBR[Monthly Business Review]' 목표가 있다. 각 사업본부 단위로 매월 지속적으로 관리하며 그 현황을 월간 업무보고서에 담아내야 한다. 그리고 'Team Goal'은 경영진에게 보고할 필요 없이 각 팀 내에서 관리해야 하는 목표를 뜻한다.

이처럼 보고 대상에 따라 목표가 정교하게 구분되어 있고 달성 현황을 관리하는 체계가 전 세계 공통으로 확립되어 있기 때문에, 한번 진행하기로 한 일은 투명하면서도 원활하게 추진해 나갈 수 있다.

아마존에서는 교의, 신조, 기본 원칙 등으로 해석될 수 있는 'Tenet(테넷)' 또한 중요하게 다뤄지고 있다. 새로운 프로젝트나 서비스를 기획하고자 할 때는 반드시 테넷부터 정하고 시작한다. 내가 아마존에서 마지막으로 담당했던 아마존 비즈니스라는 B2B 서비스의 테넷은 총 여섯 개였다. 대중에 공개된 정보는 아니기 때문에, 여기서는 그중 한 가지만 간략히 소개하려 한다.

Our customers range from individual owner operators to enterprise businesses worldwide, and we will recognize that they have different needs that must be met.

우리의 고객은 개인 기업부터 대기업까지 다양하며 그에 따라 요구 사항도 제각기 다르다. 우리는 이 모든 요구에 반드시 부응해야 한다.

일반 고객을 대상으로 하는 B2C 사업의 경우 특정 국가만을 위한 기능은 거의 개발하지 않지만, B2B의 경우에는 국가별로 상이한 비즈니스 관례와 요구 사항에 맞게 적극적으로 대응하고 있다. 위에서 소개한 테넷이 전제되어 있었기에, 일본의 B2B 고객용으로 특별한 기능을 개발해야 할 때 적극적으로 요구 사항을 청취하고 개발을 진행할 수 있었다.

일본에서 독자적으로 개발한 대표적인 기능으로는 물품 구매 시 사내 품의에 필요한 견적서를 발행하는 기능이나, 월마감 시 다음 달에 결제를 진행하는 기능을 들 수 있다.

아마존이 고집하는 '이노베이션'이란 무엇인가

아마존에서는 프로젝트를 수행한 후 반드시 '포스트모템 Postmortem'이라는 리뷰 미팅을 진행하도록 의무화하고 있다. 프로젝트 제안서에 언급했던 목표를 달성했는지, 만약 달성하지 못했다면 그 원인은 무엇인지, 예상하지 못했던 변수는 무엇이었는지 등에 대해서 논의하는 자리다. 해당 프로젝트에 관여했던 여러 부서의 수많은 직원들이 한자리에 모여 몇 시간이 걸리더라도 세밀한 부분까지 이야기를 주고받는다.

리뷰 미팅이라는 개념 자체는 다른 여러 기업에서도 실시하고 있을 만큼 특별할 것이 없지만, 아마존에서는 논의의 밀도 자체가 다르다. 참여자들은 'Dive Deep'하여 서로 한 치의 양보도 없이 장시간 치열하게 논의한다. 이러한 포스트모템은 아마존의 사풍을 형성하는 요소 중 하나다. 당연한 이야기이지만, 논의 과정에서 도출된 성공 원인과 반성 포인트는 차기 프로젝트 진행 시 서비스의 질과 고객 만족도를 한층 더 높이는 데 활용된다.

신규 프로젝트는 앞에서 설명한 '피자 두 판의 법칙', 즉 피자 두 판을 나눠 먹을 수 있을 정도의 소수 인원(10명 미만)으로 우선 시작해 보는 것이 원칙이다. 처음부터 큰 규모로 시작해 많은 시간과 비용을 들이기보다는, 소수의 인원으로 과감하게 도전해 보는 것이다. 이는 'Bias for Action'을 몸소 실천하는 하나의 예다.

이렇게 신속한 의사 결정과 망설임 없는 도전을 장려하는 한편, 조직 구성원들이 장기적이고 혁신적인 사고를 습관화할 수 있도록 여러 가지 제도적 장치도 마련해 놓았다.

아마존은 '시장의 질서를 파괴할 만한 혁신적인 아이디어'를 내도록 직원들에게 늘 요구하며, 때로는 강제적으로라도 그렇게 하게끔 유도하기도 한다.

매년 한 번씩 미국 본사에 예산안을 제출할 때에는 반드시 '롱 레인지 플래닝Long-range Planning'이라 하는 향후 3년에 대한 중장기 계획을 함께 제시해야 한다. 3년 후의 목표를 구체적인 수치로 명확히 설정해야 하지만, 이는 경영진에게 정기적으로 보고하기 위한 것은 아니다. 대신, 현실적인 한계를 지나치게 따지는 것보다 기존의 상식을 깨부술 만한 '혁신적인 아이디어'를 충실하게 담아내야 한다.

물론, 정기적으로 보고할 내용이 아니라고 해서 얼토당토않은 생각을 마구 써 내려가는 것은 아무런 의미가 없다. 각 부서의 담당자가 해야 할 일은 자신이 짜낸 아이디어를 실현하기 위해 끊임없이 다른 사람들과 의논하고 시행착오를 거듭해 보는 것이다.

한편, 본사는 물론 각국의 법인에서는 1년에 한 번씩 '이노베이션 서밋'이라는 행사를 개최한다. 이러한 이벤트를 통해 얻고자 하는 것은 두말할 필요 없이 '혁신적인 아이디어'다.

간부급 직원 수백 명이 커다란 공간에 모여 진행하는 워크숍에서는 참석자 모두 '자신이 3년 후에 실현해 보고 싶은 것'을 포스트잇에 적어서 제출해야 한다. 주제는 물류나 시스템에 관련된 것부터 완전히 새로운 서비스에 이르기까지 다양하다. 주제가 비슷한 사람들끼리 하나의 그룹이 되어 토의를 진행하고, 이를 통해 가장 좋은 아이디어를 10개 정도 추린다.

간부 사원들이 한데 모여 추려낸 '혁신적인 아이디어'는 각각 프로젝트화되며, 각 사업부서의 임원은 스폰서이자 조언자로서 조금 더 구체적인 실현 방안을 도출할 수 있도록 지원한다. 그런 후에는 3년 후 반드시 실현해야 할 회사의 목표로 지정하고 집중적으로 관리한다.

6개월에 한 번 정도는 혁신적인 업적을 쌓은 직원에게 '도어 데스크Door desk'라는 상을 수여한다. 이는 창업 당시 주차장 문을 책상으로 사용한 일화에서 비롯된 것으로, 문자 그대로 작은 책상 모양의 미니어처를 선물한다.

한편 '저스트 두 잇Just do it'이라는 상은 말 그대로 '주저하지 않고 일단 실행부터 해 본' 직원에게 수여하며, 나이키의 유아용 신발을 선물한다. 상금이나 상품을 수여하지는 않지만 많은 사람들로부터 인정받았다는 사실 하나만으로도 아마조니언들은 에너지를 얻는다.

아마존이 이토록 고집하는 '이노베이션'이란 과연 무엇일까? 이는 아래 세 가지로 정의 내릴 수 있다.

〔 이노베이션이란 〕
· 언제나 '상식의 기준'을 새로이 써 나가는 것
· 언제나 '고객의 기대와 요구'를 뛰어넘는 것
· 언제나 '장기적인 안목'을 가지고 바라보는 것

아마존의 서비스는 실제로 끊임없이 '상식의 기준'을 새로 써왔다.

아마존이 '당일 배송' 서비스를 시작한 것은 2009년부터였다. 당시에는 상식을 뛰어넘는 서비스였지만, 오늘날 전자상거래 분야에서는 당연한 것으로 받아들여지고 있다. 그리고 현재는 중단된 서비스 '대시 버튼'도 출시 당시에는 고객의 상상을 초월하는 서비스였다.

마켓플레이스를 아우르는 싱글 디테일 페이지도 마찬가지다. 이것이 등장하기 전까지만 하더라도 온라인으로 물건을 판매하려면 사업자들이 자체 사이트를 구축하는 것이 상식이었다. 이를 통해 아마존은 남보다 빠르게 성장할 수 있는 원동력을 마련했다.

아마존의 혁신은 현재진행형이다. 최근에는 드론 배송과 로봇 배송에 도전하고 있다. 매출의 10퍼센트 이상을 지속적으로 투자하고 있는 아마존은 당장 눈앞에 보이는 이익을 취하는 것보다 성장 가능성의 확대를 더 중시한다.

그 결과, 전자상거래 업체라는 틀을 깨고 다양한 신규 서비스를 출시했으며 그중 상당수가 성공했다.

'알렉사', '킨들', '파이어 TV 스틱(Fire TV Stick, 셋톱박스)', 'AWS', '프라임 나우', '아마존 고' 등은 수많은 고객의 생활에 침투한 뒤 전 세계 표준으로 자리 잡았다. 지금 이 순간에도 끊임없이 새로운 서비스가 기획되고 있으며, 머지않아 세상에 그 모습을 속속 드러낼 것이다.

아마존 용어 중에 이노베이션이라는 말 대신 쓰이는 키워드가 있다. 그것은 바로 'Wow!(와우!)'라는 감탄사다. 아마존의 사무실에는 'Wow!'라는 감탄사가 울려 퍼지고 있을 것이다.

마냥 열심히 하는 것이 아닌 메커니즘이 작동하게 해야 한다

앞에서 설명한 것처럼 아마존은 수요 예측, 발주, 가격 설정 등 다양한 업무를 자동화했다. 제조사나 도매상 등에 발주할 수량은 인공 지능이 재고의 수량과 수요를 세밀하게 예측한 뒤 결정한다. 그리고 만약 재고량이 필요 이상으로 늘어나면 자동으로 가격 인하를 실행한다.

아마존이 얼마나 메커니즘을 중요하게 여기는지를 여실히 보여주는 표현이 있다.

"Good intention doesn't work, only mechanism works."

단순히 열심히만 해서는 안 된다. 메커니즘이 작동하게 해야 한다.

'Good intention'은 직역하면 '선의'이지만 여기서는 '노력과 근성' 정도로 의역할 수 있다. 사람은 아무리 노력해도 언젠가 한계에 부딪힐 수밖에 없고 실수를 저지르게 마련이다. 따라서 반드시 필요하다고 판단되는 '업무'는 아주 세부적인 부분까지 시스템으로 대체한 뒤 메커니즘화, 즉 자동화해 나가야 한다는 것이 아마존의 기본 철학이다.

예컨대, 고객 서비스 시스템에는 '안돈 코드^{Andon Code}'라는 도구가 있다.

'Andon'의 어원은 일본어인 '行灯(본래 운반 목적이었던 등불, 즉 행등을 의미함)'이다. 일본 가정집에 가보면 조명을 껐다 켰다 할 수 있는 줄(코드)이 천장에서 아래쪽으로 드리워져 있는 모습을 흔히 볼 수 있다. 공장처럼 연속된 생산 라인을 운영하는 곳에서는 도중에 문제가 발생하면 코드를 당기거나 버튼을 눌러서 다른 작업자들에게도 그 사실을 알리게끔 하고 있다. 이런 행위 자체를 통칭하여 '안돈 코드'라고 한다.

아마존은 고객 서비스 시스템에서 사용하는 도구 중 한 가지에 안돈 코드라는 이름을 붙인 것이다. 어떤 상품에 동일한 문제가 반복될 경우 '안돈 코드'를 클릭하면 해당 상품의 판매를 곧바로 중단할 수 있다. 코드를 클릭하면 즉시 그 사실이 상품 담당자와 사업 책임자에게 통지되고, 이들은 곧바로 원인 조사 및 문제 해결을 위한 행동에 돌입한다. 요컨대 아마존의 안돈 코드는 문제가 발생했을 때 신속하게 판매를 중단하기 위한 메커니즘인 것이다.

메커니즘 구축 시 반드시 고려해야 할 세 가지

메커니즘이란 여러 가지 기술적 도구를 활용하여 업무 처리 효율을 극대화한 '완전한 프로세스'를 의미한다.

'메커니즘화'를 위해 가장 먼저 해야 할 일은 '조직의 비즈니스 과제를 선정'하는 것이다. 안돈 코드의 경우, '결함이 있는 제품 때문에 고객이 불편함을 겪지 않게 하는 것'이 최우선 과제다. 그다음 해야 할 일은 과제를 해결함으로써 반드시 달성해야 할 목표를 설정하는 것이다. '결함이 있는 제품의 판매를 즉시 중단하고 이와 관련한 각 부서에 연락하는 것'을 예로 들 수 있다.

메커니즘 구축 시 반드시 고려해야 하는 세 가지가 있다.

첫째는 '도구^{Tool}'다. 자동화해야 할 업무가 식별되면, 담당자는 이를 위한 도구가 필요하다고 제안하고 시스템 부서에 개발을 요청한다. 이때 개발되는 도구는, 예컨대 '고객이 서비스 부서에 불편 신고를 한다'라는 인풋을 '담당자에게 연락하여 판매를 중단한다'라는 아웃풋으로 자동 변환하는 기능을 수행한다. 지금까지는 동일한 업무를 처리하기 위해 몇 번의 사람 손을 거쳐 그때그때 판단을 내려야 했지만, 자동화 도구를 도입한 이후에는 순식간에 처리할 수 있게 되는 것이다.

두 번째 포인트는, 그렇게 개발한 도구를 가급적 많은 사람들이 '도입^{Adoption}'하도록 독려하는 일이다. 도구의 가치는 이를 사용하는 사람과 부서가 늘어날수록 커지기 때문이다. 리더는 도구의 도입률을 지표로 관리하는 것은 물론 목표 달성을 독려하기 위한 인센티브 제도를 마련하는 등 전략적으로 고민하고 실행에 옮길 필요가 있다.

도입률을 높이기 위해 가장 먼저 해야 할 일은 해당 도구를 반드시 사용해야 할 여러 부서를 한데 엮어서 공통의 목표를 설정하는 일이다. 고객 서비스 차원에서 활용 중인 '안돈 코드'의 경우에는 소매 부문, 풀필먼트 센터, 고객 서비스 부문 등이 연계되도록 개발한 뒤 소수의 인원이 시험 운영에 참가하여 코드 클릭 시 제대로 잘 작동하는지를 여러 차례 테스트해 보았다. 테스트를 모두 완료한 후 모든 관계 부서로 확산했고, 그 결과 오늘날처럼 고객 서비스의 품질을 높은 수준으로 유지하는 데 기여하게 됐다.

세 번째 포인트는 '검증^{Inspection}'이다. 메커니즘화를 통해 업무의 효율을 극대화하려면 도구의 완성도를 높이고 가급적 더 널리 확산해야 한다. 이제 막 개발을 완료한 도구가 당초 기대했던 성능을 곧바로 발휘하는 경우는 드물다. 관계 부서의 리더들과 여러 차례 논의해서 부족한 점을 발견하고 메워 나가는 것이 대부분이다. 그 후에는 조금 더 많은 사람들이 활용해 볼 수 있게 한 뒤, 이들이 언급한 다양한 의견을 반영해서 더욱 개선해 나가는 것이 일반적이다.

이뿐만 아니라 이상이 생겼을 경우 즉시 알람을 울릴 수 있도록 도구의 상태 정보를 수치화, 지표화하는 것도 중요하다. '안돈 코드'의 경우, WBR 등의 정기회의 시 안돈 코드의 운영 상태와 관련한 지표 값을 보고하며 정상 수치를 벗어났을 시에는 참석자들이 머리를 맞대고 'Dive Deep'해서 원인을 규명한다. 또한, 고객의 피드백 안에 담긴 중요한 메시지를 놓치지 않도록 정량적인 지표뿐만 아니라 정성적인 부분에도 초점을 맞춰야 한다. 새로운 도구가 계속해서 도입되고 완성도 또한 높아지면서 아마존의 메커니즘은 날이 갈수록 강력해지고 있다.

제7장

아마존에 주어진 과제

철저한 정보 관리와 향후 풀어가야 할 과제

마지막으로, 아마존의 정보 관리와 컴플라이언스^{compliance}(준법감시)에 대한 자세를 설명해 보고자 한다.

당연한 이야기이지만, 아마존 재팬을 비롯한 전 세계 아마존은 컴플라이언스 이슈가 발생하지 않도록 늘 만전을 기한다. 각국의 법·제도적 요건에 맞춰 신속히 대응하는데, 예컨대 아마존 재팬의 경우 일본의 독점 금지법을 철저히 이해하고 이를 준수하는 데 심혈을 기울이고 있다.

법무 담당 부서는 일본과 미국 양쪽의 변호사 자격을 취득한 인재를 확보하고 각 사업 부분별로 담당자를 배정한다. 제품 공급자와의 가격 협상 건 하나하나를 자세히 살피며 혹시 컴플라이언스 이슈가 발생할 소지가 있는지 점검한다.

회사 밖으로 나갈 문서뿐만 아니라 사내용 자료 역시 배포되기 전 법무부서의 확인을 받는다. 또한, 전 사원을 대상으로 한 교육도 철저하게 실시하고 있다.

언론 인터뷰에 응할 때는 실언을 조심해야 한다

아마존은 정보를 관리하는 일에도 많은 노력을 기울인다. 회사 밖에서 무엇인가를 발표하는 사람들은 반드시 사전에 PR Public Relation 부서의 교육을 받도록 의무화했다. 기자들을 상대해야 할 때에는 반드시 PR부서의 담당자와 동석해야 한다. 공식적인 자리에서 실언하지 않도록 통제하고 기자들에게 공개하는 정보가 과연 고객에게 도움이 될 만한 내용인지, 혹시 불필요한 정보가 포함되어 있는 것은 아닌지 등을 철저히 확인하기 위해서다.

보도자료 초안은 담당 부서에서 작성하지만, 언론에 배포하기 전에는 반드시 홍보부서와 법무부서의 승인을 받아야 한다. 서비스를 새로이 론칭하는 등 어떤 이벤트가 있어 기자 회견을 개최하는 경우에는 PR부서와 함께 예상 질문과 답변을 작성하고 이를 토대로 리허설을 진행한다.

아마존은 유통총액과 구비한 상품의 가짓수 등을 공표하지 않는데, 외부에 반드시 공개해야 할 정보와 공개해봤자 고객에게 득이 될 것이 전혀 없는 정보를 엄격하게 구분 짓기 때문이다. 특히 대외적으로 오해를 사기 쉬운 용어는 최대한 사용을 자제한다. 예컨대, '플랫폼'이나 '시장 점유율'처럼 시장을 점유하는 행동과 관련된 단어들은 사용하지 않는 것을 원칙으로 한다.

기본적으로 투자자의 이익에 반하거나 고객 경험과 아무런 관계가 없는 수치는 공개하지 않는다. 그 대신, '지구상에서 가장 고객을 소중하게 여기는 기업'이라든지 '지구상에서 가장 많은 상품을 판매하는 곳'이라는 식의 문구를 반복적으로 내건다. 나 또한 기자 회견에 참석한 사람들 앞에서 이와 같은 문구를 언급한 적이 여러 번 있다.

공식적인 자리에서 실언하는 까닭은 대부분 발표자가 개인의 견해를 지나치게 앞세우기 때문이다. 충분한 사전 준비 없이 아무렇게나 내뱉은 말이 회사에 불이익이 되어 돌아오는 사태는 어떻게든 방지해야 한다. 사내에서 지위가 올라갈수록 정보를 세심하게 다룰 줄 알아야 한다. 참고로 나는 이미 아마존을 떠난 입장이기는 하지만, 본서를 집필하는 과정에서 회사의 비공개 정보를 흘리지 않도록 주의를 기울였다.

아마존을 떠난 사람에게만 보이는 것들

지금까지는 아마존의 강점에 대해서만 소개했지만, 이제부터는 그들에게 남겨진 과제가 무엇인지 살펴보려고 한다. 이는 아마존을 떠난 사람이기에 보이는 것들이다.

제프 베조스는 '향후 언젠가 정부의 제재를 받고 독점 금지법 위반 시비가 붙을 가능성이 있다는 것이 큰 걱정거리'이며, '아마존이 거대한 기업이라는 것은 기정사실이고, 조직의 규모가 일정 수준 이상 커지면 그것이 기업이든 정부든 공격을 받을 수밖에 없다'고 말한 적 있다[59].

아마존이 전 세계 곳곳에서, 그것도 다양한 분야에서 성장을 거듭하고 있는 까닭에 일본의 공정거래위원회처럼 각국의 감독 기관으로부터 늘 감시당하고 있다. 예를 들어 미국에서는 아예 '아마존 이펙트(Amazon effect, 아마존에 의한 영향)'이라는 딱지를 붙이고는, 아마존의 그늘에 가려 소매점들이 줄도산하고 있다는 소식을 심심치 않게 보도하고 있다[60].

일본에서는 과거 이런 일도 있었다. 아마존 재팬은 미일 양국이 체결한 조세 조약에 근거하여 미국에 법인세를 납부하고 있었지만, 느닷없이 '왜 일본에서는 신고 납세를 하지 않느냐[61]'는 뉴스가 터져 나오는 바람에 졸지에 '공공의 적'으로 몰린 바 있다. 그 이후에도 꾸준히 아마존 재팬이 실제로 버는 것에 비해 법인세를 너무 적게 내는 것 아니냐는 지적을 받아왔다[62]. 그렇다. 아마존은 잘하든 못하든 늘 주변의 따가운 시선을 한 몸에 받아야 하는 존재가 된 것이다. 다만 아마존이 기본적으로 비밀주의를 고수하다 보니 충분한 설명과 원활한 정보 공개가 이루어지지 않아 이를 비판하는 사람들의 입장 또한 어느 정도 이해한다.

하지만 아마존은 일본에서 비즈니스 확대를 통해 경제에 긍정적인 영향을 미치고 있으며, 일본 시장에 적응하기 위해 착실히 준비해 왔다는 점은 인정해 줄 필요가 있다. 경단련(일본 최대 경제인 단체인 일본경제단체연합회의 줄임말)에 가입했다는 점[63], 그리고 매년 많은 사람을 신규 채용하고 있을 뿐 아니라 다른 나라의 아마존과 달리 대졸 신입 채용도 해마다 늘려가고 있다는 점은 일본 시장의 관습에 적응해 나가고 있음을 보여주는 대표적인 예다.

또한 아마존은 마켓플레이스를 통해 일본 산업에 지대한 공을 세우고 있다. 마켓플레이스에서는 수십만 이상의 판매사업자가 활동하고 있으며, 이들 중 대부분을 차지하는 중소기업과 개인사업자는 마켓플레이스를 통해 사업 기회를 포착하는 것은 물론 해외 진출도 가능하다. 그 결과, 지역 사회에 고용이 꾸준히 창출되고 있는 것은 사실이다. 그러나 아무리 공을 많이 세워도 각 분야에서 영향력을 확대해 나가는 한 앞으로도 많은 감시의 눈초리는 계속될 것이다.

다음으로 살펴봐야 할 것은 회사가 급격히 성장함에 따라 불가피하게 발생하는 조직상의 빈틈에 대한 것이다.

고객 중심주의를 기업의 이념으로 내세우면서도, 실제로는 고객 서비스 담당자를 제외한 대부분의 아마조니언들은 고객을 직접 대할 기회가 없다. 고객과는 오직 '데이터'를 통해서만 간접적으로 만날 뿐인 것이다.

물론 고객이 수천만 명에 달하는 상황에서는 그들의 행동패턴을 정량적인 데이터를 통해 파악해야 하고, 유의미한 결론을 얻을 수도 있다. 다만 지나치게 데이터만 가지고 씨름하면 앞에서 언급했던 상품 라인업, 가격, 편의성이라는 펀더멘털에 대해 어떠한 의문과 호기심도 갖지 않은 채 그저 묵묵히 위에서 시키는 대로만 개선해 나갈 가능성이 있다.

또한 메커니즘화가 진행되면서 비즈니스의 전개 규모와 속도가 점차 빨라지고는 있지만, 조직적으로는 충분히 뒷받침되지 않는 것이 문제다. 극단적으로 이야기하면, 메커니즘화가 완료된 서비스는 사람이 더 이상 개입하지 않아도 알아서 작동하게 되지만 한번 문제가 발생하면 그 파장이 일파만파 커질 가능성이 있다. 문제 발생 초기에 자세히 들여다보고 원인을 파악할 사람이 없기 때문이다.

제조업체와의 관계도 마찬가지다. 자동화 비중이 커질수록 제조업체와의 소통이 줄어들고 있으며, 아마존이 제조업체에 앞으로 더 무리한 요구를 할 경우 과거 대형 소매점이 제조업체의 신뢰를 잃었듯이 신뢰 관계가 무너져버릴 가능성이 있다. 이렇게 되면 결국 상품 조달 능력에 심대한 타격을 입을 수밖에 없다.

아무리 채용을 늘려도, 아마존의 기업 이념과 리더십 원칙을 이해하고 이를 바탕으로 총괄 지휘할 리더를 길러내려면 어느 정도 시간이 필요하다. 또한, 업무가 기능별로 지나치게 세분화된 탓에 어느 정도 육성되더라도 누군가가 만들어 놓은 것을 유지하고 보수하는 일에 재미를 느끼지 못해 얼마 못가 그만두는 사람들도 있다.

전 세계 사람들이 주목하는 기업인 아마존은 단지 겉모습만 화려한 것이 아니라 직원들에 대한 처우도 실제로 우수하다. 아마조니언 중 대부분이 자부심을 가지고 생활하고 있지만, 조직이 지나치게 비대해짐에 따른 반작용으로 우수한 인력이 이탈할 가능성도 있다. 즉 조직이 거대해지면서 업무가 잘게 쪼개졌고, 그런 까닭에 '오너십(회사 전체를 시야에 넣고 행동하는 것)'을 발휘하려 해도 현실석인 제약이 많다 보니 일에서 흥미를 느끼지 못하게 되는 것이다.

한편, 세간으로부터 워낙 뜨거운 관심을 받다 보니 아마조니언들은 부지불식간에 자만심을 가지게 됐고, 오직 아마존이 일하는 방식만이 정답이라는 생각에 매몰된 채 주변을 살피지 않는 우를 범하기도 한다. '리더십 원칙'에 따라 아마존의 고유성과 차별성을 추구하는 것은 바람직하지만, 이것이 지나치면 다른 이들이 다가오지 못하게 만드는 배타성으로 흐를 가능성도 있다.

또한 기능별 조직이 증가함에 따라 회의체와 이해관계자가 늘어나면서 의사 결정 속도가 둔화되었고, 회의용 자료를 준비하느라 자기 본연의 업무에 차분히 몰입할 수 있는 시간 자체가 줄어들었다. 한 가지 사안에 대해 의사 결정을 받기 위해 사전에 여러 단계의 승인 프로세스를 거쳐야 하는 일도 비일비재하다. 점점 일본 기업의 복잡한 결재 문화와 비슷해져 가고 있는 것이다.

사원의 수가 급증하면서 경영진과 각 사업담당자 간의 커뮤니케이션 기회가 줄어들고, 이 때문에 서로가 느끼는 위기감과 여러 가지 생각을 조직 내에 전파하기가 예전보다 어려워졌다. 또한 시스템 전체가 비대하고 복잡해지면서 새로운 기능을 추가하는 데에도 전보다 더 많은 시간이 걸리곤 했다.

일본 시장의 과제

아마조니언은 'Day 2'의 위험성에 대해서 충분히 인지하고 있다. 계속해서 성장하려면 조직 내부 구조 또한 혁신할 필요가 있다.

고객 입장에서 아마존이 상품군을 풍부하게 갖춘 것은 사실이지만 시간이 갈수록 액면 그대로 믿기 어려운 상품평과 모조품이 증가하는 추세이며, 같은 제품인데도 싱글 디테일 페이지가 아닌 별도의 페이지에 표기되는 경우도 종종 발생하고 있다. 이뿐만 아니라 사업 규모가 커질수록 배송 속도가 조금씩 느려지고 있다. 문제를 해결하기 위해 다각도로 손을 써보지만, 회사가 워낙 맹렬한 속도로 성장하는 상황이라 각각의 대책이 제대로 된 효과를 발휘하지는 못하고 있다.

또한, 아마존에서 일한다는 것은 롤러코스터를 타는 것과 같다. 잠시라도 편안하고 느긋하게 생활할 수 없다는 뜻이다. 더구나 늘 같은 레일 위에서 달리는 것도 아니다. 기존 레일을 끊임없이 고쳐 나가면서도 동시에 새로운 레일을 구상하고 깔아야 한다. 직원 입장에서는 엄청난 부담일 수밖에 없다.

미국 본사가 엄청난 성공을 구가하고 있는 데 비해, 아마존 재팬은 아직 그 정도의 성과를 내지는 못하고 있다. 미국 본사는 연 매출액이 900억 달러를 돌파한 뒤에도 전년 대비 33퍼센트 성장이라는 놀라운 기록을 써 내려가고 있다. 한편 일본의 경우 전체 소매 시장에서 전자상거래가 차지하는 비중이 작다. 그럼에도 불구하고 아마존 재팬은 연 매출액 1조 엔을 돌파한 이후 성장세가 둔화되어 2018년에는 전년 대비 14퍼센트 성장하는 데 그쳤다.

미국의 경우 지방 도시와 교외 지역에 인구가 분산되어 있으며, 이들 지역에 사는 사람 상당수가 쇼핑에 불편을 겪고 있다. 일본은 이와 다르게 대부분의 인구가 대도시에 모여 살며 어느 동네에 가든 슈퍼마켓과 편의점을 쉽게 찾아볼 수 있기 때문에 쇼핑에 어려움을 겪는 사람들이 미국보다 훨씬 적다. 아마존 재팬의 성장세가 그리 빠르지 않은 것은 바로 이런 이유 때문일 가능성이 있다. 향후 이러한 조건에서도 혁신을 거듭하여 소비자들의 아마존에 대한 의존도를 미국 수준으로 높이는 데 성공하게 될지 귀추가 주목된다.

전 세계 공통의 서비스를 제공하는 것이 아마존의 신조이기는 하지만, 일본 시장의 돌파구를 마련하려면 아마존 재팬만의 독자적이고 획기적인 서비스를 반드시 개발해야 한다.

마치며

내가 아마존 재팬에서 근무했던 10년 동안 아마존은 세계적인 기업으로 도약했다. 일본에서도 고객 중심주의 전략의 일환으로 저가격 정책과 업무 효율화를 철저히 이행했고, 그 결과 소비자들에게 편리함을 제공하고 라이프 스타일을 변화시켰다.

한편, 기존 플레이어를 비롯한 저항 세력은 이러한 아마존의 노력을 감정적으로 비판하고 폄하하기 일쑤였다. 그러나 하루가 멀다고 전 세계가 하나의 시장으로 통합되고 있는 오늘날, 감정적인 호소는 전혀 통하지 않는다. 세계적인 기업들은 이미 자체 플랫폼을 기반으로 업계의 표준을 장악해 나가고 있으며, 이로 인해 지금까지 일본에서 '상식'으로 통하던 많은 것들이 빠르게 그 의미를 상실해가고 있다.

일본 기업들이 뛰어난 기술력을 보유하고 있음에도 불구하고 전 세계 표준을 정립하고 확산하기는커녕 점차 외딴섬이 되어가는 이유가 무엇일까? 이 책을 읽다 보면 그 이유를 어느 정도 추정해 볼 수 있으리라고 본다.

아마존이 승승장구하는 동안, 일본 기업 다수는 지난 30년간 성장을 거의 멈추다시피 했다. 조금 고리타분한 이야기로 들릴지는 모르겠지만, 이는 야마토다마시이(대화혼大和魂, 용감함과 청렴함을 중요하게 여기는 일본 민족 고유의 정신)를 품은 일본인 입장에서 상당히 유감스러운 일이다.

럭비 월드컵과 도쿄 올림픽 등을 계기로 전 세계에서 많은 사람들이 일본에 방문했고, 그중 대부분이 일본 사회 전반에 널리 퍼져있는 안전성, 편리성, 친절함에 대해 높이 평가해왔다. 또한, 각종 언론 매체는 외국인들이 일본 문화와 기술, 상품의 우수성에 대해 다들 감탄하고 있다며 마치 그것이 전세계 모든 사람들의 공통된 시각인 양 보도했다.

훌륭한 문화를 가지고 있다고 자신 있게 말하는 것, 그 자체를 부정할 생각은 없다. 나 역시 동감하기 때문이다. 다만, 자화자찬이 너무 심하면 자칫 '우물 안의 개구리'로 전락할 위험성이 있다. 이 정도면 충분하다는 생각에 취한 나머지, 세상이 어떻게 돌아가고 있는지에 대해 관심조차 갖지 않게 되는 것이다.

나는 1989년부터 20년간 해외에서 주재원으로 활동했고 귀국 후에도 10년간 외국계 기업에 몸담았다. 그리고 30여 년 동안, 일본의 위상이 해를 거듭할수록 평가 절하되고 있음을 피부로 느낄 수 있었다. 위기를 너무 강조하다 보면 상대방을 위축시킬 우려가 있다고 하지만, 그렇다고 일본의 경쟁력이 쇠락해가는 상황에서조차 자존심과 자부심을 가지라 선동하는 것은 결코 바람직하지 않다고 본다.

경제 기사에서 자주 인용되는 내용 한 가지를 소개해 보자. 1989년에는 전 세계 20대 기업(시가 총액 기준) 중 무려 14곳이 일본 기업이었지만, 2019년 8월 말을 기준으로는 단 한 곳도 없다. 그나마 상위 50위 내에 이름을 올린 회사는 43위의 도요

타^{Toyota}, 단 한 곳뿐이었다. 요즘 세상에서는 더 이상 일본의 경영 방식이 통하지 않는다는 사실을 여실히 보여준다.

참고로 1위는 마이크로소프트, 2위는 애플, 3위는 아마존, 4위는 알파벳(구글), 5위는 페이스북이었다. 다섯 회사 모두 자체 플랫폼을 보유하고 있으며, 이를 경쟁력의 원천으로 삼고 있다. GAFA(또는 GAFAM$^{구글, 애플, 페이스북, 아마존, 마이크로소프트}$)는 세상을 온통 뒤흔들고 있으며, 최근에는 주가 변동에 따라 이들 다섯 개 기업의 순위가 엎치락뒤치락할 뿐 다른 기업이 끼어들 틈을 주지 않고 있다.

1989년부터 약 20년간 해외 6개국에서 근무하는 동안, 특히 90년대에는 비록 버블이 붕괴됐다고는 해도 일본 기업들은 여전히 저력을 가지고 있었다. 해외에서 영업 활동을 하던 시절 '메이드 인 재팬$^{Made in Japan}$'은 고품질의 대명사나 다름없었고, 해외 고객들도 그 수준의 품질을 요구했다. 나도 모르게 콧대가 높아지고 어깨를 으쓱하게 되는 일이 자주 있었다.

일본 제품의 품질이 저하된 것은 아니지만, 중국 등 여러 후발 주자들이 기술 혁신을 통해 무서운 속도로 뒤쫓아 왔고 때로는 참신한 아이디어까지 더하여 일본 기업들을 위협했다. 일본 기업들은 예전처럼 차별화된 제품과 서비스를 내놓지 못했고, 특히 디팩토 스탠더드(De facto standard, 공식적인 기관을 통해 표준으로 등록된 것은 아니지만 뛰어난 편의성과 성능으로 시장에서 인정받아 사실상 업계의 표준으로 받아들여지는 것)로 자리 잡는 일, 플랫폼을 만들어 널리 확산하는 일 측면에서 이렇다 할 성과를 내지 못했다. 마케팅 전략과 판매 전략 면에서도 상당히 뒤처진 상태다.

이와 같은 상황을 두고 어떤 사람들은 국가가 제대로 된 정책을 수립하지 않았기 때문이라는 둥, 정부가 조금 더 강하게 관리하지 않았기 때문이라는 둥 기업을 둘러싼 환경을 탓하곤 한다. 그러나 비즈니스의 성패는 어디까지나 '개인'이 얼마나 좋은 아이디어를 내고 이를 얼마나 구체적으로 실현하는지에 달렸다. 회사를 떠받치고 사회를 구성하는 개인 한 사람 한 사람이 충분히 자기 역할을 해내지 못한 것이 성장 정체의 근본 원인이 아닐까 싶다.

이뿐만 아니라, 경영자와 관리자가 오로지 일본에서만 통하는 상식에 매몰돼 있다는 점도 후발 주자들에게 패권을 내어줄 수밖에 없었던 요인 중 하나다. 강력한 기업으로 거듭나려면 경영자가 강력한 리더십을 발휘하고 직원들은 혁신적인 아이디어를 계속해서 내놓으며, 이를 구체적인 형태로 전환할 수 있도록 조직 구조와 문화를 형성해야 한다. 이러한 환경을 갖춘 기업에는 자신의 실력을 발휘하고 싶은 인재가 전 세계 곳곳에서 몰려들기 때문에 날이 갈수록 강력해질 수밖에 없다.

이 책에서는 내가 아마존에서 근무하는 동안 익히고 자기 발전의 자양분으로 삼았던 여러 가지 '기준'과 '상식'을 소개했다. 글로벌 선도 기업으로 성장한 아마존이 기준으로 삼는 내용 중에는 일본 기업이 정체 상태에서 탈피하기 위해 반드시 곱씹어 봐야 할 내용이 상당수 포함돼 있다.

지금까지 다양한 측면에서 아마존의 기준인 '절대사고'에 대해 언급했지만, 이제 마지막으로 내가 특별히 강조하고 싶은 '힌트' 몇 가지를 나열해 볼까 한다.

· 심플하면서도 보편적인 비즈니스 모델과 메커니즘

사업의 근간인 비즈니스 모델과 메커니즘이 심플하면서도 보편석이기 때문에 장기적으로 전 세계 모든 직원의 역량을 한데 결집할 수 있다. 또한, 자동화 메커니즘을 구축하여 비즈니스의 규모를 쉽게 확장해 나갈 수 있다.

· 고객 중심주의와 이노베이션

항상 고객의 입장에 서서 서비스를 개발하고 혁신을 도모하기 위해 아낌없이 투자한다. 고객의 만족도 향상이 결국 기업의 성장으로 직결된다고 믿고, 어떤 상황에서도 적당히 타협하지 않는다.

· 강력한 기업 문화와 철두철미한 거버넌스 체계

직원들이 수시로 혁신적인 아이디어를 제안하고 늘 위기의식을 가진 채 새로운 것에 도전하는 기업 문화를 만들어간다. 그 과정에서 리더는 항상 솔선수범하는 모습을 보인다. 그 어떤 상황에도 직원들의 나침반이 되어 줄 강력한 규범을 정립하고, 이를 거의 세뇌하는 수준으로 그들의 머릿속에 힘껏 불어넣는다. 명확한 위계 구조와 철두철미한 거버넌스 체계를 통해 조직적 낭비 요소를 제거하고 비즈니스의 세부적인 사항까지 세심하게 컨트롤한다.

· 데이터 중심주의

정성적인 정보를 간과하지 않으면서도 정량적인 데이터를
철저히 수집하고 분석하여 현상의 본질을 정확히 이해해
나간다. 어떤 판단을 내리기에 경험치가 부족한 경우에는
데이터 분석을 통해 더욱 상세한 부분까지 파고든다.

군이 언급하지 않아도 누구나 잘 알고 있을 법한 내용이라
고 생각할 수도 있다. 그러나 냉정하게 한번 생각해 보자. 알
고는 있지만 과연 제대로 실천해 본 적이 있는지를.

지난 2000년, 그러니까 일본에서 아마존이 온라인상에서
만 상품을 판매하기 시작했을 때 백화점, 슈퍼마켓, 대형 판
매점 등의 소매점들은 대부분 여전히 기존의 사업 방식을 고
수했다. 전자상거래 시장에 깃발을 꽂을 기회가 얼마든지 있
었는데도 말이다. 심지어 그 후 몇 년간도 마찬가지였다.

오늘날 아마존이 일본 소매 시장을 장악하게 된 것은 바로
이 때문이다. 기존의 상식과 다른 무엇인가가 등장하면 단순
히 비판하기보다는 실체를 철저히 분석하고 필요하면 상식을
새로 업데이트해야 하는데, 그렇게 하지 않았던 것이다.

아직까지도 "아마존의 저가격 정책은 시장의 질서를 파괴
하고 이를 통해 이익을 독점하려는 속셈에 불과하다"라고 비
판하는 사람들이 있다. 그런데 이렇게 손가락질하는 이들도
정작 자신에게 필요한 물건을 구입할 때는 조금이라도 저렴

한 것을 찾는다. 과거 일본도 미국과 유럽에서 발명한 제품을 품질은 유지하되 저렴하게 제공하는 방식으로 성공을 구가한 바 있다. 고품질의 상품과 서비스를 합리적인 가격에 제공하는 자가 고객의 신뢰를 얻는 것은 당연한 일이다.

물론, 가격이 아닌 브랜드 가치로 승부하는 기업들도 있다. 그러나 이 경우에도 브랜드를 지지하는 고객들의 기대에 부응한다는, 심플하면서도 강력한 비즈니스 모델에 기초한다는 점에서 저가 전략과 맥을 같이 한다. 안타깝게도 현재 일본 기업 대부분은 가격과 브랜드 중 어떠한 측면에서도 글로벌 고객의 지지를 얻지 못하고 있다.

기업은 중소기업부터 대기업까지, 제조업부터 서비스업까지 규모 면에서나 업종 면에서나 다채롭다. 이 책에서 나는 어디까지나 사업의 성장성과 확장성을 추구하는 아마존의 비즈니스 모델을 중심에 놓고 핵심 성공 요소가 무엇인지를 설명했다.

단, 모든 기업이 규모 확대와 성장을 지향하고 있는 것은 아니며, 기업의 사회적 가치를 중요하게 여기는 곳도 있다. 따라서 이 책에서 언급한 성공 방정식을 그대로 가져다 쓰는 것은 의미가 없고, 아마존이 채택한 전략 외에도 성공에 이르는 길은 무수히 많다. 다만 빠르게 성장을 하면서도 또 다른 성장을 지향하는 곳에서 일하면 하루하루 가슴 뛰고 설레는 삶을 살 수 있지 않을까. 앞에서 정리한 네 가지 힌트는 규모나 업종에 상관없이 어떤 기업에든 적용해 볼 만한 것들이다. 공감되는 부분이 있다면 여러분의 기업에서도 한번 시도해 보기 바란다.

회사가 계속해서 성장하려면, 의사가 환자의 증상과 체질을 고려하여 병을 치료하고 약을 처방하듯이 회사의 구성원 한 사람 한 사람이 자신이 맡은 일과 회사에 가장 적합한 방안을 자발적으로 탐색하고 꾸준히 실천해 나가야 한다. 결코 간단한 일은 아니지만, 누군가가 직접 한 걸음 앞으로 내딛기 전까지는 아무것도 시작할 수 없다.

내가 아마존을 떠난 뒤 컨설팅 업계로 자리를 옮긴 것은 지난 10년간 빠르게 성장하는 기업의 경영자로서 경험하고 축적해 온 것들이 폐쇄성 짙은 일본 기업에 활기를 불어넣는 데 조금은 도움이 되지 않을까 하는 생각 때문이었다. 그리고 그 첫 단추를 채우기 위해 이 책을 펴내게 되었다.

모쪼록 이 책이 누군가에게 성공의 실마리를 제공하기를 바란다. 그리고 이를 통해 부활의 신호탄을 환하게 쏘아 올렸으면 한다.

"제프, 우리의 둘째 날(Day 2)은 어떤 모습일까요?"

최근 아마존의 전사 미팅에서 받았던 질문입니다. 저는 지난 20여 년간 줄곧 오늘이 바로 창업 첫날(Day 1)인 것처럼 생각하고 행동하라고 역설해 왔습니다. 저의 집무실이 위치한 건물의 이름도 'Day 1'입니다. 예진부터 사용했던 이름이지만 본사를 이전할 때 이를 떼어다가 새 건물에 갖다 붙였죠. 집무실에 갈 때마다 저는 늘 첫날의 의미를 되새기곤 합니다.

"Day 2는 곧 정체를 의미하며, 이날 이후 매우 고통스러운 몰락을 경험하고 종국에는 죽음을 맞이하게 될 것이다. 이것이 바로 우리가 항상 '첫날' 같은 하루를 보내야 하는 까닭이다."라고 말입니다.

물론, 몰락은 아주 느린 속도로 진행될 것입니다. 어느 정도 궤도에 오른 기업의 경우 Day 2가 수십 년간 이어질 가능성이 있으며, 이 기간 동안 모든 것이 별문제 없이 굴러가는 것처럼 보일 수도 있습니다. 그러나 언젠가 최후의 날을 맞이하고 말 것이라는 사실 자체에는 변함이 없습니다.

제가 늘 던지는 질문은 이런 것들입니다. Day 2가 찾아오는 것을 막으려면 어떻게 해야 하는가? 이를 위해 어떤 기술을 도입하고 전술을 구사해야 하는가? 조직의 규모가 커지더라도 첫날 정신을 오롯이 유지하려면 어떻게 해야 하는가?

결코 쉽게 답할 수 없는 질문들입니다. 좋은 답을 얻기 위해 고려해야 할 요소는 너무나 많고 정답이 딱 한 가지만 존재하는 것도 아니며, 무수히 많은 생각의 함정이 곳곳에서 우리를 기다리고 있기 때문입니다. 저 또한 100퍼센트 완벽한 답을 내놓을 수는 없지만 적어도 몇 가지는 말씀드릴 수 있습니다. '첫날' 정신을 유지하는 데 필요한 기본 덕목은 '고객에 대한 집착', '본질이 아닌 것에 대한 회의적 시각', '변화하는 환경에 대한 순응', 그리고 '신속한 의사 결정'입니다.

고객에 집착하기

기업이 집중해야 할 요소로는 여러 가지가 있습니다. 경쟁 업체에 집중할 수도 있고 제품, 기술, 비즈니스 모델에 초점을 맞출 수도 있습니다. 하지만 제가 보기에는 고객에 집착하는 것이 창업 첫날의 열정을 유지해 나가는 데 가장 효과적인 방법인 것 같습니다.

그 이유는 무엇일까요? 고객 중심주의를 바탕으로 비즈니스를 전개할 때 얻을 수 있는 이점은 여러 가지가 있지만, 그 중 가장 큰 이점을 설명해 보자면 이렇습니다. 고객은 참으로 경이롭게도, 그리고 아름답게도 결코 만족할 줄 모릅니다. 우리가 제공한 서비스가 나름대로 흡족하다고 평가할 때에도 비즈니스가 순조롭게 진행되고 있을 때에도 마찬가지입니다. 그들은 자신이 정확히 무엇을 원하는지는 알지 못해도 어쨌든 더 나은 것을 갈구합니다. 따라서 고객을 만족시키겠다는 욕심이야말로 새로운 것을 만들어 내기 위한 강력한 동력으로 작용합니다. 프라임 멤버십 프로그램을 만들어 달라고 요구한 고객은 단 한 명도 없었습니다. 그러나 고객의 입장에서서 끊임없이 고민하고 그 결과를 선보이고 나니, 그들이 실제로도 그러한 서비스를 원했음을 확인할 수 있었습니다. 이런 사례는 그 외에도 꽤 많습니다.

첫날 정신을 유지한다는 것의 의미는 무엇일까요? 그것은 바로 고객을 즐겁게 해 줄 새로운 서비스를 탄생시키기 위해 씨앗을 뿌리고 묘목을 관리하며, 실패하더라도 인내심을 가지고 재도전하는 것을 의미합니다. 이와 같은 기업 문화는 고객을 중심에 두고 생각하는 분위기 속에서 가장 잘 잉태됩니다.

본질이 아닌 것에 대해 비판적으로 바라보기

회사의 규모가 커지고 구조가 복잡해질수록 본질보다는 현상만 보고 적당히 만족하려는 경향이 짙어집니다. 이러한 현상은 조직 내에서 매우 다양한 양상으로 나타나며, 이를 방치할 경우 조직이 Day 2로 돌입할 위험성이 있습니다.

가장 일반적인 예는 절차에 매몰되는 경우입니다. 절차가 잘 정돈되어 있을수록 고객에게 가치를 제공하는 데 많은 도움이 됩니다. 그러나 자칫하면 절차 자체가 목적이 되어버릴 우려가 있습니다. 이는 조직 규모가 커질수록 쉽게 발생합니다. 절차를 잘 따르는 것이 좋은 결과를 얻는 것보다 더 중요하게 여겨지는, 주객전도 현상이 발생하는 것입니다. 이런 상황에서는 결과가 형편없더라도 "뭐, 저는 그저 절차를 잘 따랐을 뿐이에요."라고 변명하는 설익은 리더들을 어렵지 않게 찾아볼 수 있습니다. 물론 생각이 있는 리더라면 결과가 좋지 않은 것을 보고 절차상에 문제가 없었는지 돌아보고 개선해 나가겠죠. 하지만 절차는 본질이 아닙니다. 스스로에게 늘 물어봐야 합니다. 우리가 절차를 활용하고 있는 것인지, 아니면 절차가 우리를 지배하고 있는 것인지 말입니다. Day 2에 접어든 기업들은 아마도 후자에 더 가까울 것입니다.

예를 한 가지 더 들어 보겠습니다. 시장 조사와 인터뷰 결과를 맹신하는 것도 본질적이지 않은 것에 매몰되는 행위입니다. 무엇인가 새로운 것을 창조하거나 디자인할 때 특히 조심해야 합니다. "베타 테스트에 참여한 사용자의 55퍼센트가 기능에 만족했습니다. 이는 기존 조사를 통해 확인된 47퍼센트보다 향상된 결과입니다." 이러한 형태의 결과는 그 의미를 제대로 해석하기가 어려울뿐더러 자칫하면 우리를 잘못된 방향으로 이끌 가능성도 있습니다.

탁월한 발명가와 디자이너는 고객에 대해 깊이 있게 이해합니다. 그리고 그 직관을 단련하는 데 엄청난 에너지를 투자합니다. 그들은 시장 조사를 통해 확인된 수치만 보고 성급히 결론 내리지 않고, 고객의 이야기를 듣고 이해하는 데 주력합니다.

그렇다고 제가 베타 테스트나 시장 조사 자체를 부정하는 것은 아닙니다. 다만, 제품과 서비스를 만들어 내는 사람이라면 반드시 고객에 대해 깊이 이해하고 비전을 가져야 하며, 자신이 제공하고자 하는 가치에 대해 애착이 있어야 한다는 점을 말하고 싶은 것입니다. 그렇게 해야만 비로소 베타 테스트와 시장 조사 결과가 여러분이 미처 고려하지 않았던 부분을 채우는 데 도움이 될 것입니다. 서비스를 기획한 사람의 진심, 직관, 호기심, 재미, 배짱, 취향이 뒷받침되어야 제대로 된 고객 경험을 선사할 수 있는 것입니다. 시장 조사 결과만 참고해서는 어림도 없습니다.

변화하는 트렌드에 순응하기

변화하는 트렌드를 발 빠르게 따르거나 순응할 수 없다면 결국 Day 2를 맞이하고 말 것입니다. 트렌드와 대적하는 것은 미래와 싸우는 것이나 다름없습니다. 트렌드를 있는 그대로 받아들이면 순풍에 돛 단 듯 앞으로 나아갈 수 있습니다.

요즘 트렌드를 파악하는 것은 그리 어렵지 않습니다. 수많은 사람들 사이에서 회자되기 때문이죠. 그런데 이상하게도 규모가 큰 기업들은 종종 이를 제대로 받아들이지 못합니다. 우리는 오늘날 거대한 변화의 한가운데에 서 있습니다. 그 변화는 바로 머신러닝과 인공 지능입니다.

컴퓨터의 등장으로 지난 수십 년간 수많은 업무가 자동화되어 왔습니다. 그리고 오늘날에는 머신러닝 덕분에 규칙을 명확히 설정하기 어려운 상황에서도 많은 업무를 자동화할 수 있게 되었습니다.

아마존은 지난 수년간 머신러닝 기술의 실용화를 위해 노력해 왔습니다. 그 결과 몇 가지 가시적인 성과를 올렸습니다. 근거리 물품 배송을 위한 자율 주행 드론, 별도의 계산대가 필요 없는 무인 매장인 아마존 고, 클라우드 기반의 AI 비서 알렉사 등이 대표적인 예입니다. 또한, 최근에는 아마존 에코의 품질을 개선하기 위해 최선을 다하고 있습니다.

저희가 머신러닝을 통해 구현하는 많은 것들은 대부분 쉽게 눈에 띄지 않습니다. 하지만 이러한 머신러닝 덕분에 수요 예측, 상품 검색 순위 산출, 상품 추천, 이상 거래 탐지, 텍스트 번역 등 다양한 분야의 기술 수준이 진일보했습니다. 머신러닝은 앞으로도 이처럼 눈에 띄지 않고 조용히, 그러나 매우 의미 있는 형태로 많은 부분에 영향을 미칠 것으로 예상됩니다.

저희는 어떠한 고객이든 머신러닝과 인공 지능 관련 기술을 저렴한 비용에 손쉽게 도입할 수 있도록 AWS를 통해 다양한 서비스를 제공하고 있습니다.

이미 수많은 분들이 저희가 개발한 P2 인스턴스Instance의 딥러닝 프레임워크를 활용하여 질병 조기 감지 시스템부터 작물 수확량을 늘리기 위한 시스템에 이르기까지 다양한 것들을 개발하고 있습니다. 저희는 이를 이용하여 수준이 한 차원 더 높으면서도 누구나 쉽게 사용할 수 있는 서비스를 개발해 왔습니다. 아마존 렉스(Amazon Lex, 챗봇과 같은 대화형 인터페이스를 개발할 수 있도록 지원하는 도구), 아마존 폴리

(Amazon Polly, 딥러닝 기술을 기반으로 텍스트를 실제 사람의 목소리처럼 변환할 수 있도록 지원하는 도구), 그리고 아마존 레코그니션(Amazon Rekognition, 이미지 및 영상 분석 기능을 쉽게 추가할 수 있도록 지원하는 도구)은 자연어 처리, 음성 변환, 이미지 분석 작업을 예전보다 훨씬 쉽게 진행할 수 있게 해줍니다. API(Application programming interface, 운영체제나 프로그램의 인터페이스를 말함)만 호출하면 손쉽게 활용할 수 있기 때문에 굳이 머신러닝에 대한 전문 지식을 갖출 필요가 없습니다. 이러한 트렌드 변화를 예의주시하고 그 위에 올라타야 합니다. 앞으로 훨씬 더 많은 변화가 여러분을 찾아올 것입니다.

빠르게 의사 결정하기

Day 2 기업들도 훌륭한 의사 결정을 내립니다. 하지만 매우 느린 속도로 결정하죠. 첫날의 에너지와 역동성을 유지하려면 의사 결정의 품질과 속도 사이에서 적정선을 선택해야 합니다. 스타트업처럼 작은 회사라면 쉬울 수 있지만 규모가 큰 조직 입장에서는 매우 어려운 일입니다. 아마존의 경영진은 속도를 중시하기로 했습니다. 속도는 비즈니스에서 매우 중요한 요소입니다. 속도감 있는 분위기는 업무에 대한 흥미를 북돋기도 하지요. 저희가 모든 답을 알고 있는 것은 아니지만, 몇 가지 의견을 공유할까 합니다.

첫째, 모든 의사 결정을 천편일률적인 방식으로 내리려고 하지 마세요. 우리가 내리는 대부분의 결정은 잘못됐다 싶으면 언제든 되돌릴 수 있습니다. 양쪽으로 열린 문과 같죠. 그러니 의사 결정을 잘못 내릴까 봐 크게 부담 가질 필요는 없습니다. 잘못된 결정을 내리면 어떻게 하냐고요? 이에 대해서는 작년에 여러분께 보내드린 주주 서한에 상세히 다뤘습니다.

둘째, 여러분이 원하는 정보의 70퍼센트 정도만 있으면 대부분의 의사 결정을 내릴 수 있습니다. 정보가 90퍼센트 정도 확보될 때까지 기다리다가는 적절한 타이밍을 놓쳐버리기 쉽습니다. 그리고 어떤 경우든 잘못된 결정을 내렸다면 이를 빠르게 깨닫고 시정할 줄 알아야 합니다. 이를 능히 해낼 수 있다면 설령 오판하더라도 여러분이 생각하는 것만큼 피해가 크지는 않을 것입니다. 잘못된 결정보다는 때늦은 결정이 오히려 더욱 큰 피해를 남깁니다.

셋째, "의견이 다르더라도 일단 합의를 했으면 최선을 다하라(Disagree and Commit)"라는 문구를 반드시 기억하고 활용해보기 바랍니다. 이는 의사 결정에 필요한 시간을 단축시켜줄 것입니다. 어떤 방향으로 나아가는 것이 바람직하리라고 굳게 믿고 있지만 주변에서는 동의하지 않을 때, 이렇게 한번 말해 보세요. "모든 사람이 이 사안에 동의하지 않는다는 건 알지만 함께 도전해 봅시다. 의견은 다르지만 일단 함께 힘을 모아서 부딪쳐 보는 겁니다." 그런 상황에서는 아무도 정답을 알 수 없기 때문에 금방 긍정적으로 답할 것입니다.

다만, 이는 부하 직원에게만 요구해서는 안 됩니다. 상사도 마찬가지로 따라야 할 룰입니다. 저 또한 100퍼센트 동의하지는 않지만 일단 함께 힘을 모아 실행해 보는 쪽을 선택하는 경우가 많습니다. 최근 아마존 스튜디오에서 오리지널 영상 시리즈 제작과 관련하여 논의할 때였습니다. 저는 제 의견을 피력했죠. 과연 정말 흥미로운 콘텐츠인지에 대한 이견과 함께 제작하기가 쉽지 않아 보였습니다. 또한 사업성이 그리 좋아 보이지 않고, 이 작품 말고도 우리가 선택할 수 있는 다른 대안은 얼마든지 있다고 말입니다. 하지만 제작팀은 저와 의견이 달랐고 한번 해 보고자 하는 의지가 충만했습니다. 그래서 저는 그 즉시 적어 내려갔습니다. '내 의견은 여러분과 조금 다르지만 어쨌든 한번 추진해 봅시다. 그리고 이 작품이 아마존이 제작한 시리즈 중 최고의 흥행작이 되기를 바랍니다.'라고 말입니다. 한번 생각해 보세요. 만일 제작팀이 저를 납득시키려고 애를 썼다면 얼마나 오랜 시간이 필요했을지를요.

여기서 반드시 주의해야 할 것이 한 가지 있습니다. '저 친구들은 뭔가 잘못 생각하고 있어. 아무래도 핵심을 잘못 짚은 것 같아. 하지만 다른 더 중요한 일이 있으니 일단 자기들 뜻대로 하게 놔두자.'라고 생각해서는 안 된다는 것입니다. 숨겨진 의도 없이 그저 순수한 마음으로 각자가 가진 생각을 허심탄회하게 내놓고 상대적으로 더 나은 방안이 무엇인지 논의하며, 이를 통해 사람들의 적극적인 참여를 독려해야 합니다. 사실 아마존 스튜디오의 제작팀은 지금까지 무려 11개의 에미상Emmy Award, 6개의 골든글로브Goldenglobes, 3개의 아카데미상Academy Award을 수상했습니다. 저 같은 사람이 의견을 낼 수 있다는 것 자체가 그저 기쁠 따름이죠!

넷째, 조직 내부에서 서로 다른 의견이 첨예하게 대립하고 있다면 고민하지 말고 즉시 상위 결정권자에게 보고해야 합니다. 같은 조직 내에서 서로 다른 의견이 대립하는 경우가 있습니다. 서로 합일점을 찾지 못하는 거죠. 이는 단순히 논의를 많이 한다고 해서, 그리고 회의를 자주 한다고 해서 모두 해결되는 것은 아닙니다. 위에 보고하지 않으면 그저 논쟁만 하다가 몇몇 실무자가 나가떨어지는 것으로 마무리되고 맙니다. 논리나 당위성을 확보한 사람이 아닌, 단지 정신력 강한 사람이 승리하는 것이죠.

저 역시 지난 수년간 아마존에서 이러한 상황을 수차례 목격했습니다. 외부 판매사업자들이 아마존 웹 사이트를 통해 물건을 팔 수 있게 할 것인지를 결정해야 할 때도 마찬가지였습니다. 이들이 판매하는 제품이 아마존이 직접 판매해 온 제품과 겹칠 경우 경쟁이 불가피했기 때문에 결코 쉽게 결정 내릴 수 없는 사안이었죠. 아마존의 똑똑하고 훌륭한 직원들은 의견의 합일점을 쉽사리 찾지 못했습니다. 이때, 상위 결정권자의 의사 결정 하나로 수백 개의 자잘한 의사 결정 문제가 한 방에 해결될 수 있습니다.

서로 지치기만 하는 논의는 지양해야 합니다. 결정이 늦어질 뿐 아니라 구성원들의 사기까지 떨어뜨리니까요. 그럴 때는 티격태격하지 말고 바로 보고해야 합니다. 그렇게 하는 것이 훨씬 나은 결과를 불러올 수 있죠.

자, 여러분은 어떻습니까? 의사 결정을 내릴 때 그것의 질적인 면만 고려하나요, 아니면 속도도 함께 생각하나요? 변화의 바람은 여러분에게 순풍으로 작용하고 있나요? 일을 할 때 본질에 집중하고 있나요, 아니면 부차적인 것에 매몰된 채 시간을 낭비하고 있나요? 고객에게 즐거움을 선사하고 있나요? 아마존은 거대 기업으로서 앞으로도 사업의 범위를 확대하고 역량을 확충해 나가야 할 것입니다. 단, 규모가 더욱 커지더라도 작은 기업 특유의 도전 정신과 합리성을 기본 정신으로 삼고 계속 지켜 나가야 합니다.

고객 여러분. 아마존이 여러분을 위해 일할 수 있음에 깊이 감사드립니다. 그리고 아마존을 지지하는 주주 여러분과 전 세계 곳곳에서 늘 최선을 다하는 아마조니언들께도 감사의 말씀을 전합니다.

항상 그랬던 것처럼 1997년에 보내드렸던 최초의 주주 서한을 첨부합니다. 언제나 '첫날'의 뜨거운 다짐을 머리와 가슴속에 떠올릴 수 있게 해주니까요.

진심을 담아

제프 베조스
아마존닷컴 설립자이자 CEO

저자 후기

이 책에서 다룬 경험과 지식 중 대부분은 내가 아마존에 몸 담았던 2008년부터 2018년까지 10여 년간 얻은 것들이다.

원래는 아마존에 3년 정도만 머물 생각이었던 내가 결국 이렇게 오랫동안 근무했던 이유는 이 회사가 보여준 비즈니스 모델과 성장성, 그리고 기업 문화에 크나큰 매력을 느꼈기 때문이다. 이뿐만 아니라 하드라인 사업본부, 셀러 서비스 사업본부, 아마존 비즈니스 사업본부 등 색깔이 서로 다른 세 개의 조직을 이끌 수 있었던 것도 장기간 근무하게 된 주요인 이다. 이렇게 의미 있는 시간을 보낼 수 있게 해 준 아마존 측에 깊은 감사를 드린다.

10년 동안 총 네 분의 상사를 모셨다. 입사 초기 홈&키친 사업부에서 모셨던 토다 쇼 씨, 하드라인 사업본부 시절의 재스퍼 챈Jasper Chan 씨, 셀러 서비스 사업본부 시절의 에릭 브루사드Eric Broussard 씨, 아마존 비즈니스 사업본부 시절의 스티브 프레지어Steve Frazier 씨께 감사드린다.

특히 하드라인 사업본부를 총괄했던 4년 동안, 당시 아마존 재팬의 사장이었던 재스퍼 챈 씨를 직속 상사로 모시며 생사고락을 함께 했다. 그는 리더로서 나의 성장에 도움이 될 만한 조언을 아낌없이 들려주었다.

또한, 세 개의 사업본부를 이끌 때 인간으로서 그리고 리더로서 부족한 점이 많았던 나를 늘 변함없이 지지해 준 여러 조직 구성원분들께 고맙다는 말을 전하고 싶다. 그중에서도 하드라인 사업본부 시절 나의 직속이었던 통칭 '사목회' 소속 6명의 리더들은 온갖 시련을 겪으면서도 전우로서 언제나 함께 해 주었다. 깊은 감사와 존경의 뜻을 표한다.

그리고 수많은 공급업자와 파트너사, 그리고 판매사업자들은 아마존 재팬이 아직 규모가 크지 않던 시절에도 우리를 믿어주었고 언제나 기꺼이 도와주었다. 이분들께도 감사의 인사를 드리고 싶다.

퇴직 후 책을 한 권 써보고 싶다는 생각이 들어 스무 페이지 정도 써 내려가고 있었는데, 스가 가쓰야 씨는 그 짤막한 원고를 읽어보고는 그 즉시 이 책의 출판사 편집자와 연결해 주었다. 그가 아니었다면 이 책은 아마도 영영 빛을 보지 못했을 것이다.

더불어 흔쾌히 출간을 결정해 주신 출판사의 코가와 아야코 씨. 그리고 2019년 5월 첫 미팅 이후 약 5개월 동안, 첫 집필이라 모르는 것투성이인 나를 참을성 있게 지도해 주신 출판사 제3편집국 서적 제1편집부 편집장 야마구치 요코 씨와 산겐자야 팩토리의 요리모토 요시노리 대표께 감사드린다.

그동안 수많은 분들과 좋은 인연을 맺고 늘 멋진 경험을 할 수 있었음에 감사드린다. 이 책을 선택한 독자 여러분께도 항상 행운이 함께 하기를 기원한다.

역자 후기

1994년에 설립된 아마존닷컴은 불과 27년여 만에 임직원 130만 명, 시가 총액 약 1조 7,000억 달러의 거대 기업으로 성장했다. 창립자이자 최고경영자인 제프 베조스는 역사가 시작된 이래 처음으로 2,000억 달러가 넘는 재산을 소유한 사람이 되었다.

아마존이 새로운 제품과 서비스를 선보일 때마다 세간은 늘 격렬하게 요동쳤다. 아마존은 마치 미래에 대한 청사진이라도 가지고 있다는 듯이, 놀라우리만큼 참신하면서도 오랜 기간 준비하지 않고서는 도저히 내놓을 수 없는 신문물을 속속 내놓았다.

그 비결은 무엇일까? 사람들의 우스갯소리처럼 제프 베조스가 타임머신을 타고 현재와 미래를 오가는 사람이기 때문일까? 2015년 미국의 비즈니스 뉴스 전문 웹 사이트 '비즈니스 인사이더Business Insider'와 진행한 인터뷰 내용을 보면 이러한 비결의 실마리를 어느 정도 발견할 수 있다.

그는 이렇게 이야기했다. "사람들이 제게 자주 하는 질문이 있습니다. '앞으로 10년 동안 무엇이 바뀌게 될까요?' 이는 아주 흥미로운 질문입니다. 그런데 '앞으로 10년이 지나도 바뀌지 않을 것은 무엇인가요?'라는 질문은 거의 하지 않습니다. 제가 말하고 싶은 것은 이 두 가지 질문 중 두 번째가 실제로는 더 중요하다는 겁니다. 고객은 빠른 배송을 원하고 폭넓은 선택지를 원합니다. 10년 후 어느 날 고객이 제게 다가와서는 '제프, 나는 아마존을 사랑합니다. 그러니 가격을 조금 더 인상해 주면 좋겠어요'라든지, '배송을 조금 더 천천히 해 주면 좋겠어요'라는 말을 할 리가 없습니다."

실제로 제프 베조스는 시간이 흘러도 변치 않을 가치에 파고들었다. 업계 최초로 실현한 당일 배송 체계, 프라임 서비스, 전자책 서비스, 그리고 최근 각광받는 드론 배송 서비스 등은 '최신 기술과 혁신의 산물'로서만 부각되기 일쑤지만, 사실은 고객 가치라는 불변의 진리에 집중한 결과였다.

그런데 만약 이것이 단지 창업자 개인의 가치관과 언설에 그쳤더라면 아마존닷컴이 이토록 오랜 기간 동안 엄청난 성장을 구가하지는 못했을 것이다. 어느 기업이든 최고경영자와 총수가 매년 신년사를 통해 새로이 나아가야 할 방향을 제시함에도 그것이 제대로 구체화되지 않는 이유는 지도자의 선언이 구체적인 '방향성'으로, 방향성이 '핵심 과제'로, 핵심 과제가 구성원들의 '일하는 방식'과 '사고방식'으로 전환되지 않기 때문이다. 이런 까닭에 리더의 비장한 각오는 얼마 지나지 않아 흔적도 없이 증발해 버리고, 결국 다음 해에도 올해와 크게 다르지 않은 선언과 마주하게 된다.

제프 베조스는 다음 세 가지를 통해 최고경영자의 사상과 기업의 실질적인 운영 간의 강력한 연결 고리를 확보했다. 첫째, 그는 자신이 생각하는 불변의 가치를 14개의 리더십 원칙으로 구체화했다. 둘째, 아마조니언들이 리더십 원칙을 토대로 생각하고 행동하지 않을 수 없도록 인사 평가, 조직 운영 등 관리 체계를 세심하게 설계했다. 셋째, 1997년부터 현재까지 매년 꾸준히 발표해 온 주주 서한을 통해 자신을 비롯한 모든 직원이 고객 가치를 흔들림 없이 추구하고 지켜나갈 수 있도록 강하게 이끌어 왔다.

기업의 성공과 실패의 주된 요인이 리더에게 있다는 식으로 바라보는 것은 온당하지 못하다. 그러나 아마존닷컴에 대해 더욱 많은 것을 알아갈수록 창업 초기부터 현재에 이르기까지 제프 베조스의 영감과 실행력에 힘입은 바가 상당히 컸다고 말하지 않을 수 없다.

이 책의 저자는 아마존 재팬에서 무려 10여 년간 고위 임원으로서 핵심 사업을 총괄한 인물이다. 이런 까닭에 본서에는 기존에 출간된 도서가 다루지 못했던, 아마존의 깊숙한 곳까지 들어갔다 나온 사람만이 들려줄 수 있는 생생한 이야기가 가득 담겨있다. 부디 이 책을 통해 아마존닷컴이라는 거대한 시스템의 작동 방식을 더욱 세세히 들여다보고 의미 있는 시사점을 얻을 수 있기를 바란다.

목동의 작은 서재에서

옮긴이 박종성

참고 문헌

1) 2009년도 아마존닷컴 결산보고서

2) 2018년 9월 27일, 니치류웹(日流ウェブ), "아마존 재팬 / 직원 2,000명이 가진 다양성에 주목하다 / 도쿄 메구로(目黒) 지역에 오피스 신규 오픈"

3) 2018년도 아마존닷컴 결산보고서

4) Amazon.co.jp 웹 사이트

5) 2019년 7월 12일, Statista, Amazon Statistics & Facts

6) 2019년 7월 12일, Statista, Amazon Statistics & Facts

7) 아마존 상품 등록 서비스 요금표

8) Amazon.com, Inc. Proxy Statement Annual Meeting of Shareholders, to be held on Wednesday, May 22, 2019

9) 2018년도 아마존닷컴 결산보고서

10) Amazon.com 웹 사이트

11) 2018년 1월 30일, 산케이 비즈, "야마토 운수, 아마존과 단가 인상 합의"

12) 2017년 아마존닷컴 주주 서한

13) 2018년 아마존닷컴 주주 서한

14) 2019년 1월 17일, Consumer Intelligence Research Partners, "Amazon Exceeds 100 Million US Prime Members Monthly Members Over One-Third of Total"

15) 2019년 1월 18일, Statista, "Amazon Passes 100 Million Prime Members in the US"

16) 2019년 6월 24일, Nielsen Digital, Nielsen Digital Content Rating의 패널 기반 데이터와 Nielsen Mobile Net View의 데이터를 바탕으로 전자상거래 서비스와 플리 마켓Flea market 서비스의 이용 현황 발표

17) 2019년 3월 21일, Statista Frequency with Amazon shoppers in

the United States purchase from Amazon as of February 2019, by marketing status

18) 2018년도 아마존닷컴 결산보고서

19) 2018년 4월 18일, 니혼게이자이신문(日本経済新聞), "아마존, 중국에서 전자상거래 사업 철수 결정"

20) 2014년도 아마존닷컴 결산보고서

21) 2016년 3월 24일, 니혼게이자이신문(日本経済新聞), "아마존 재팬, '합동 회사' 체제로"

22) 2018년 6월 20일, 아마존 재팬, 중소기업 임팩트 리포트

23) 2019년 5월 16일, ECC Lab, "2018년 EC 유동총액 랭킹",2019년 2월 16 일, 인터넷 쇼핑몰 담당자 포럼, "아마존 재팬의 매출액은 약 1.5조 엔 (아마존의 2018년 실적 집계)"

24) 2019년 5월, 경제산업성 상무정보 투자국 정보경제과, "헤이세이(平成) 30년, 우리나라의 데이터 구동형 사회와 관련한 기초정비 보고서"

25) 2019년 9월 17일, IT미디어 뉴스, "'프라임 나우' 대상 지역 축소, 도쿄도 내 10개 구에서만 서비스하기로"

26) 2019년 6월 20일, 아마존 재팬, 중소기업 임팩트 리포트

27) 2013년 10월 1일, 산케이(産経) 뉴스, "요구 수준은 높은 반면 단가는 낮다, 사가와(佐川)의 아마존과의 거래 중단으로 택배업계에 큰 파란이 일어"

28) Amazon Vendor Central, https://vendorcentral.amazaon.co.jp

29) Amazon.co.jp 웹 사이트, "'판매 분석 리포트 프리미엄' 관련 안내"

30) 아마존닷컴 제품 등록 서비스 요금표

31) Amazon Brand Registry - https://brandservice.amazon.co,jp

32) 2017년 6월 11일, 공정거래위원회, "아마존 재팬 합동회사의 독점 금지법 위반 피의사건 의 처리와 관련하여"

33) 아마존닷컴 결산보고서 21페이지, 글로벌 세그먼트별 매출액, 성장률, 경

비율, 이익률 추이표

34) 아마존 블로그 dayone, "새로운 도전을 통해 전통을 이어 간다: 노 포 양조장이 꾸준히 실천해 온 상품 개발과 업무혁신", https://blog. aboutamazon.co.jp/empowerment_as79_nishi yamasyuzojyo

35) 2014년 4월 20일, 아마존 재팬 보도자료, "Amazon.co.jp, 법인 판매사업 자 대상으로 새로운 금융 서비스인 '아마존 렌딩' 출시 - 법인 판매사업자의 사업 확장을 지원하는 단기 운전 자금 대출 상품"

36) 2016년 6월 2일, 니치류웹(日流ウェブ), "아마존, 판매사업자가 접수하는 주문이 전체 주문 중 약 절반을 차지 / 셀러 컨퍼런스에 500여 명 참석"

37) 2013년 10월 1일, 산케이(産経) 뉴스, "요구 수준은 높은 반면 단가는 낮다, 사가와(佐川)의 아마존과의 거래 중단으로 택배업계에 큰 파란이 일어"

38) 2018년 1월 30일, 산케이(産経) 비즈, "야마토 운수, 아마존과 단가 인상 합의"

39) Amazon Flex, https://flex.amazon.co.jp

40) 2019년 6월 26일, 국토교통성, "택배 재배송률 16.0퍼센트, 헤이세이(平成) 31년 4월 조사 결과 발표"

41) 2019년 9월 18일, 니혼게이자이신문(日本経済新聞), "아마존, 상품 수취 장소를 전용 로커, 카페 등으로 다각화"

42) 2019년 3월 21일, Statista Frequency with Amazon shoppers in the United States purchase from Amazon as of February 2019, by membership status

43) 라쿠텐 웹 사이트: 라쿠텐 Super Logistics, https://logistics.rakuten.co.jp

44) 라쿠텐 웹 사이트: 라쿠텐 Super Logistics, https://logistics.rakuten.co.jp

45) 라쿠텐 이치바, 출점 안내 사이트

46) 019년 4월 1일, 공정거래위원회, "아마존 재팬 합동회사의 포인트 이용규약 변경에 대한 대응과 관련하여"

47) 2019년 7월 24일, EC노끼카타(ECのミカタ), "2018년도 시장 규모는 2,826억 엔, 점차 확대되는 전자책 시장에 대해 상세 규명한 임프레스사(Impress社)의 마켓 리포트 발간"

48) 2017년 2월 18일, Business Journal, "라쿠텐, 아마존에 완패하고 해외 사업 철수 … '갈라파고스화' 가속화, 거액 손실의 악몽 현실화되나"

49) 2018년 5월 22일, 니혼게이자이신문(日本経済新聞), "아마존, 국내 사업 확대에 따라 1000명 신규 채용 및 오피스 확장"

50) Statista - Number of Amazon.com employees from 2007 to 2018

51) 2018년 5월 22일, 니혼게이자이신문(日本経済新聞), "아마존, 국내 사업 확대에 따라 1000명 신규 채용 및 오피스 확장"

52) 2018년 10월 2일, Perform Yard, " How Does Amazon Do Performance Management"

53) Amazon.com, Inc . Proxy Statement Annual Meeting of Shareholders, to be held on Wednesday, May 22, 2019

54) 아마존기업개요 , https : // www . amazon.co.jp/ b?ie=UTF8&node=4967767051

55)2018년 11월 16일, Business Insider, "'I predict one day Amazon will fail. Amazon will go bankrupt': Jeff Bezos makes sur prise admission about Amazon's life span"

56) 2019년 9월 23일, The Amazon W ay, Amazon's Innovation Secret - The Future Press Release

57) Medium.com, "Using 6 page and 2 page Documents to make Organizational Decisions"

58) 2018년 4월 3일, Entrepreneur, "10 Leadership Lessons from Amazon's Massive Success"

59) 2018년 11월 16일, Business Insider, "'I predict one day Amazon will fail. Amazon will go bankrupt': Jeff Bezos makes sur prise admission about Amazon's life span"

60) 2019년 9월 23일, 니혼게이자이신문(日本経済新聞), "지난 3년간 미국 소매점 1만 개 감소, 아마존 이펙트(Amazon Eff ect) 맹위

61) 2009년 /월 5일, 아사히신문(朝日新聞), "아마존에 150억 엔 추징한 국세청, '일본에도 본사 기능이 있어'"

62) 2018년 8월 20일, 아사히신문(朝日新聞), "법인세 문제로 고전하고 있는 외국계 IT 기업, 아마존 일본 법인은 11억 엔"

63) 2018년 12월 14일, 니혼게이자이신문(日本経済新聞), "아마존과 메르카리(Mercari), 경단련에 가입하다"

아마존 사람들은 이렇게 일합니다

상식을 뒤집는 아마존 절대사고

초판 발행일 2021년 5월 10일
1판 1쇄 2021년 5월 17일
발행처 유엑스리뷰
발행인 현호영
지은이 호시 겐이치
옮긴이 박종성
디자인 오미인
편집 최진희
주소 서울시 마포구 월드컵로 1길 14, 딜라이트스퀘어 114호
팩스 070.8224.4322
이메일 uxreviewkorea@gmail.com

ISBN 979-11-88314-81-2

AMAZON NO ZETTAISHIKO
by Kenichi Hoshi